왕조의 마지막 풍경

왕조의 마지막 풍경

초판 1쇄 펴낸날   2008년 11월 10일
초판 2쇄 펴낸날   2009년 12월 20일

지은이 | 김현숙 류주희 송호정 이병호 이용창 이효형 조범환
펴낸이 | 이건복
펴낸곳 | 도서출판동녘

전무 | 정락윤
주간 | 이희건
편집 | 이상희 김현정 박재영 구형민 이다희 김지향 윤현아 이슬기
영업 | 이재호 이상현
관리 | 서숙희 장하나

인쇄 · 제본 | 영신사
라미네이팅 | 북웨어
종이 | 한서지업사

등록 | 제 311-1980-01호 1980년 3월 25일
주소 | (413-756) 경기도 파주시 교하읍 문발리 파주출판도시 532-5
전화 | 영업 (031)955-3000 편집 (031)955-3005
전송 | (031)955-3009
블로그 | www.dongnyok.com
전자우편 | editor@dongnyok.com

ISBN 978-89-7297-582-3 04900
      978-89-7297-536-6 (세트)

사람으로 읽는 한국사 3

왕조의
마지막 풍경

사람으로 읽는 한국사 기획위원회 펴냄

동녘

한 시대를 이끈 당당한 주역들

역사 속에서 영원한 것이란 없다. 아무리 강한 왕조라도 세월과 함께 언젠가는 역사의 저편으로 사라지고 만다. 당시 부러울 것 없던 왕과 귀족들의 영화도 한때의 이야기로 남는다.

지금껏 우리가 접해 왔던 왕조의 마지막 풍경은 절망과 회한의 모습 그 자체다. 왕조와 운명을 함께한 왕의 잘못으로 나라의 기강이 문란해지고, 집권 세력 간에 권력 쟁탈이 벌어지며, 지방 사회에서는 일반 백성들이 봉기가 이어진다. 때문에 우리는 왕조 멸망의 원인을 개인의 잘못이라 생각하기 쉽다.

그러나 왕조의 운명과 함께한 인물은 우리가 알고 있는 상식과 달리, 왕조의 멸망을 안타까워하고 조금이라도 왕조를 유지시키기 위해 많이 노력했다. 한 왕조의 멸망을 한 개인의 타락과 실정으로 설명하는 것은 정확한 시각이 아니다. 대개 왕조 멸망과 관련된 이야기는 후대 사람들이 당시를 기억하며 지어낸 것이 많다.

우리는 왕조의 멸망을 지켜본 인물의 개인적인 노력을 잘 모른다. 이 부분을 살펴보는 것은 당시를 이해하기 위해 매우 중요한 작업이다. 긴 세월 동안 갖은 곡절을 겪으며 이어온 왕조의 문을 닫는 왕들은 어떤 심정이었을까? 우리는 긴 시간 동안, 때로는 급속히 기울어가는 동안 벌어지는 여러 풍경들, 분노와 타협과 투항 세력 간의 갈등, 절망적 사투와 체념 사이의 심리적 줄타기, 혹은 죽임을 당하거나 혹은 굴욕 속에서 질긴 생명을 이어간 마지막 왕들의 개인사를 이 책 속에서 만날 수 있다.

또, 한 편의 드라마 같은 시대를 살다가 왕조와 함께 생을 마감한 인물을 통해 그 시대를 읽어낼 수 있다. 역사가 주는 교훈이 과거를 통해 현재의 자신을 돌아보는 것이라고 한다면, 왕조의 멸망과 함께한 주인공의 삶 속에서 왕조의 마지막과 현재의 역사를 돌이켜 볼 수 있다. 그동안의 오해를 벗어 버리고 마지막 왕이 남긴 흔적들 속에서 한 왕조의 역사를 되돌아볼 수 있는 좋은 기회가 될 것이며, 이후에 등장하는 새로운 왕조의 모습도 그려볼 수 있다. 이것이 한 왕조의 마지막을 함께한 왕들을 읽어야 하는 이유다.

책 속에는 우리 역사상 일곱 왕조의 마지막 왕이 등장한다. 이 책은 독자들이 쉽게 왕조의 마지막 풍경에 다가설 수 있도록 가장 가까운 과거의 인물인 조선의 마지막 왕 순종에서 최초의 국가인 고조선의 우거왕까지 거슬러 올라가는 구성을 취했지만, 시대순으로 살펴보면 이렇다.

우리 역사상 최초의 왕조, 고조선의 마지막을 함께한 우거왕. 한

나라의 공격에 끝까지 저항하지만 신하들의 배신과 한나라의 군사력에 밀려 결국에는 최후를 맞이한다. 비록 전쟁에서 패해 고조선의 마지막 왕이 되고 말았지만 강력한 정복자 한 무제에 당당히 맞서는 우거왕의 모습을 만날 수 있다. 이러한 우거왕의 저항과 고조선의 역사는 결국 고조선 주변에서 여러 초기국가들과 삼국이 성장하게 되는 중요한 경험이 되었음을 알 수 있다.

백제의 마지막을 함께한 의자왕에 대해서는 이러한 설법이 유행한다. '의자왕이 백제 멸망을 초래했다. 의자왕은 백제 멸망과 더불어 비참한 최후를 맞았을 것이다. 그리고 백제에 여전히 충정을 가진 무리들이 있어서 흑치상지를 중심으로 백제부흥운동을 일으켰고, 이들은 아마 부흥운동 실패와 함께 생을 마감했을 것이다.' 아마 백이면 백 이렇게 알고 있을 것이다. 그러나 이러한 인식은 역사적 사실과 한참 어긋난 상식이다. 해동증자라 불린 의자왕, 말년에 정사에 소홀했던 것은 분명하지만 백제 멸망의 원인을 의자왕 개인의 탓으로만 돌리는 것은 너무 가혹한 처사다. 운명을 가른 외교전쟁에서 의자왕의 패착으로 백제가 멸망의 길을 간 것이지, 삼천궁녀와 놀아난 의자왕은 없었음을 깨닫게 될 것이다.

대부분 사람들은 동북아의 중심국가 고구려가 멸망한 원인이 연개소문의 오판과 잘못된 정치에서 기인한 것으로 본다. 연개소문이 정권을 잡고 있을 때 왕위에 있던 보장왕을 우리는 무력한 존재로 이해해 왔다. 과연 보장왕은 고구려 패망을 무력하게 지켜본 허수아비 왕이었는가? 왕 노릇을 제대로 하기 위해, 고구려를 지키기 위해 노력한 흔적은 없는가? 고구려 멸망 이후 보장왕 개인의 운명은 어떻게 되었는가? 이러한 궁금증에 대한 해답을 책 속에서 만날 수 있다.

동아시아 고대 제국 당나라에 필적할 만했던 해동성국 발해가 하루아침에 망한 이유는 무엇일까. 화산 폭발로 망했다는 황당한 이야기도 들린다. 자료의 부족 탓에 발해는 여전히 신비 속의 왕국이다. 발해의 멸망과 관련된 기록도 극히 단편적이다. 그런 만큼 발해 멸망의 원인과 과정에 대해 온갖 이설들이 난무한다. 주민 구성의 이원성 문제 등 책 속에서 우리는 200년 대제국 발해의 종말에 대해 가능성 있는 내용을 살펴볼 수 있다. 그리고 발해 멸망 이후 그 유민들의 동향, 발해 부흥운동을 살펴봄으로써 발해 멸망 상황을 재구성해 볼 수 있다.

경순왕의 항복으로 천년왕국 신라는 결국 종말을 맞지만 경순왕은 물론이고 경순왕과 더불어 고려에 귀부한 신라 귀족들은 고려 지배층의 한 축으로 자리 잡는다. 책 속에서 그 구체적 모습과 속사정을 파악할 수 있다. 고려는 그 이름에서 보듯 고구려를 계승하고자 했지만 속으로는 신라의 많은 부분을 계승한 나라였음도 알게 될 것이다.

고려 왕조의 마지막 왕 공양왕은 이성계 일파에 맞서 고려 왕조를 지키려는 필사의 노력을 했던 것으로 보인다. 하지만 이성계는 새로운 왕조를 여는 데 성공했고, 공양왕은 왕위에서 쫓겨나 삼척에서 사약을 받고 쓸쓸히 최후를 맞는다. 당시 공양왕이 고려를 지키기 위해 했던 필사의 노력들은 조선 개국 이후 처참한 탄압으로 되돌아온다. 조선 왕조는 고려 왕족뿐 아니라 공양왕 편에 섰던 인사들을 철저히 숙청, 도륙했다. 책에서는 공양왕 개인의 정치 활동, 그와 연결된 여러 정치 세력, 고려 지지 세력의 비극적 최후를 그리고 있다.

끝으로 500년 조선왕조의 마지막 왕이 된 순종의 모습이 세밀하게 담겨 있다. 사실 순종은 책임질 것도 책임질 능력도 없는 임금이었다. 국가가 망한 것에 대한 책임 여부, 친일파도 눈물을 흘린 순종의 국장일 풍경, 창덕궁에서의 삶을 보여주고 정말로 순종이 무능력한 왕이었는지를 추적하는 한편, 명성왕후의 시해 사건과 김홍륙독다사건과 같이 위협적인 사건을 겪은 순종이 합병조약 체결을 거부하고 끝가지 왕조를 지키려한 노력 등이 이 책에 자세히 설명되어 있다.

새로운 왕조의 주역에게 밀려난 패자, 역사 발전을 멈추게 한 인물이지만 이 책에서 만나게 될 일곱 왕들은 역시 한 시대를 이끌어 간 당당한 주역이었다. 앞으로 우리의 눈도 새로운 왕조의 건설자, 승자만의 역사가 아니라 패자의 역사, 멸망기를 함께한 왕의 삶에도 관심을 두어야겠다는 생각을 해 본다.

2008년 9월
필자를 대표해서 송호정 씀.

차례

들어가며 4

조선왕조 500년의 문이 닫히다 11
순종과 그의 시대 이용창

쓰러져가는 고려왕조의 끝을 붙잡고 57
삼척에 한을 묻은 공양왕 류주희

혼이 되어서도 경주로 돌아가지 못하다 105
천년왕국 신라의 마지막 왕, 경순왕 조범환

해동성국의 영광을 뒤로하다 149
발해의 마지막을 바라본 대인선 이효형

영웅의 시대, 고구려의 부활을 꿈꾸다 187
역사의 주연이 된 보장왕 김현숙

저문 백마강에 오명을 씻고 229
삼천궁녀의 전설에 묻힌 의자왕 이병호

첫 왕조의 마지막 왕 275
최초의 국가 고조선의 마지막을 살다 간 우거왕 송호정

참고문헌 322

순종의 승하 소식을 보도한 조선일보(1926년 4월 27일 2면).

순종은 대한제국을 선포하며 황제가 된 고종과 을미사변으로 시해당한 후 황후로 추존된 명성왕후 민씨 사이의 둘째 아들이자 유일한 혈육이다. 역대 왕의 행적을 추적하기란 매우 어렵다. 특히나 순종의 경우는 재위 기간이 4년여 밖에 되지 않고 그나마 일제 강점기에 관변 주도로 만들어진 기록이 전부인 데다 관련 연구도 없는 실정이다 보니 삶의 재구성 자체가 어려운 것이 사실이다. 그러나 다른 한편으로 보면 오히려 순종이야말로 최후의 군주로서 우리들에게 가장 가까운 과거의 인물이다.

일부에서는 순종을 일본의 국정 농간에 끌려 다닌 왕으로 평가하기도 한다. 그러나 순종이 왜 그런 상황에 끌려 다닐 수밖에 없었는지에 관해서는 별로 관심을 두지 않는 듯하다. 순종은 정말 무기력한 군주였을까? 순종이 그렇게 알려져 온 이유는 무엇일까? 이제 그 해답을 찾기 위해 우리 역사의 무대에서 사라진 마지막 왕조의 흔적과 최후의 왕이자 황제였지만 힘없이 나라를 빼앗길 수밖에 없었던 순종과 그의 시대 속으로 들어가 보자.

조선왕조 500년의 문이 닫히다
순종과 그의 시대

돈화문 앞에서 들리는 곡소리

조선의 27대 마지막 왕이자, 대한제국의 2대 마지막 황제 순종(純宗. 1874~1926)은 1926년 4월 25일 오전 6시 창덕궁 대조전에서 53세를 일기로 승하했다. 오래 앓아오던 위장병, 신장염, 심장병, 류마티스 등이 원인이 되었다고 한다. 사람들이 순종의 사망에 대해 느끼는 감정은 어떤 것이었을까? 마지막 군주를 향한 연민이었을까. 나라 잃은 왕에 대한 분노, 아니면 회한이었을까.

서울 중심가인 종로와 북촌 일대, 인천 등지는 물론 전국의 시장이나 가게가 문을 닫았다. 각 학교는 임시 휴교에 들어갔고 학생들은 검은 완장을 달고 조선의 마지막 왕을 애도했다. 창덕궁 돈화문 앞에는 곡하는 사람들로 꽉 차 5일 만에 40만 명, 조문하는 사람만 2만 5,000여 명에 달했다고 한다.

창덕궁 대조전. 500년 조선왕조의 마지막 왕 순종은 이곳에서 53세를 일기로 승하했다. ⓒ오남수

총독부도 사흘간 업무를 중지하고 노래하고 춤추는 행위를 금지했으며 죄수와 사형수를 사면한다고 발표했다. 그러나 한편으로는, 유언비어를 퍼트려 인심을 어지럽히는 사람들을 엄중히 단속하는 방침을 세우고 불령선인(不逞鮮人. '불순한 조선인'이라는 뜻으로 식민 통치에 반항하는 사람을 일컫는 말)을 대상으로 감시와 강압적인 검문을 이어갔다.

이런 분위기 속에서 일본인 밑에서 고용살이를 하던 송학선이 총독 사이토를 암살하려다 실패하는 사건이 벌어진다. 송학선은 사이토가 순종을 조문하러 간다는 정보를 입수하고, 4월 28일 오후 1시 30분경 창덕궁 서쪽의 금호문으로 향하던 자동차로 뛰어들어 일본인을 칼로 찌르고 일본 순사와 격투하다 붙잡혔다. 그러나 칼에 찔린 일본인은 사이토가 아니라 경성부회 평의원이었다. 송학선은 사형선고를 받고 서대문형무소에서 복역하던 중 옥사했다.

친일파도 눈물을 흘린 순종의 국장일

순종의 국장(國葬)이 치러진 6월 10일은 우리 역사에서 '6·10만세운동'으로 더 잘 알려져 있다. 고종의 승하가 3·1운동의 한 축이 됐다면, 6·10만세운동은 순종의 국장일에 일어났다. 6·10만세운동은 3·1운동 이후 쌓였던 일본 제국주의의 폭압에 맞서 7년 만에 일어난 대대적인 만세 시위였다.

6·10만세운동은 사회주의 학생단체인 조선학생과학연구회와 중앙고등보통학교 학생단체가 중심이 됐다. 이 운동은 일반적으로 비타협적 천도교 구파 세력과 조선공산당 등이 추진한 만세운동까지를 아울러 통칭한다. 그러나 이 계획은 6월 6일 고려공산청년회의 책임비서 권오설이 인쇄한 전단 5만여 매가 발각되면서 들통이 났고, 이 사건과 관련된 200여 명이 검거됐다. 다음날인 6월 7일, 1919년 3월처럼 전국적인 만세 시위로 확대될 것을 우려했던 총독부는 만세운동을 막기 위해 서울에 군인 5,000여 명을 배치해 검문검색을 강화했다.

총독부의 철저한 경계에도 불구하고 국장일인 6월 10일에 학생들의 주도로 만세운동이 전개됐다. 국장에 참여해 만세운동을 목격한

윤치호(尹致昊)는 이날의 상황을 이렇게 기록했다.

순종황제의 인산일이다. 서울 거리는 장례 행렬을 보려고 지방에서 올라 온 사람들로 말 그대로 인산인해를 이루었다. 창덕궁부터 영결식이 거행될 훈련원에 이르는 연도에는 구경꾼들이 모여들어 몇 겹으로 줄을 섰다. 그런가 하면 완전무장한 군인과 경찰이 모든 도로를 철통같이 지키고 있다. 일본인 당국자들은 조선인 선동가들이 소요를 시도할 만한 틈을 조금도 남겨놓지 않았다. 난 아침 7시 30분부터 숙부님(윤보선 전 대통령의 할아버지 윤영렬), 그리고 두 사촌동생(윤치오·윤치소)과 함께 영결식장인 훈련원 안쪽에 자리를 잡았다. 영결식은 정오가 다 되어서야 비로소 끝났다.

중앙고보, 연희전문, 보성전문 학생들이 전단을 배포하며 만세를 불렀다. 그들은 즉각 체포되어 경찰서로 연행되었다. 학생들이 놀라 우르르 달아나면서 부상자들이 속출했다.

순종황제의 유해를 실은 대여(大轝)가 내 옆을 지날 때, 나도 모르게 눈물이 핑 돌았다.

《윤치호일기》 1926년 6월 10일, 김상태 번역

친일거두 윤치호마저도 조선의 마지막 군주가 실려 가는 큰 상여 앞에서 자신도 모르게 "눈물이 핑 돌았다"라고 표현한 것이다.

윤치호는 1919년 1월 고종의 사망과 관련해 독살설, 자살설이 퍼지고 있다는 것을 일기에 적으면서도 사실 여부는 언급하지는 않았

창경궁 돈화문 앞에서 발인하는 순종 황제 대여(위, 사진제공 : 민족문제연구소). 서울 시내의 인산인해를 뚫고 지나는 순종 대여 행렬(아래). 순종의 국장일을 계기로 6 · 10만세운동이 일어났다.

다. 그런데 이후 친일파 민병석, 윤덕영 등이 덕수궁 일부를 일본인에게 팔아넘기자 그들을 '비열한 매국노'라고 비난하고, 왕실 보호를 약속했던 일본 천황과 정부까지 비난했다. 그러면서 "난 이제 그 얘기(고종 독살설)를 믿게 되었다"라고 일기에 적었다. 또한 일본인들이 순종 사망을 이용해 돈벌이에 열을 올리는 것도 비난했다.

　이번 장례 주간을 맞아 경성전기회사가 막대한 수입을 올렸다. 그래서 조선 황제가 살든 죽든 일본인들만 수지맞고, 조선인들은 오로지 손해만 본다. 모든 게 일본인들의 이익을 위해 움직이는 것 같다.

《윤치호일기》 1926년 6월 12일, 김상태 번역

경은 누구의 신하이냐?

　1907년 7월 일본은 대한제국의 거센 저항을 무력화하기 위해 고종을 강제 퇴위시켰다. 외교권이 없는 대한제국이 네덜란드 헤이그에서 개최된 제2회 만국평화회의에 특사를 파견한 것은 국제법에 의한 절차를 거쳐 체결된 제2차 한일협약(을사늑약)을 위반했다는 것이 명목상의 이유였다. 헤이그 특사사건을 빌미삼아 황위에서 물러나도록 압력을 가한 것이다.

　조선통감 이토 히로부미와 매국노 이완용과 송병준은 이때 면전에서 고종을 우롱했다. 이토는 고종에게 "음험한 수단으로 일본의 보호권을 거부하기보다는 차라리 당당하게 선전을 포고함이 지름길이다"라며 협박했다. 이완용에게도 "한국에 전쟁을 선포할 충분한 이유가 있다"라며 고종을 위협하게 했다. 이완용은 급히 내각회의를 소집해 대책을 마련했다. 송병준은 이 자리에서 고종에게 아래와 같이 말하면서 매국노로서의 면모를 유감없이 보여준다.

이번 일은 그 책임이 폐하에게 있으므로 친히 동경에 가서 사죄하든가 그렇지 않으면 하세가와 사령관을 대한문 앞에서 맞아 면박(面縛. 손을 뒤로 해 묶음)의 예를 하십시오. 이 두 가지를 차마 못한다면 결연히 일본에게 전쟁을 선포할 수밖에 없습니다. 그러나 일패도지(一敗塗地)하면 국가의 존망은 미루어 알 수 있을 것입니다.

〈한국독립운동사〉1 도키오 〈조선병합사〉

한 나라의 대신이라는 자의 이러한 말을 들은 고종의 심정은 어땠을까. 고종은 격분해서 "경(卿)은 누구의 신하이냐?"하며 꾸짖고는 자리를 떠났다. 고종은 매국노들의 끈질기고 치욕적인 강요와 회유를 거부하다가 결국 양위가 아니라 대리(代理)하게 한다는 조칙을 발표한다.

오호라! 짐(朕)이 역대 임금들의 크나큰 위업을 계승하고 지켜온지 이제 44년이 되었다. 여러 차례 큰 난리를 겪으면서 다스림이 뜻대로 되지 않아 인재등용이 더러 적임자로 되지 못해 소란이 나날이 심해지고 조치가 시기에 대부분 맞지 않아 근심스러운 일이 급하게 생겼다. 백성들의 곤궁과 나라의 위기가 이보다 심한 때가 없어서 두려워하는 것이 마치 얇은 얼음을 건너는 듯하다.

다행히 황태자의 덕스러운 기량은 하늘이 준 것이고 훌륭한 명성은 일찍부터 드러났다. 문안을 하고 식사를 살펴보는 겨를에 도움을 주는 것이 컸고 정사를 베풀고 개선하는 방도에 부탁할 만한 사람이 있게 되었다.

짐이 가만히 생각하건대 황위를 물려주는 것은 원래 역대로 시행

한국 최초의 '근대적 지식인'이자 '친일파의 대부' 역할을 했던 좌옹(佐翁) 윤치호의 초상. 애국가의 작사자로도 유력하게 거론되는 윤치호는 한국 근대사의 거물 중 한 사람이다. 일흔 살 때의 모습(위). 윤치호는 1883년부터 1943년까지 장장 60년 동안 일기를, 그것도 대부분 영어로 썼다. 이 일기는 황현의 《매천야록》, 김구의 《백범일지》와 더불어 한국 근대사 연구에 귀중한 사료로 평가된다(아래). 사진제공 : 김상태

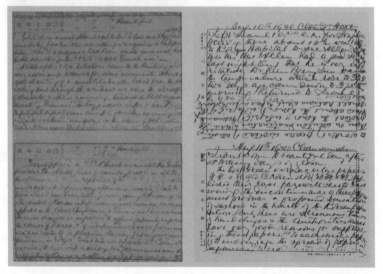

해 오는 예(例)였고, 또한 우리 선대 임금들의 성대한 예식도 마땅히 바르게 계승해야 할 것이다. 짐이 지금 군국대사를 황태자가 대리하도록 명하노니, 의식 절차는 궁내부와 장예원(掌隸院)에서 마련하도록 명해 거행하도록 하라.

《고종태황제실록》 1907년 7월 18일

고종은 황위를 물려주는 것이 역대의 행한 규례였다고 하면서도, 황태자에게 대리하는 것임을 분명히 밝혔다.

대리청정인가? 양위인가?

실제로 조선왕조에서 세자가 대리청정으로 정무를 처리하는 것은 관행이었다. 대리청정을 하더라도 모든 업무는 왕에게 보고해야 했고 중요한 일은 왕이 직접 처리했다. 일본과 대한제국의 친일내각이 서둘러 고종의 궁호를 '덕수(德壽)'로 정하고(이후 경운궁은 덕수궁이 되었다), 새 연호를 '융희(隆熙)'로 정한 것은 대리청정을 명한 광무황제를 부정하는 것이었다. 더구나 아직 황태자가 황제로 즉위한 것도 아니었다.

다음날인 7월 19일 황태자는 두 번이나 대리청정을 물려달라고 청했다. 그러나 고종은 이를 받아들이지 않고 대리청정에 대한 행사로 권정례(權亭例. 절차를 다 밟지 않고 지내는 의식)를 치르고, 이어서 죄인들에 대한 사면을 반포했다. 이때 고종이 내린 조칙의 대강은 이렇다.

……나랏일을 돌보는 것은 원래 응당 해야 할 일인데, 더구나 짐이 노쇠하여 권하는 때이니 수고를 맡아 정사를 대리하는 일을 어찌 그만둘 수 있겠는가? 이에 대리하라는 명을 내리는 것은 우리 조종(祖宗)의 법[憲]을 따르고자 함이니, 한편으로는 정사(政事)를 분명히 익혀 더욱 온 나라의 장래를 메고 나가게 하려는 것이고, 한편으로는 짐의 수고를 나누어 주어 물러나 한가하게 병을 돌보려는 것이다. 어찌 종묘와 사직의 복이 아니며 나라의 행운이 아니겠는가? 금년 음력 6월 10일(양력 7월 19일)부터 군국대사 일체를 태자가 처결하라.

〈고종태황제실록〉 1907년 7월 19일

일제 강점기 관변주도로 만들어진 《고종태황제실록》(일명 '고종실록')에도 고종이 대리청정을 명한 이유는 황태자가 정사업무를 배워 앞으로 나라의 장래를 잘 이끌어갈 수 있게 하고, 연로한 자신의 수고를 덜고 병을 돌보려는 것 때문이라고 밝혔다.

그런데 실록의 다음 기록부터 사실이 왜곡된다. 《순종황제실록》(일명 '순종실록')의 기록을 7월 19일부터 시작하면서 "명을 받들어 대리청정을 했다. 이어서 선위(禪位)했다"라고 해 마치 이날부터 황태자가 황위를 이어받은 것처럼 기록하고 있는 것이다. 그러나 이는 고종이 대리청정임을 분명하게 밝힌 사실은 덮어두고, 황위를 물려준 것처럼 의도적으로 왜곡한 것에 지나지 않는다. 일본 왕은 다음 날인 7월 20일 선위를 축하하는 축전까지 보냈다.

고종이 이러한 상황을 어떻게 받아들였는지는 확인할 수 없다. 다만 7월 20일 경운궁 중화전에서 치러진 양위식에 고종과 황태자가 함께 참여하지 않은 것으로 보아 심기가 매우 불편했음을 짐작할 수 있다. 황태자도 대리청정 후 두 번째 내린 7월 21일자 조칙에서 "짐이 대조(大朝. 고종)의 밝은 명을 공경히 받들어 서정(庶政. 여러 방면에 걸친 정치 업무)을 대리한지라……"라고 해 어디까지나 대리청정이라는 것을 대외적으로 알렸다.

　그러나 상황은 반대로 흘러갔다. 황태자는 8월 27일 경운궁 돈덕전에서 치러진 즉위식을 거쳐 절차적으로나마 황제가 됐다. 전해오는 왕실 전통의 절차를 거쳐 황제가 된 것은 아니었지만, 고종의 후계자임은 분명했기에 정통성을 따질 문제는 아니었다.

　그런데 황위를 계승한 순종의 정통성 문제는 1921년 11월 11일, 미국 워싱턴에서 개최되는 태평양회의에 한국인 대표가 출석해 한국의 독립을 청원할 수 있도록 요청한 〈한국인민이 태평양회의에 보내는 글〉에서 합병을 부정하면서 대외적으로 제기됐다.

　……최종에 우리는 일본의 한국 합병을 부인하노니 일본이 한국을 합병함은 본래 한국 민족의 의사가 아닌 동시에 일본과 합병 조약을 맺은 대리제(代理帝)는 실로 광무황제의 대리뿐이오 한국의 주권자가 아니다. 곧 광무황제는 그 태자에게 선위하지 않았고 오직 대리를 명한 것이다. 그런즉 대리제는 국가의 주권자가 아니다. 본래 국가의 주권은 국가를 조직한 민중에게 있음과 동시에 이 주권

대표자인 군주는 광무황제였고, 대리제는 아니었다. 주권대표자 아닌 대리제와 합병 조약을 맺은 것은 우리 국민이 절대로 부인하는 바이다. 이에 우리는 일본의 한국 합병을 부인하는 동시에 상해에 있는 한국 정부를 완전히 한국 정부로 성명(聲明)하고, 이것으로 열국(列國)을 향해 우리 한국에서 파견하는 위원의 출석권을 요구하며 열국이 일본의 무력정책을 방지해 세계의 평화와 한국의 독립자유를 위해 노력하기를 기원하노라.

〈독립신문〉 1921년 11월 19일 1면 '한국인민치태평양회의서'

국내외 각 단체의 대표와 전국의 도 대표 수백 명 명의로 작성된 이 문건의 핵심은 조약을 맺은 순종은 주권자가 아닌 대리자에 지나지 않으므로 합병은 완전 무효라는 것이다. 즉 국가의 주권은 민중이고 그 주권 대표자는 고종이므로 순종이 맺은 합병 조약은 인정할 수 없다는 논리였다. 이것은 고종이 대리청정임을 밝혔는데도 일본과 대한제국의 친일내각이 강제로 고종을 퇴위시킨 역사적 사실과도 부합한다.

일본의 고문정치가 시작되다

1904년 1월, 일본이 러시아와 전쟁을 감행할 것을 예감한 고종은 서둘러 중국 지부(현재의 옌타이)에서 국외중립을 선언했다. 그러나 일본은 이를 인정하지 않고 2월 8일 선전포고도 없이 러시아를 공격했다. 일본은 백인 제국주의로부터 황인종인 동양을 구한다는 백화론(白禍論)을 앞세워 인종전쟁으로 몰아갔다. 한국 내에도 적지 않은 지지 세력이 형성된 것은 사실이지만, 일본이 완승하리라고는 누구도 예견하지 못한 전쟁이었다. 그러나 일본은 예상을 뒤엎고 연전연승으로 1905년 1월 뤼순(旅順)마저 함락시켰다.

한편 일본은 전쟁을 시작한 직후인 2월 23일 '한일의정서'를 체결해 군사상 편의를 제공하는 공수동맹(攻守同盟)을 맺고, 8월 23일 '한일협약'으로 재정·외교 부문에 일본이 추천하는 고문을 임명하도록 강요했다. 이른바 고문정치(顧問政治)가 시작된 것이다.

일본은 전쟁 막바지에 영국과 제2차 영일동맹, 미국과 가쓰라-태프트 밀약을 통해 한국에 대한 우선적 지배권을 보장받았다. 1905년 9월에는 러시아와 포츠머스강화조약을 맺어 한반도를 둘러싼 열강과의 각축에서 완전한 주도권을 확보했다. 마침내 일본은 이해 11월 17일 외교권을 빼앗고 통감(統監)을 상주시키는 '을사늑약'을 체결했다. 대한제국은 보호국으로서 사실상 반(半)식민지가 된 것이다.

1906년 2월 초대 통감으로 부임한 이토 히로부미는 대한제국의 합병은 장기적이고 점진적으로 추진해야 완전한 일본 영토로 삼을 수 있다고 보았다. 한국은 수백 년 이어온 정치·문화적 전통과 역사가 있으므로 섣불리 합병을 서두르다가는 민족 저항에 부닥칠 우려가 있다고 판단했기 때문이다. 그러나 문벌 세력을 대표한 이토의 입지는 일본 내 군벌의 급진적 병합론자들에게 밀려 좁아질 수밖에

안중근 의사의 유묵 '見利思義 見危授命(견리사의 견위수명)'을 새긴 안중근 의사 기념관 앞뜰의 기념비. "이익을 보거든 정의를 생각하고 위태로움을 보거든 목숨을 바쳐라"라는 뜻이다. 행하지 않는 것은 용감함이 아니라는 뜻을 담고 있다. ⓒ손태호 없었다. 이러한 상황에서 이토는 1909년 4월 10일 총리대신 가쓰라 타로, 외무대신 고무라 쥬타로와 조선병합 실행 방침을 협의했다. 결국 3월 30일자로 총리 가쓰라가 일본 내각회의에 제출했던 〈한국 병합에 관한 건〉은 7월 6일 결정됐고, 일본 왕의 재가를 받아 "적당한 시기에 한국의 병합을 단행할 것"을 확정했다.

이토는 1909년 6월 통감을 사임하면서 일본 추밀원(樞密院) 의원이 됐고, 10월에는 한국 합병 방침에 대한 러시아의 양해를 구하기 위해 하얼빈을 방문했다가 안중근에 의해 사살됐다. 이토의 사살을 빌미로 일본 내 급진파들은 합병에 대한 여론의 지지를 얻게 됐고, 급기야 2대 통감 소네 아라스케가 물러나게 된다. 1910년 7월 일본 내 군벌로써 초강경 합병론자인 육군대신 데라우치 마사타케(합병후 제1대 총독이 됨)가 3대 통감으로부 임했다. 무력을 앞세운 본격적인 합병을 추진하기 위해서였다.

일본이 합병을 감행하지 못한 세 가지 이유

일본은 1907년 7월 고종의 강제 퇴위, 정미7조약 체결, 군대 해산, 사법권·경찰권·감옥권 등의 장악, 일본 내각의 합병 결정에도 불구하고 전격적으로 합병을 감행하지 못했다. 안과 밖의 여건이 충족되지 못했기 때문이었다. 이유는 크게 세 가지였다.

첫째는 급변하는 세계정세로 열강의 폭넓은 지지를 받는 것이 쉽지 않았다. 특히 만주를 둘러싸고 미국을 비롯한 제국주의 열강들과의 관계가 원만치 않았다. 그러나 이것은 이권을 둘러싼 제국주의의 일반적인 속성이므로 외교적인 협상으로 해결할 수 있는 문제였다. 당시 국제사회에서 일본의 위상도 상당히 높아져서 외교적 협상에서 주고받을 이익과 손실을 어느 선까지 정하느냐에 따라 한국 '합병' 감행도 조정될 것이었다.

둘째는 을사늑약을 계기로 전국에서 일어난 의병의 거센 저항 때문이었다. 1895년의 을미의병은 일본 제국주의에 대한 저항의 의미도 있었지만, 한편으로는 양반, 유생들이 민보군(民堡軍) 등을 조직해 동학농민군을 진압하고, 주도권을 회복하기 위해 의병을 조직하는 경우도 적지 않았다. 그러나 1904~1905년의 을사ㆍ병오 의병에 이어 1907년의 정미(丁未)의병이 일어난 것은 일본의 정치ㆍ경제적 침탈에 맞서 무력으로 국권을 되찾기 위한 대일전쟁이었다. 특히 정미의병 때는 일본의 강제적인 군대 해산에 반발한 무장군인들이 합류하면서 훈련된 정규 군대의 면모도 갖출 수 있었다. 일본에게 이들은 큰 위협이 아닐 수 없었다. 결국 일본은 1909년 9~10월 이른바 작전명 '남한대토벌'을 감행했다. 이 작전은 전라도 일대의 의병을 '토벌'한다는 목적으로 감행된 것으로 2,200여 명의 군대를 파견해 약 2개월 동안 의병 수만 명을 살해하거나 체포했다.

셋째는 전 황제 고종의 존재였다. 황위에서 물러나기는 했지만 여전히 국정 장악력과 영향력은 순종보다 컸다. 이토가 7월 21일자로 일본 정부에 의병의 저항을 진압하기 위해 혼성 1개 여단 파견을 요청한 문건의 첫 항목이 "고종이 순종을 조종하려는 동향"이 있다는

정미의병 발원터 표지석. 1907년 정미7조약에 따라 군대 해산령이 내려지자 이에 반발한 장병들이 분개하여 일본군과 전투를 벌인 장소다. 이 표지석은 대한제국 때 시위병영(侍衛兵營)이 있던 자리로, 현재 남대문 상공회의소 뒤쪽 명지빌딩 건너편 화단에 있다.

보고였다. 결국 일본 정부가 이토의 보고에 따라 병력을 증파하고 이를 계속 분산·배치한 것은, 한국 내 반일 정서 확산을 명분으로 군주권 회복을 노리던 고종을 저지하고 순종을 비롯한 내각을 보호해 친일정권을 구축하려는 의도였다.

1910년 8월 22일 창덕궁, 식민지 조선의 운명

1907년 9월 17일 순종은 중명전에서 즉조당으로 거처를 옮겼다.

이어서 11월 13일에는 경운궁을 떠나 황후, 황태자와 함께 창덕궁으로 아예 옮겨갔다. 일본이 돈독한 부자의 관계를 떼어놓음으로써 '퇴위'한 고종이 순종에게 영향력을 미치지 못하게 하는 한편 자신들의 의도대로 순종을 압박하려는 치밀한 공작에 의한 것이었다.

이에 더해 이토의 주도로 황태자 이은의 일본 유학이 추진됐다. 순종은 11월 19일자 조칙으로 이토를 한국 황태자의 태사(太師)로 임명하고, 11월 22일에는 이완용을 소사(少師)로 임명했다. 마침내 12월 5일 황태자 이은은 11세 어린 나이에 침략의 원흉인 이토의 손에 이끌려 한국을 떠났다.

이로써 일본의 의도대로 대한제국 황실은 대체로 정리된 셈이다. 형식으로나마 대한제국 정부와 통감부로 이원화되어 있던 통치구조도 점차 일원화되어 갔다. 모든 시스템은 식민통치에 수월한 구조로 개편되어 일본 제국주의 지배하에 들어가게 된 것이다.

이제 대한제국이 '영구적이고 완전한' 식민지로 전락하게 된 1910년 8월 22일, 창덕궁에서 어떤 일이 있었는지 몇 가지 사료를 통해 재구성해 보자.

1910년 8월 22일 오후 1시 창덕궁에서 순종의 칙령으로 총리대신 이완용, 내부대신 박제순, 탁지부대신 고영희, 농상공부대신 조중응, 시종원경 윤덕영, 시종무관장 이병무, 궁내부대신 민병석, 그리고 황족대표로 흥(친)왕 이재면과 원로대표 중추원고문 김윤식 등 9명이 참석해 어전회의가 개최됐다. 총리대신 이완용이 병합조약에 대한 조약안을 순종에게 보이고 각 조항을 설명해 이를 가납(嘉納) 재가하고 이의를 제기하는 자 없어 즉시 가결되어 모두 물러나왔다.

　크게 차이가 있는 것은 아니지만 조약을 직접 체결한 통감 데라우치가 1910년 11월 일본 정부에 보고한《한국병합시말(韓國倂合始末)》에는 좀더 상세한 정황이 확인된다.

　8월 22일 궁내부대신 민병석, 시종원경 윤덕영이 오전 11시 황제를 은밀히 찾아뵙고 30분간 엎드려 아뢴 후 고쿠부 비서관에게 보고한 바에 따르면 '폐하는 대세가 이미 정해진 이상 속히 실행하는 것이 좋으니 오늘 오후 1시를 기해 ⋯⋯칙명을 내릴 생각이다.'

　⋯⋯오후 2시 황제는 ⋯⋯내전으로 나오셔 먼저 통치권 양여의 요지를 널리 알리고 또한 조약 체결의 전권 위임장에 친히 서명하고 국새를 누르게 해 이를 내각 총리대신에게 건넴으로써 내각 총리대신은 조약안을 상람(上覽)해 일일이 설명했다.

　열석자 누구도 이의를 제기한 자 없어 황제는 일일이 이를 흔쾌히 받아들여 재가했다는 뜻을 당시 그 자리에 있던 고쿠부 비서관이 전화로 상세히 보고해 왔다.

　오후 4시 총리대신 이완용은 농상공부대신 조중응과 함께 통감저에 와 본관에게 이상의 전말을 말하고 전권 위임의 칙서를 제시했다.

《한국병합시말》에는 7월 말부터 데라우치가 이완용을 앞세워 내각 전원의 동의를 얻어내는데 성공했을뿐만 아니라 황족 이재면(대원군의 장남. 고종의 친형)과 원로 김윤식 등의 내락을 얻는 과정도 기

지금은 사라진 남산의 통감 관저. 1910년 8월 22일, 총리대신 이완용과 통감 데라우치의 합병 조약이 이루어진 장소다(위). 통감 관저가 있었던 자리는 현재 서울종합방재센터 쪽으로 올라가는 길에 있는 작은 운동 공간이다. 통감 관저 자료사진에서 왼쪽에 보이는 큰 은행나무가 지금도 묵묵히 자리를 지키고 있다. 이 나무는 서울시 보호수로 지정되어 있지만, 정작 이곳이 경술국치의 현장이었다는 표지석은 어디에도 없다(아래). ⓒ이순우

록하고 있다. 당시 학부대신 이용직만이 완강하게 합병을 반대했기 때문에, 8월 22일 어전회의에는 따돌림을 당해 나중에 조약체결 사실을 알고 분개했다고 한다. 군사작전으로 수행된 합병조약은 신속하고 정확하게 처리됐고, 일본은 '조선이 스스로 원했기 때문에 일본이 어쩔 수 없이 받아들인 것'이라고 선전했다.

굴욕적인 합병조약

일본의 의도는 이완용을 전권위원으로 임명하는 8월 22일자 위임장과 조약 전문 8개 조항, 8월 29일자 칙유(勅諭. 왕이 직접 내린 포고문)에서 분명하게 확인할 수 있다. 먼저 위임장의 전문을 보자.

짐(朕)이 동양 평화를 공고히 하기 위해 한일 양국의 친밀한 관계로 보아 서로 합쳐 일가(一家)가 되게 함은 상호 오랜 세대의 행복을 도모할 바로 여겨, 이에 한국 통치를 들어 짐이 극히 신뢰하는 대일본국 황제 폐하께 넘겨줄 것을 결정하고 이어 필요한 여러 조목을 규정해 장래 우리 황실의 영구안녕(永久安寧)과 생민(生民)의 복리를 보장시키기 위해 내각 총리대신 이완용을 전권위원으로 임명하고 대일본제국 통감 데라우치 마사타케와 회동해 상의해 협정하게 함이니 여러 신하 또한 짐이 확고하게 결정한 바를 알아 받들어 행하라.

결국 하나의 국가로 동양 평화를 이루고 영원한 행복을 누릴 수 있도록 통치권을 넘긴다는 것이다. 누가 원해서인가?

위임장에 비해 조약문은 상관관계가 분명하다. 즉 대한제국이 모든 통치권을 "완전 또 영구히(complete and permanent)" 일본에게 넘기고(제1조), 일본이 이를 수락해 완전한 병합이 이루어졌다(제2조). 일본은 한국 황실과 후예 및 후손들을 각 지위에 따라 대접하고 이에 상응하는 충분한 자금을 보장했다(제3조 · 제4조). 또한 훈공이 있는 한국인을 표창하고 작위와 은사공채를 주도록 했다(5조).

조약은 8월 22일 조인됐으나 대외적으로는 알리지 않다가 8월 29일 국권 양여에 대한 순종의 칙유와 함께 발표됐다. 또한 이 날짜로 통감 데라우치는 조선에 대한 통치방침을 알리는 유고(諭告)를 발표했다.

순종의 칙유와 데라우치의 유고 역시 양여하고 수락하는 관계로 표현돼 있다. 즉 순종은 황제로서 자신의 부덕함과 백성을 곤궁함에서 구한다는 명분으로 통치권을 넘긴다고 했다. 이에 대해 데라우치는 일본 왕이 "전(前) 한국 원수(元首)의 희망에 응해 통치권의 양여를 수락하신 것"이라는 굴욕적인 표현을 썼다. 만일에 있을 조약 체결의 명분과 정당성을 강조한 것이다.

또한 순종은 "국세(國勢)와 시의(時宜)를 깊이 성찰해 소요하지 말고 각자 맡은 바를 안정으로 하며, 일본제국의 문명한 신정치에 복종해 행복을 모두 누려라"라고 당부했다. 이에 대해 데라우치는 한국 황실에 대한 지위와 예우, 조선 민중의 혜택, 합병에 공로가 있는 자

서울대 규장각에 소장되어 있는 합병늑약의 대한제국 측 전권위원(총리대신 이완용) 위임장. 국새 위에 순종황제의 이름자 '坧(척)' 서명이 있다.

들에 대한 작위와 은사공채, 관리 등용, 중추원 임명 등을 약속했다.

조약이 공식 발표되자 통감부는 대한제국의 모든 통치기관을 접수해 개편에 착수했다. 또한 식민지로 전락한 조선의 구(舊)한국 황실에 대한 호칭과 예우도 바꾸고, 〈조선귀족령(朝鮮貴族令)〉을 통해 친일 매국적들에 대한 행상을 반포했다. 이에 따라 순종은 '창덕궁 이왕 전하', 고종은 '덕수궁 이태왕 전하', 황태자는 '왕세자 이은 전하'(왕세자 이은은 순종이 사망한 후 '창덕궁 이왕 은 전하'가 됨), 의친왕과 흥친왕(이재면)은 각각 '이강공(李堈公) 전하, 이희공(李熹公) 전하'가 됐다.

이강과 이희는 공족(公族)의 개념인데, 이것은 일본의 화족령(華族

슈)을 변형한 변칙적인 것이었다. 8월 29일자 일본 황실령 제14호로 발표된 22개 조항의 〈조선귀족령〉은 일본 화족령에 의거해 공작·후작·백작·자작·남작 등의 작위를 수여하고, 이에 대한 예우와 규정 등을 담고 있다. 이에 따라 10월 7일 76명이 등급에 따른 작위를 받았는데(이들 중 일부는 곧바로 작위와 은사공채를 거절 또는 반납함) 정작 공작은 없었다. 다만 이강과 이재면을 '공'으로 예우하여 각각 은사공채 최고액인 83만 원을 지급했다. 물론 작위를 받은 76명도 작위에 따라 은사공채 최저 2만 5,000원부터 최고 50만 4,000원을 받았다(1910년대 10만원은 현재 시세로 최대 20억 내외임). 조선귀족은 화족령에 의한 유작자와 동일한 예우를 받도록 했지만 공작이 없다는 것은 일본이 선전한 동화주의나 일선융화가 얼마나 허울뿐이었는지 짐작하게 한다. 실제로는 전혀 일본인과 조선인은 동등하지 않을뿐더러, 일본은 그럴 의도도 전혀 없었다. 이것은 일선융화를 내세워 조선인과 일본인의 피를 섞고자 추진한 식민지 조선의 왕세자 이은과 일본의 황녀(皇女) 나시모토노미야 마사코[梨本宮方子]의 정략결혼이 큰 논쟁을 일으킨 과정에서도 확인된다.

'이왕직관제'가 발표되다

1910년 12월 30일자 황실령 제34호로 14개 조항의 〈이왕직관제 (李王職官制)〉가 발표됐다. 이에 따르면 "이왕직은 궁내대신의 관리에 속하고 왕족 및 공족의 가무(家務)를 관장한다."(제1조)고 해 일본

궁내성이 이왕직을 지휘 · 감독하도록 했다. 그러나 지리적인 관계로 조선 내의 왕실관계는 총독부가 감독했다. 물론 모든 공식 일정이나 발표는 궁내성을 거쳐 이루어졌다.

〈이왕직관제〉는 몇 차례 개정됐지만 초기 이왕직 직원은 198명, 1년 예산은 150만 원이라는 막대한 비용을 책정했다. 현재 시가로 대략 200억이 넘는다. 특히 고종에게 사무관 7명, 찬시(贊侍) 3명, 전의(典醫) 2명, 속(屬) 20명, 전의보(典醫補) 2명 등 34명이나 배치해 일거수일투족을 감시했다. 왕세자는 사무관 · 찬시 · 전의 각 1인 및 속 · 전의보를, 공족에게 사무관 2인 및 속을 배치했다. 강동진은 《일제의 한국침략정책사》에서 일본이 이토록 이왕가에 대해 조심스러웠던 것은 밖으로는 구(舊)왕가를 우대하는 듯한 인상을 주고, 안으로는 왕가와 공가(公家)의 반발을 누르면서 동시에 왕가를 이용해서 일어날 수 있는 조선인의 반일적인 움직임을 미리 막기 위한 것이라고 했다.

이에 대해 윤치호는 1919년 1월 22일자 일기에서 "일본인들은 이조(李朝)의 전(前) 왕실에 대해 무척 호의적이라고 뽐내왔다. 동양 역사상 몰락한 왕조가 이토록 존엄한 대우를 받았던 예는 찾아볼 수가 없다"라고 했다.

1910년 8월 22일 순종이 망국을 저지할 수 있는 방법은 없었다. 그것은 고종도 마찬가지였다. 전날인 8월 21일 이완용이 순종을 알현해 합병의 불가피함을 아뢰고 윤허를 청했다. 순종은 이미 윤덕영을 통해 일본과 데라우치의 방침을 알고 있었다. 이완용의 주청이

대한제국의 1, 2대 황제인 고종과
순종의 다정한 모습(위). 합병 전후
제복을 입은 고종과 순종의 모습
(아래, 사진제공 : 민족문제연구소).

아니더라도 상황은 변하지 않는다는 것도 알고 있었다. 이완용은 창덕궁에 이어 덕수궁으로 가서 고종을 알현해 역시 합병 동의를 구했다. 아무리 일본을 싫어하는 고종이었지만 더는 어쩔 수 없다는 것을 인정해야 했다. 그래서 "합방은 천명이다. 지금 어떻게도 할 수 없도다" 하며 탄식했던 것이다.

가장 극적인 상황을 가정하면 순종이나 고종의 사망, 그것도 자살이라면 또 다른 변수가 있었을지도 모른다. 상해 임시정부 기관지 《독립신문》에는 고종과 순종이 자살해서라도 일본에 저항해야 했다는 글이 실렸다.

……기왕 지은 죄는 어찌할 수 없다하더라도 경술 8월 29일에 왜 광무와 융희가 죽음으로써 그네의 조상이 그리도 숭배하던 명나라 숭정(崇禎. 명나라의 마지막 왕)의 뒤라도 따르지 못하고 수치스럽고 치욕스런 누명(陋名)을 구차히 보존했으며, 그는 못했더라도 1919년 3월 1일 왜 그네 조상의 희생이 된 인민으로 더불어 독립만세를 부르고 적의 흉한 칼에 순국치 못했으며, 그는 못했다 하더라도 이전 대한제국 황태자로 하여금, 이천 만 민족이 적의 칼에 피를 흘리며 조국의 광복을 위해 분투하는 한창 중간에, 나라의 원수요 아버지의 원수인 왜놈 주인(일본 천황)의 일족인 여자와 의롭지 않은 혼인을 못하게 하지 못했는가.

〈독립신문〉 1920년 5월 8일자 1면 '최후의 정죄-이은의 취구녀'

그러나 순종은 망한 나라일지언정 부왕(父王)을 비롯한 왕실과 종묘사직을 지켜야 하는 책임이 있었고, 고종은 어떻게라도 살아남아 일본에 치명타를 가할 수 있는 방법을 찾는 한편 아들을 비롯한 왕가를 보호해야 할 책임도 있었다. 실제로 고종은 해외 망명을 통한 정부수립이나 대일 항전을 계획하기도 했다.

명성왕후의 과잉보호 속에서

대한제국의 황제 순종은 왜 고종을 비롯한 친위 세력과 '친일파'를 앞세운 일본의 국정 농간에 끌려 다닐 수밖에 없었을까? 순종은 정말 무능하고 무기력한 군주였을까?

이런 물음은 순종이 어느 시점부터 정신적·육체적으로 온전한 상태가 아니었을까 하는 의문에서 시작된다. 여기에 자식을 생산할 능력이 없어서 배다른 동생인 영친왕 이은이 황태자가 됐다는 것, 순종이 고종의 황위를 계승한 것은 일본이 눈에 가시와도 같던 고종을 제거하기 위한 계획의 일부분이었다는 것, 결과적으로 망국을 초래하고도 '식민지 조선의 이왕(李王)'으로 일본의 보호 속에서 안락한 생활을 하며 살아남았다는 것 등도 덧붙여진다.

순종이 온전한 상태가 아니었다는 이야기의 원인이 됐을지도 모르는 세 가지 사건이 문헌기록에서 확인된다. 그러나 어느 것 때문인지, 세 가지가 모두 관련이 있는지, 정말 사실인지는 밝혀진 바 없다. 그러므로 순종이 '온전치 않은 사람'이었다고 단정할 수 있는 뚜렷한 근거는 없는 것이다. 세 가지 사건에 대한 기록을 검토해 보자.

1910년 8월 강제 합병 직후 자결한 매천 황현은 명성왕후의 욕심 때문에 순종이 후사가 없는 것이라고 단정했다. 다소 노골적이고 악의적이지만 《매천야록》의 기록을 그대로 인용하면 이렇다.

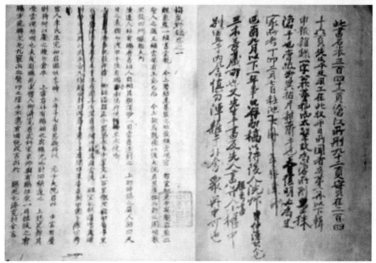

매천 황현의 본가에서 소장하고 있는 원본 《매천야록》(위)과 교정본(아래). 이 책은 학자 매천 황현(1855~1910)의 문집으로 다른 기록에서 찾아보기 힘든 구한말의 정치, 사회에 관한 귀중한 사료들이 담겨 있다. 사진출처 : 《역주 매천야록》, (문학과 지성사, 2005년)

세자가 장성했으나 그 음경이 오이처럼 드리워져 발기되는 때가 없었다. 소변도 그대로 흘려버려 항시 앉은 자리를 적시었으므로 하루에 한 번쯤 요를 바꾸거나 바지를 두 번씩 갈아입기도 했다. 혼사를 치를 나이가 되었지만 남자의 도리를 다할 수 없어 명성왕후는 미친 듯이 한탄을 하였다.

하루는 명성왕후가 계집종에게 부탁해 세자에게 성교하는 것을 가르쳐 주게 하고, 자신은 문밖에서 큰 소리로 "되느냐? 안되느냐?" 하고 물었으나 그 계집종은 "안 됩니다"라고 했다. 명성왕후는 두어 번 한숨을 내쉬다가 가슴을 치며 자리를 일어섰다. 이때 사람들이 말하기를, "이것은 완화군(完和君)을 죽인 응보"라고 했다.

〈매천야록〉 제1권 하(1894년 이전)

완화군은 고종이 왕이 되어 아버지 대원군의 기세에 눌려 지내던 17세 때 궁녀 이씨(영보당)와 사이에서 얻은 첫 아들이다. 완화군은 1880년 13세에 사망했는데 정확한 사인은 전하지 않는다. 이런 경우 독살설이 떠도는 것이 일반적이다. 대원군과 고종과 명성왕후의 갈등 관계는 역사적 사실로 확인되지만, 정말 명성왕후가 완화군을 죽이도록 사주했는지는 분명하지 않다. 아무튼 황현의 기록대로라면 순종이 후사를 잇지 못하게 된 근본적인 이유는 왕세자에 대한 명성왕후의 과잉보호 때문이라고 볼 수 있다.

을미사변의 아픔과 김홍륙독다사건의 위협 속에서

후사를 잇지 못하는 것에 더해 순종이 유약하고 무능했다고 짐작할 수 있는 또 하나의 사건은 1895년 을미사변이다. 《한국의 황제》를 쓴 이민원은 당시 순종의 상태를 다음과 같이 묘사했다.

순종은 어머니의 비극적인 최후로 인한 충격에서 평생 벗어나지 못했다. 열국 외교관의 보고에 따르면 을미사변 당일 왕태자는 일본 자객의 칼에 맞아 기절했고, 왕후는 절명의 순간에도 왕태자를 외쳐 불렀다고 한다. 당시 왕태자비 역시 누구(?)의 것인지 모를 피를 잔뜩 뒤집어쓰고 혼비백산한 상태였다. 그날 이후 왕태자는 넋이 나간 듯 때때로 건청궁을 맴돌았다. 때로는 모후가 최후를 맞았던 옥호루를 들여다보며 어마마마를 부르다가 혼절하곤 했다. 이런 소문을 들은 열국 외교관은 왕태자가 모자라는 인물이고 정서적으로 불안정하다고 본국에 보고했다.

그토록 감싸고 보호해 주던 모후가 일본의 계략에 의해 처참하게 살해당했으니 20세를 갓 넘긴 왕세자가 겪었을 충격은 이루 말할 수 없었을 것이다.

세 번째는 순종이 육체적·정신적 결함을 갖게 된 결정적 원인으로 잘 알려진 1898년 8월의 이른바 '김홍륙독다(毒茶)사건'이다. 이 사건의 전모를 재구성하면 이렇다.

김홍륙은 천민 출신으로 국경을 오가면서 러시아어를 유창하게 익혔다. 김홍륙은 러시아와의 관계가 중요해지면서 통역을 맡아 졸지에 고종의 총애를 받았다. 이후 비서원승·학부협판까지 오른 입지전적인 인물이었다. 권력이 생기면 욕심이 더 커지는 것인가. 김홍륙은 러시아와의 통상에서 거액을 착복한 사실이 탄로나 흑산도로 유배형을 받는다. 김홍륙은 반성하기는커녕 원한을 품고 어전에서 음식을 담당하던 공홍식, 김종화를 매수해 고종이 즐겨 마시는 커피에 독약(아편)을 타도록 사주했다. 평소 커피를 즐겨 마셨던 고종은 한 번 마시고 토해냈지만, 아직 맛을 구분하지 못하던 황태자는 맛을 보다가 복통과 어지럼증으로 쓰러졌다. 이 때 차를 맛본 사람들은 모두 구토를 하거나 복통을 일으켜 대궐 안은 온통 소란해졌다.

〈매천야록〉 제2권 광무 2년 〈순종실기〉; 〈신민〉 1926년 6월호 (특집)

1882년 임오군란 이래 늘 살해와 독살의 위협 속에 지냈고, 이후에도 몇 차례 폐위사건을 겪었지만, 직접 눈앞에서 독살사건이 벌어진 것은 이것이 처음이었다. 사건 직후 이와 관련한 여러 소문이 돌았다. 그 중에는 누군가가 황태자를 독살하기 위해 김홍륙에게 죄를 입혔다는 소문도 있었다.

첫 번째 사건에 대한 기록은 순종과 세자비가 20세를 넘긴 1894년 당시까지 후사가 없었으므로 사실이야 어찌됐든 이야깃거리는 될 수 있지만, 역사적 사실로 인정하기는 어렵다. 따라서 정신적인 결함은 을미사변 때의 충격이, 육체적인 결함은 독다사건으로 인한 것으로 추론할 수 있다. 그러나 순종과 관련된 여러 문헌자료로 볼 때, 순종이 사리를 분별하지 못할 정도의 정신적 결함을 갖고 있었다고는 보기 어렵다.

순종은 정말 힘없고 능력도 없는 군주였을까?

일본의 대한제국 강점이 모두 불법임을 연구해온 이태진 교수는 순종은 '황태자 시절 독립협회의 사무실인 독립관을 열었을 때 그 현판 글씨를 써서 내릴 정도로 명필가였고, 고종은 황태자의 총명함을 자랑할 정도였으나 불행을 당한 후로는 일본인들이 그를 악용할 것을 우려해 양위 문제에서 그토록 강력하게 반대했다'고 하였다.

또한, 일본이 순종 즉위 후 대한제국의 국새(國璽)와 어새(御璽)를 탈취해 날인하고, 황제의 서명인 수결까지 위조해 처리했으며, 1907년 11월 18일부터 1908년 1월 18일까지 약 2개월 동안 위조된 조칙 5건, 법률 3건, 칙령 52건 등 총 60건의 법령 서명이 위조됐다는 것을 실증으로 밝혀냈다.

총독부기관지 《매일신보》는 4월 26일자에서 순종이 위독하다고 보도하면서 순종의 장점과 취미를 소개했는데 대략 이런 내용이다.

- 고종의 장례 예식을 예로부터 전해오는 관례에 따라 거행할 것을 주장해 신식과 구식으로 치러짐.
- 보학(譜學. 족보 연구)에 뛰어남.

세종로 사거리에 있는 고종 즉위 40년 칭경기념비. 국호를 대한제국으로 고치고 황제의 칭호를 쓰게 된 고종의 장수와 오랜 재위를 기념하기 위해 세운 비다. 사람들은 항상 광화문 사거리에서 기념비전을 보지만 정작 그것이 무엇인지, 기념비전의 편액을 당시 황태자였던 순종이 썼다는 사실을 아는 사람은 그리 많지 않다. ⓒ반두환

- 시계 수집에 취미가 있음. 누워 있는 병실에 약 10여 개.

- 옥돌(玉突. 당구) 60~70점. 매일 오후 2~4시까지 연습.

- 화초와 새를 가꾸고 돌봄.

다키오[釋尾春芿]도 《조선급만주》 1926년 5월호 〈이왕전하 훙거(薨

去)하심〉이라는 글에서 합병 후의 순종은 정치적으로는 방관자로 지냈지만 제사, 예로부터 전해오는 관례, 가까운 친척의 생활, 옛 신하와 나인에 대해서는 깊이 마음을 썼다고 밝혔다. 또한 취미인 당구로 세월을 보내면서도 기억력이 매우 좋아서 계보(系譜. 족보)나 의례(儀禮)에 뛰어났다고 평가했다. 그러면서도 한편으로 순종을 "일한병합의 정신을 가장 충실히 충심으로 실행시켜, 병합 후는 완전히 일본제국의 일왕족(一王族)으로서 스스로 안주한 사람"이라고 하거나 "일본에 대해 대의명분을 어지럽히는 불손한 일 없이 고(故) 이왕의 정신을 상하는 것과 같은 일 없이 주의해야 한다"는 말도 잊지 않았다.

여러 정황으로 보아 비록 순종이 독다사건 이후 온전하지는 않았지만, 그렇다고 순종을 일방적으로 신체적 결함이 있었고, 또한 무기력했다고 깎아내릴 근거는 없다.

합병조약 체결과 대한제국 마지막 황제, 순종

이와 관련해 검토해야 할 것이 1910년 8월 22일 합병조약 체결 당시 순종의 역할이다. 순종이 나약하고 부정적인 이미지로 각인된 것은 저항 없이 합병조약 체결을 받아들인 군주였다는 점 때문이다. 그러나 순종이 조약 체결 과정에서 적극적으로 저항하지는 않았지만, 그렇다고 이를 흔쾌히 받아들인 것은 아니라는 사실도 인정해야 한다.

이날 이완용 등이 양국(讓國. 나라를 넘김) 조칙을 만들어 황후의 숙부 시종원경 윤덕영이 어새를 찍도록 요구했으나 황제는 흐느껴 울면서 이를 허락하지 않았다. 황후의 통곡은 그치지 않았다. ……… 덕영은 황제가 침실로 들어간 틈에 몰래 어새를 찍어 이완용에게 건네주었다……… .

박은식, 《한국통사》 제3편 제58장

이러한 몇 가지 정황에 대해 이태진 교수는 순종이 조약 체결에 매우 소극적이었다는 증거를 제시했다. 순종은 1910년 8월 22일 오후 1시 예정되어 있던 어전회의에 2시가 되어서야 나왔고, 조약 체결 전권 위임장 서명과 다른 서명을 비교하면 글의 기세가 떨린 느낌을 분명하게 알 수 있으며, 무엇보다 8월 29일자로 발표한 조칙에는 황제의 이름자 수결이 없기 때문에 조칙이 날조됐거나 황제가 서명을 거부한 결과라는 것이다.

한편 사실로 확인된 것은 아니지만 《독립신문》 1926년 9월 3일자에는 순종이 사망하기 전에 합병을 부인하는 글을 조정구(대원군의 사위. 합병 직후 일본의 남작 수여와 은사공채를 거절하고 자결 시도함)에게 위탁한 일과 그 내용이 소개되어 있다.

지난날의 합병 인준은 강도 이웃(일본을 말함)이 역신(逆臣)의 무리와 함께 제멋대로 선포한 것이요 모두 나의 뜻하는 바는 아니었다. 오로지 나를 유폐하고 나를 협박해 이루어진 것이니 고금에 어찌 이런 이치가 있으리오. 내가 구차하게 죽지 않은지 지금 17년이라. 종묘사직의 죄인이고 2천만 생민(生民)의 죄인이니 한 목숨이 꺼지지 않는 한 잠시도 잊을 수 없다. 잡아가둔 채 말할 자유도 없이 오늘에 이르러 이제 회복하기 어려운 병을 얻었으니 이에 부득이 한마디 말을 남기고 죽지 않으면 죽어도 눈을 감지 못하리라. 이제 그대에게 맡기노니. 그대는 이것으로 이러한 사실을 널리 선포해 내가 가장 사랑하고 가장 공경하는 우리 인민에게 병합은 내가 하고자 했던 것이 아니었음을 분명하게 알리도록 하라. 그리하면 조약 인준과 조칙은 스스로 장차 파기될 것이다. 아! 너희 인민들아 노력해 광복하라. 내 혼백(魂魄)으로 돌아와 너희를 도우리라.

순종은 합병조약이 협박과 강압으로 이루어졌다는 것, 조약 체결로 500년 이어 온 종묘사직의 죄인 됨은 물론 인민의 죄인이 됐다는 것, 그러나 자신은 결코 조약 체결에 동의하지 않았다는 것, 그리고 이러한 사실을 널리 알려 조약과 조칙을 없앨 것 등을 술회하고 있다.

명성왕후의 과잉보호 때문이든, 을미사변으로 인한 충격이든, '독다사건'이든지 간에 어떤 것도 순종이 어느 정도의 정신적 · 육체적 결함이 있었는지 명확하게 알려주지는 않는다.

결국 순종에 대한 부정적인 이미지는 이미 기울어진 국권이었지만 회복하지 못한 책임, 이미 무너져가던 대한제국이었지만 망국은 막았어야 했다는 책임, 황제로서 500년 사직과 인민을 지키지 못하고도 자결하지 않은 책임, 이민족의 지배하에서도 왕으로 연명한 책

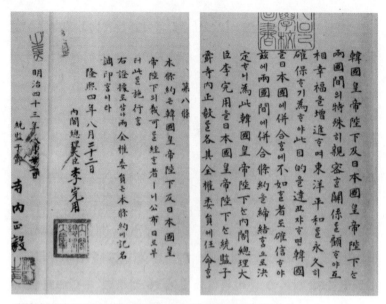

내각총리대신 이완용과 통감 데라우치의 이름으로 조인된 합병조약문의 첫 장과 끝 장. 사진제공 : 이태진

임 등에서 비롯한 것이다. 이 모든 책임은 마지막 황제, 순종이 짊어져야 할 멍에일 수밖에 없다.

순종 국장일을 기해 일어난 6·10만세운동

그렇다면 지극히 정상적인 육체와 정신을 갖고도 나라를 팔아넘긴 내각의 모든 대신들과 원로들은 어떤 책임을 질 것인가. 외세를 추종하며 자신의 영달과 이익과 권세만을 추구하며 군주의 주위를 맴돌던 수많은 '정상인'들은 어떻게 평가할 것인가. 아직도 우리에게는 숙제로 남아 있다.

　상해임시정부 외무총장을 지낸 박용만은 주필로 있던 《신한민보》
에 망국의 안타까움을 〈융희제(隆熙帝)〉라는 한시(漢詩)에서 이렇게
읊었다.

나라 잃은 임금 정히 가련하니	失國君王正可憐
초나라 회왕의 남은 한 조선에도 또 있구나	楚懷餘恨又朝鮮
동풍 부는, 달 밝은 밤	他日東風明月夜
꽃 속에서 우짖는 까치 소리 어찌 차마 들으리오	聲聲何忍聽花鵲

《신한민보》 1911년 4월 26일자 4면 사조(詞藻)

　순종이 승하한 이후 국내에서는 순종에게 연민을 보내는 시선이
많았지만, 해외 독립운동 관련 단체들은 순종을 비롯한 왕족들을 부
정적으로 보았다. 국민회 북미지방총회 기관지 《신한민보》는 합병
이후 순종을 비판하면서 독설을 퍼부었고, 1919년에 고종 독살설
등을 보도하면서도 군주로서 고종이 책임져야 할 부분과 일본의 황
녀와 결혼한 영친왕 이은을 비난했다.

　상해임시정부 기관지 《독립신문》도 크게 다르지 않았다. 특히 영
친왕에 대해 매우 비판적이었는데 "금일부터 영친왕이라고 존칭하
기를 폐하리라" 하면서 "이은(兒)"이라고 표현할 정도였다. 이는 영
친왕의 배다른 형인 의친왕 이강이 상해로 망명하려 했던 것과 대비
해 표현한 것이었다. 순종에 대해서도 "융희황제는 선천적 불구자

순종 승하를 보도한 《매일신보》 1926년 4월27일자 1면. 국내에서는 순종에게 연민의 시선을 보냈지만, 해외 독립운동 단체들은 순종 및 왕족들을 거칠게 비난했다.

라, 그 정신 상태가 일반인과 크게 다르니 거론할 것이 못 된다"라며 무시했다.

또한 임시정부가 중경으로 옮겨간 후 산하 독립운동단체로 조직된 한국국민당의 기관지 《한민》은 1936년 8월 29일 발행호에서 1907년 황제가 된 순종을 "책임으로는 이조 5백 년의 최대 죄인이요, 인간으로는 일개 가련한 처지였다"라고 했다.

그러나 해외에서 바라보는 한반도는 언제가 될지라도 반드시 탈환해야 할 땅이었다. 수많은 독립운동가들이 조국을 뒤로한 채 타국으로 망명해 고난의 삶을 살면서도 바란 것은 한민족의 독립이었다. 이와 관련해 한국국민당은 6·10만세운동 10주년을 기념해 발표한 〈6·10만세운동을 기념하라〉에서 순종의 사망과 6·10만세운동을 다음과 같이 평가했다.

융희황제의 인산이었다. 검은 구름은 한양의 하늘을 가리우고 남산의 송림은 긴 한숨을 지었다. 동해의 일광(日光)은 빛을 잃었고 한강의 푸른 물도 목이 메었다. 이와 같이 음울하고 침통한 저기압이 전국에 가득한 때에 떠나가는 그의 길에 한줄기 눈물이라도 뿌리려고 각처에서 모여든 군중이 수십만에 가까웠다. 그러나 이것이 어찌 나라를 잃고서 저주와 원한만 받든 그를 참으로 슬퍼함이랴. 오직 그가 지고 가는 그 5천 년 역사를 붙들지 못해 눈물을 흘리는 것뿐이다. 남과 같이 가졌든 그 국가의 최후 주권자의 마지막 길을 조상하는 것뿐이다. 20년에 가까운 긴 세월에 쌓이고 쌓인 망국한을 못

6 · 10만세 운동을 해산시키고 있는 일본 경찰들.

잊히어 통곡하던 것뿐이다 …… 왜놈의 압박이 심할수록 군중의 반감은 더욱 강해 살기충천한 속에서 그들의 가슴속에 잠재한 혁명의 화약고는 필경 터졌다. 독립 자주하는 새 나라를 세우려는 그들의 갈망은 대한독립만세의 사자후(獅子吼)로 변하고 말았다. 6 · 10만세운동은 3 · 1운동의 계속이었다.

6 · 10만세운동은 단순히 순종의 승하에 따른 막연한 연민이나 회한에서 일어난 것이 아니라 3 · 1운동의 연속이었고, 순종의 사망을

계기로 일어났다고 지적한 사실은 주목할 만하다. 순종에 관한 평가가 어찌되었든 분명한 것은 대한제국 마지막 황제 순종의 승하를 계기로 궁극적으로는 옛것을 청산하고 새로운 자주독립 국가를 만들기 위한 투쟁의 물결이 일기 시작했다는 사실이다.

왕의 즉위 연도는 어떻게 표기했을까?

1907년은 7월을 기점으로 대한제국 연호로 광무(光武) 11년이면서 융희(隆熙) 1년이 된다. 즉 선대(先代)와 후대(後代), 두 명의 황제가 동시에 존재했던 것이다. 왜 이런 일이 일어났을까?

한국과 중국은 왕위나 황위를 계승하더라도 선대에 대한 예를 중요시해 즉위한 다음해부터 1년으로 헤아리는 것이 관례였다. 그러나 일본은 1868년 메이지유신(明治維新) 때부터 즉위년이면서 재위 1년으로 적용했다. 즉 메이지 45년(1912년)은 다이쇼[大正] 1년, 다이쇼 15년(1926년)은 쇼와[昭和] 1년이 되는 것이다.

우리의 경우는 이 땅에서 양력이 쓰이게 된 과정과 맞물려 있고, 일제의 내정간섭과 침탈이 노골화되면서 나타난 현상이었다. 일제는 1894년 청일전쟁을 일으켜 친일내각을 성립시키고 이른바 갑오개혁(甲午改革)을 추진했다. 전쟁에서 승리한 일본은 1895년 청국과 시모노세키조약[下關條約]을 체결했고, 조선은 '중국'으로부터 '독립한 것'이 되었다(지금 서대문 사거리에 있는 독립문도 같은 이유로 세워졌다. 원래 이 자리에는 중국의 사신을 맞이하는 영은문이 있었다).

이때부터 중국 연호를 버리고 조선왕조 개국(開國)을 연호로 채택해 1894년=개국 503년, 1895년=개국 504년, 1896년은 개국 505년이면서 독자 연호인 건양(建陽)을 쓰기 시작했다. 음력 대신 양력을 세웠다는 뜻이다. 이어서 대한제국이 선포된 1897년부터 고종은 황제 연호인 광무,

순종은 융희 연호를 사용했다.

일상생활도 태양력을 사용하도록 법제화됐다. 즉 1895년 11월 17일을
양력 1896년 1월 1일로 채택해 시행한 것이다. 새해를 맞이하는 첫 날인
설날이 이른바 '구정(舊正)'과 '신정(新正)'으로 나뉘게 된 것도, 음력을
사용했던 우리의 풍속과 달리 양력을 도입하면서 나타난 현상이다.

왼쪽 사진이 중국 사신을 영접하던 영은문(迎恩門)이다. 독립문은 독립협회가 중심이 되어 사대외교의 표상인
영은문을 헐고 조선이 독립국임을 상징하기 위해 그 터에 지은 문이다. 독립문 앞으로 영은문의 기둥 주초석이
보인다. ⓒ반두환

이용창 중앙대학교 사학과에서 〈동학·천도교단의 민회설립운동과 정치세력화 연구(1896~1906)〉로 박
사 학위를 받았다. 현재 민족문제연구소 책임연구원으로 과거사 청산과 친일 문제를 연구하면서 친일인
명사전편찬위원으로 활동하고 있다.

삼척 공양왕릉 봉제. ⓒ왕정문

1388년 위화도회군이 전격적으로 이루어진 후 고려왕조의 운명은 언제 꺼질지 모르는 운명 앞에 놓인다. 그 후 4년이 흘러 조선왕조가 등장하며 새로운 시대의 도래를 알렸다. 그러나 4년은 그냥 흘러간 세월이 아니었다. 그 안에는 새로운 왕조의 탄생을 바라는 희망도 있었지만, 500년 고려왕조를 지키려는 치열한 노력도 함께 있었다. 구시대의 모순을 도려내는 시도가 끊임없이 이루어졌기에 이 시기를 '개혁의 시대'라고도 하나, 그 이면에는 격렬한 권력 투쟁도 전개되고 있었다.

이 시기에 국왕은 한 나라를 대표하는 상징적인 존재로서 어떠한 실권이나 정치적 행사를 할 수 있는 권한이 없었다. 새 시대를 만들어가는 쪽에서는 국왕은 정치적 존재감을 드러내지 않는 편이 나았다. 그렇게 선택된 왕이 바로 공양왕이었다.

공양왕에게 이 4년의 세월은 어떤 의미를 갖고 있었을까? 최영과 정몽주로 상징되는 이 시대의 비극적 상황 속에서 공양왕은 어떠한 몸부림을 쳤을까? 과연 공양왕의 잘못된 선택이 고려 멸망을 촉진시켰던 것일까?

쓰러져가는 고려왕조의 끝을 붙잡고
삼척에 한을 묻은 공양왕

어느 곳이 진짜 공양왕릉인가?

1392년(공양왕 4년) 7월 12일, 무더위가 한창 기승을 부릴 때였다. 공양왕(恭讓王, 1345~1394)은 뜨거운 눈물을 쏟으며 왕위에서 물러나 원주로 향했다. 그 후 강원도 간성군으로 옮겼다가 1394년(태조 3년) 삼척부에서 죽음을 맞이했다. 이때 공양왕의 나이 50세였다. 《고려사절요(高麗史節要)》에는 '훙(薨)'이라고 기록되어 있으나 민간에 전해지는 이야기로는 두 왕자 석(奭), 우(瑀)와 함께 교살됐다고 한다.

지금 공양왕은 경기도 고양시 원당에 부인 순비 노씨(順妃 盧氏)와 나란히 묻혀있다. 이것이 사적 제191호로 지정된 고려 공양왕릉이다. 그런데 공양왕이 죽음을 맞이한 강원도 삼척시에도 공양왕릉이 있다. 이 왕릉도 시도기념물 제71호(삼척 공양왕릉)로 지정되어 있어 어느 곳이 진짜 공양왕릉인지 혼란을 일으킨다. 삼척의 공양왕릉은

고양시에 있는 고려 공양왕릉. 부인 순비와 함께 나란히 묻혀 있다. ⓒ최영숙

봉분이 모두 네 기인데 가장 남쪽에 있는 것이 공양왕릉, 두 기는 두 왕자, 나머지 하나는 시녀 또는 말의 무덤이라 전한다.

　과연 어느 곳이 진짜 공양왕릉일까?《태종실록》에 따르면 1416년 (태종 16년)에 예조에서 공양왕의 능호(陵號)를 내려 달라고 청한다. 송 태조가 주(周)나라 정왕(鄭王)이 사망한 후에 장사해 순릉(順陵)이라 한 예를 따르자는 것이었다. 그리하여 공양왕의 능호를 순릉이라 정하고 그 비(妃)를 순비로 봉했다.

　그 후 1421년(세종 3년)에 이르러 공양왕의 딸이자 우성범의 부인인 왕씨가 태종 때에 공양왕의 능호를 정한 사실을 들어 능실 근처

삼척시 근덕면 궁촌리에 있는 공양왕릉. 문헌에 기록되어 있지는 않지만 민간에서 오랫동안 진짜 공양왕릉으로 구전되어 왔다. 오른쪽에 가장 큰 무덤이 공양왕릉이고, 나머지는 두 왕자와 말 또는 시녀의 무덤이라 전한다. 매년 음력 4월 17일 봉제가 열린다. ⓒ최영숙

에 사내종을 배정해 수호하게 해달라는 청을 올렸다. 1437년(세종 19년)에는 경기도 안성 청룡사(靑龍寺)에 봉안했던 공양왕의 어진을 고양현 무덤 곁에 있는 암자로 옮겼는데, 이로 미루어 삼척에 묻혀 있던 공양왕을 언제인지는 모르지만 고양으로 이장한 것으로 추측해볼 수 있다.

이상의 《조선왕조실록》 기록들에 따르면 삼척의 공양왕릉은 고양으로 이장되면서 남은 빈 무덤이다. 그러나 이장된 후에도 삼척의 공양왕릉은 지금까지 잘 보존되었고, 오히려 민간의 전승을 통해 이

文正公許穆八十二歲眞

조선의 대학자 허목 초상. 조선 중기 송시열과 벌인 1차 예송논쟁에서 패한 후에 허목은 삼척부사로 좌천되었다. 이때 허목은 목민관으로서 향약을 만들어 부민 교화에 힘쓰는 한편 삼척 읍지인 《척주지》를 편찬했다. 국립중앙박물관 소장.

왕릉이 진짜라는 설이 설득력을 얻고 있다.

　민간에 전해지던 이러한 이야기는 1662년(현종 3년)에 발간된 삼척부사 허목의《척주지(陟州誌)》에 나타나 있다. 당시 허목은 관내의 여러 지역을 직접 답사하면서 민간에 전해지는 전설을 조사해《척주지》를 편찬했다. 이때 공양왕릉에 얽힌 이야기도 민간에 전해지던 이야기를 수집해 정리했다. 허목은 추라(楸羅. 현재 삼척 추천리 일대)에 왕릉으로 불리는 옛 무덤이 있다고 하면서 공양왕의 무덤을 소개하고 그것이 폐허화됐음을 한탄했다.

추라 위쪽은 궁촌(宮村)이고 또 궁촌 위쪽에는 궁방사(宮傍寺)라는 절이 있는데 옛 영은사이다. 지금 궁촌의 논밭 사이에는 궁터라고 일컬어지는 곳이 있으나 깨진 주춧돌, 무너진 담장, 깨진 기왓장 등은 하나도 없다. 부로(父老)들이 전하기를 고려가 망하자 공양왕이 처음에는 원주에 유배되었다가 나중에 간성으로 옮겨졌는데 1394년(태조 3년) 갑술년에 삼척에서 세상을 떠났다고 한다. 이 당시에 공양왕이 살던 집은 백성의 집에 불과했고 사망했을 때 장례도 또한 백성의 장례에 불과하였다.

〈척주지〉 하, 덕번상리(德蕃上里)

삼척에는 공양왕과 관련된 지명이 많이 전해진다. 임금이 유배된 곳이라 하여 이름 붙여진 '궁촌(궁마을)', 말을 기르던 곳으로 추정되는 마리방, 왕의 두 아들이 살았다는 궁터 또한 그렇다. 특히 궁촌 뒷재의 사랫재는 '살해재'와 그 음이 비슷해 공양왕이 교살된 장소로 전해지기도 한다.

나라가 망한 후 공양왕이 삼척으로 귀양가서 사망한 것은 사실이다. 고양으로 이장된 후에도 왕릉은 없어지지 않고 오랜 세월을 견뎠다. 거의 폐허로 변한 것을 1837년(헌종 3년) 삼척부사 이규헌이 개축해 오늘에 이르렀다고 한다. 더욱이 삼척 근덕면 궁촌리에서는 매년 음력 4월 17일에 공양왕릉 앞에서 제사를 드리는 풍습이 아직까지 행해진다. 고양 공양왕릉이 진짜 무덤일지라도 삼척 공양왕릉은 한 많은 공양왕의 생을 위로하려는 민인들의 마음이 일궈낸 소산

일지도 모르겠다.

공양왕에 대한 평가는 일반적으로 호의적이지 않다. 왕위에 오를 때 좌불안석하는 모습을 보이기도 하고 눈물까지 내비치는 등 공양왕의 성격은 얼핏 보면 소심하고 나약하며 우유부단해 보이기까지 한다. 이 때문에 부귀한 집에서 나고 자라서 재산을 관리할 줄만 알고, 나라를 다스릴 줄은 모른다고 해 왕위 추대에 반대하는 목소리도 있었다. "인척들의 사사로운 감정을 담은 호소와 부녀자와 내시들의 사욕을 따르는 청만을 들어주고 믿어 정사가 문란해져서 인심이 저절로 떠나가고 천명이 저절로 가버리게 되어 왕씨 5백 년의 종사가 홀연히 망하게 했다"는 비난을 받기도 했다.

그렇다고 공양왕에게 전적으로 고려왕조의 멸망에 관한 책임을 물을 수는 없다. 고려의 멸망은 그 이전부터 진행되고 있었고, 그 과정이 공양왕 때에 이르러 마침표를 찍게 된 것이기 때문이다. 이에 우리는 고려 멸망이라는 결과가 나타나도록 작용한 여러 가지 원인과 배경들을 차분히 되짚어볼 필요가 있다.

고려를 뒤흔든 위화도회군

1388년(우왕 14년) 6월 단행된 이성계의 위화도회군(威化島回軍)은 고려 말의 정치 상황을 극적으로 전환시킨 역사적 사건이었다. 이를 계기로 이성계 세력은 정치권력을 장악하는 데 성공했고, 이후 그들의 주도 아래 정치·경제·군사 등 전반에 걸친 개혁이 본격적으로 추진됐다. '무진회군(戊辰回軍)'이라고도 불리는 이 사건은 고려왕조의 몰락과 조선왕조의 건국이라는 결과를 가져왔다.

요동정벌은 대명외교가 경색되는 가운데 태조 왕건 이래 국가 정책의 기본 방침인 북진정책의 추진을 명분으로 단행됐지만, 이성계가 회군 즉시 우왕과 최영을 쉽게 무너뜨릴 수 있었던 것은 그만큼 요동정벌이 고려 국민들의 공감대 형성에 실패했음을 의미한다. 실제로 요동정벌에 대해서는 대부분이 반대했던 것 같다. 당시 고려 지성계를 대표하던 이색도 반대 의견을 표명했다. 하륜이나 이숭인 등도 요동정벌에 반대하다가 유배됐고, 강력하게 반대 의사를 밝혔던 이자송은 죽임을 당하기까지 한다.

이처럼 반대 인물들을 탄압하면서까지 추진된 요동정벌은 결국 우왕과 최영의 실각을 가져왔다. 비록 최영은 청렴결백하고 강직한 정치 운영으로 많은 기대를 받았지만, 새로운 정치 세력으로 부상하고 있던 신진사대부 세력까지 숙청 대상으로 간주해 많은 반감을 샀다. 최영은 집권 당시에 급진적 성향을 보이던 조준의 개혁 성향을 인정하고 조준을 첨서밀직사사로 임명하는 등 신진사대부를 포용하려는 노력도 했으나, 신진사대부는 최영에게 아무런 희망을 발견하지 못했던 것 같다. 그리하여 최영의 제안을 거절하고는 윤소종, 허금, 조인옥 등과 비밀 결사를 맺어 왕씨를 다시 일으킬 것을 도모했다. 이것은 우왕의 정통성 계승에 대한 부정이었고, 최영 집권 세력과는 타협의 여지가 없는 행동이었다.

의주의 압록강 하류에 있는 섬 위화도(위). 유유히 흐르는 강물 멀리 무진회군의 역사적 장소 위화도가 보인다. ⓒ이정근

위화도 회군로(왼쪽). 이성계가 이 회군으로 정치권력을 잡을 수 있었던 것은 요동정벌에 대한 국민의 공감대가 형성되지 않았기에 가능했다.

지도 내 표기

■ 공민왕 때 수복된 영토

원

안동

검동도

위화도

신도

압록강

고려장성

정주성

동유초도

유초도

안주성

고려

회군로

출생에 얽힌 비밀, 우왕 이야기

공민왕의 갑작스런 사망으로 겨우 아홉 살에 왕위에 오른 우왕은 재위 내내 시련을 겪다가, 결국에는 신돈의 자식이라는 오명까지 뒤집어쓰고 비명횡사하고 말았다. 우왕의 왕위 정통성은 즉위 초부터 상당한 의혹을 받았다. 우왕이 과연 공민왕의 자식인지, 승려 신돈의 자식인지는 아직도 논란이 많다.

우왕의 아이 때 이름은 모니노(牟尼奴)로 신돈의 비첩인 반야의 소생이다. 공민왕이 항상 아들 없음을 근심하던 차에 하루는 신돈의 집에 가니 신돈이 그 아이를 가리키면서 "원컨대 전하께서는 이 아이를 양자로 삼아서 뒤를 이으소서"라고 했다. 이때 왕이 아이를 곁눈으로 보고 웃기만 하고 대답하지 않았다. 그러나 마음속으로는 이에 동의했던 것이다. 신돈을 죽인 후 왕은 모니노를 데려다가 명덕태후의 궁전에 두고 수시중 이인임에게 "맏아들이 있으니 나는 근심 없다" 하고는 "신돈의 집에 아름다운 여자가 있는데 자식을 낳을 수 있다는 말을 듣고 내가 가까이해 이 아이를 낳았다"라고 했다. 그 후 왕이 모니노를 태자로 삼으려고 글공부를 시키자고 청하니 태후는 그럴 의사가 없어서 "좀더 큰 후에 글공부를 해도 늦지 않다" 하였다.

〈고려사〉 권133, 열전 46, 신우 1

조선왕조 때에 편찬된 《고려사》의 기록을 액면 그대로 믿을 수는 없지만, 이 내용을 통해 공민왕이 살아 있을 때 모니노를 자기 자식으로 여기고 후계자 공부를 시키려 했으나, 당시부터 이미 많은 반대가 있었음을 엿볼 수 있다. 우왕은 공민왕의 정식 후계자로 인정받지 못했던 것이다.

우왕의 출생에 얽힌 불분명한 스토리는 노국공주의 죽음으로 인한 공민왕의 과도한 슬픔과 상실감이 인간적 타락으로 이어지면서 빚어진 일이었다. 공민왕은 계속된 정치개혁이 실패로 돌아가면서 깊은 무력감과 환멸에 빠져들었다. 더욱이 공주를 통해 얻었던 심리적 안정감마저 사라지자 이에 공민왕은 대리인에게 왕의 권위를 내주고 자신은 정치 일선에서 물러나고자 했다.

그리하여 등용된 인물이 신돈이다. 공민왕으로부터 51자나 되는 거창한 직함을 부여받은 신돈은 개혁정치의 목적을 민생문제의 해결, 국가 재정난의 타개와 함께 정치질서의 회복에 중점을 두었다. 신돈의 개혁정치는 전민변정사업(고려 후기부터 심각하게 진행되어 오던 농장의 확대로 인한 국가적 폐단을 막기 위해 실시한 사업)으로부터 시작됐다. 이 사업은 백성들이 신돈을 '성인'이라고 칭송할 정도로 큰 지지를 받았다.

그러나 신돈의 집권이 장기화되면서 나타난 부작용 또한 만만치 않았다. 우왕의 출생에 얽힌 뒷이야기는 공민왕과 신돈 정권의 부도덕성을 부각시키는 결정적 사례가 됐다. 결국 신돈은 공민왕에 의해 반역 혐의로 처형당했고, 방종과 쾌락에 빠져들었던 공민왕 또한 자신이 그토록 믿던 신하들에게 시해를 당하고 말았다.

우왕은 공민왕 14년에 태어났는데, 공민왕은 우왕이 태어난 사실을 세상에 공포하지 않았다. 우왕의 존재가 세상에 알려진 것은 신돈이 제거된 직후였다. 더구나 공민왕은 우왕을 자신의 아들로 인정한 후에도 '씨내리'라는 비정상적인 방법까지 동원하면서 후사 문제에 집착했다. 자제위 관원들로 하여금 후궁들과 관계를 맺게 하여 아들을 얻고자 했던 것이다. 이러한 공민왕의 행적은 우왕의 태생에 대한 의혹만 부풀렸다. 공민왕이 갑자기 사망하자 종친을 세우려는 명덕태후와 경복흥 등은 우왕이 후계자가 되는 것을 강력히 반대했다.

더욱이 우왕은 즉위 후에도 명나라로부터 왕위를 인정받지 못했고 북원에서는 심왕 고의 후손인 탈탈불화를 고려왕에 봉하며 압박을 해 왔다. 이에 어린 우왕은 권위에 손상을 입고 심각한 좌절을 겪었다. 우왕은 재위 기간 내내 끊임없이 불안해했으며, 자신을 추대한 이인임의 권력 행사를 지켜볼 수밖에 없었다. 이러한 상황은 우왕을 개혁 군주보다는 전형적인 폭군의 길을 걷도록 했다.

이성계의 등장과 최영의 몰락

1388년 정월, 14년간 권력을 휘둘렀던 이인임 세력이 물러나면서 최영과 이성계를 중심으로 하는 무장 세력이 새로운 정치 운영의 핵심으로 부상했다. 최영이 정치적 영향력이 거의 없었던 이성계를 정치적 파트너로 삼은 이유는 분명치 않다. 다만, 이성계가 중앙 정계에 확고한 뿌리가 없다는 점, 그리하여 정치적 영향력이 미미했다는

조선의 개국공신인 정도전의 시문 및 저술을 모은 《삼봉집》의 목판. 삼봉 정도전은 일찍이 자신을 가리켜 중국의 한나라 고조(漢高祖)의 참모였던 장자방이라 비유할 정도로 야심이 컸던 인물이다. ⓒ문화재청

점, 그럼에도 왜구와 홍건적을 물리치는 과정에서 보여준 군사적 지도력과 백성의 신망 등이 이성계를 정치적 파트너로 선택하도록 한 것 같다. 탁월한 무장이지만 정치적 영향력이 거의 없다는 점이 최영에게는 이성계의 커다란 매력으로 다가왔던 셈이다.

그러나 이인임 세력을 물리치면서 이성계의 정치적 명망은 급부상했다. 이것은 최영의 기대와는 다른 모습이었다. 최영은 이성계의 무력적 기반을 인정하면서도 그를 정계의 2인자로 끝까지 인정하지 않으려 했다. 주위에서 이성계를 경계하는 목소리가 들려왔으나, 최영은 그를 중앙의 정치 무대에 갓 등장한 신출내기로만 판단한 듯하다. 이에 모든 정치 운영을 독단적으로 처리하면서 이성계의 정치적 영향력을 그다지 심각하게 고려하지 않았다.

최영이 신진사대부 세력에게 강경한 자세를 취한 것과 달리 이성계는 지지 기반을 늘리기 위해 신진사대부 세력을 보호하고자 했다. 신진사대부 또한 그러한 이성계에게 각별한 관심을 품었다.

그 사례가 후에 개국의 일등공신이 된 정도전이 이성계를 찾아간 이야기이다. 이성계가 동북면 도지휘사로 있던 시절, 함주막(咸州幕)에서 태조의 호령이 엄숙하고 대오가 질서정연한 것을 보고 이성계에게 은근히 말했다. "참 훌륭합니다. 이런 군대라면 무슨 일인들 못하겠습니까!" 이성계가 무슨 뜻이냐고 묻자 정도전은 짐짓 거짓말을 했다. "동남방의 근심인 왜적을 칠 수 있다는 뜻입니다. 군영 앞에 노송 한 그루가 있으니 소나무 위에다 시를 한 수 남기겠습니다"라고 말하고는 다음과 같은 시를 적었다.

아득한 세월에 한 그루 소나무
푸른 산 몇만 겹 속에 자랐구나.
잘 있다가 다른 해에 만나볼 수 있을까.
인간을 굽어보며 묵은 자취 남겼구나.

《삼봉집》 권8, 부록(附錄), 사실(事實)

정도전은 고려 사회가 자체 능력만으로는 해결할 수 없는 상태에 처했다고 판단하고 혁명을 이루기 위한 동반자로 이성계를 주목했다. 당시 이성계는 혁명을 생각하지 않았다. 이에 정도전이 "한 고조가 장자방(張子房)을 이용한 것이 아니라, 자방이 한 고조를 이용했다"고 밝혔듯이 신진사대부들이 더 적극적으로 이성계와의 제휴

경남 남해군 미조면에 있는 무민사에 모셔진 최영의 영정. 조선 중기 미조 첨사가 바다에 떠 있는 나무상자를 열어보니 최영의 영정이 들어 있어 지금의 자리에 사당을 세우고 제사를 지내왔다고 한다.

를 도모하길 바랐다.

그러한 가운데 최영과 신진사대부 세력의 대립은 이성계와 신진 사대부의 결합을 용이하게 했을 것이다. 결국 정권 장악을 목표로 하는 이성계 세력과 현실 개혁적 성향이 강한 신진사대부의 정치적 결합은 위화도회군으로 귀결됐다. 위화도회군은 이성계 세력과 신진사대부 세력의 결합이 이루어낸 정치적 승리였던 것이다.

위화도회군에 성공하면서 이성계 세력은 정치권력을 장악했다. 위화도회군 직후 조민수는 좌시중, 이성계는 우시중, 조준은 첨서밀

직사사 겸 대사헌이 됐다. 한편 우왕과 최영에 대한 숙청 작업도 진행되어 최영의 측근 세력은 모두 유배에 처해졌다. 그 가운데 정승가, 안소, 송광미, 인원보 등은 유배지에서 참수됐고, 최영 또한 유배됐다가 12월에 이르러 이성계 일파의 주장에 따라 참형에 처해졌다. 이때 최영의 나이 73세였다. 최영은 성질이 강직하고 충실하며 또 청렴했기 때문에 동시대의 사람들로부터 많은 존경을 받았다. 최영이 참수되던 날 서울 사람들은 시장의 문을 닫고 장사를 하지 않았고, 참형에 처해졌다는 소문을 듣고는 거리의 어린이들이나 시골 부녀자나 할 것 없이 모두 눈물을 흘렸다고 한다. 길가에 놓여 있는 그의 시체를 지나치는 사람들은 모두 말에서 내렸다. 그만큼 고려인들에게 최영의 죽음은 비극이었다. 최영의 죽음처럼 고려의 운명 또한 바람 앞에 꺼져가는 등불같이 위태로웠다.

우왕과 창왕을 몰아내는 명분이 된 우창비왕설

위화도회군과 최영의 몰락은 고려왕조의 멸망을 예견케 하는 사건이었다. 조선 건국 후에 고려에 절의를 지킨 두문동 72현의 한 사람인 원천석은 이성계의 위화도회군 소식을 듣고는 "어찌 강은 건너지 않고 분연히 말고삐를 돌리는가. 가련한 도통공(최영)이 홀로 원한을 사고 있구나. 주춧돌이 위태로우니 장차 큰 집을 어찌 지탱할꼬" 하며 고려왕조의 운명을 염려했다. 야은 길재 또한 수양산에서 굶어 죽은 백이·숙제를 노래하며 고려왕조의 멸망을 예견했다.

원주 치악산의 원천석 묘. 무덤 앞을 한 치의 여유도 없이 비석으로 막아놓은 모습이 마치 왕조를 지키지 못한 부끄러운 얼굴을 가리려 한 것처럼 보여 애처롭게 느껴진다. ©김영덕

이제 고려 말의 정치인들은 엄혹한 역사 현실 앞에서 선택의 갈림길에 서게 된 것이다.

최영의 몰락과 더불어 우왕도 같은 운명에 처했다. 우왕의 통치는 철저하게 비판되었으며 우왕은 폭군으로 낙인찍혔다. 비록 아들 창이 아홉 살이라는 어린 나이로 왕위에 오르지만, 우왕과 창왕 부자는 이성계 세력에 의해 제기된 '우창비왕설(禑昌非王說)'에 의해 폐가입진(廢假立眞. 가짜 왕을 몰아내고 진짜 왕을 세운다는 말)의 길을 걸었다. 우왕의 정통성 문제는 14년 재위 기간 동안 아무런 문제가 없었지만, 그를 왕위에서 몰아내는 결정적인 명분으로 작용한다.

그러나 우왕과 창왕을 내쫓으려는 명분으로 내세운 우창비왕설은 그 당시뿐만 아니라 후대에 와서도 비난을 받는다. 이에 조선 후기 《동사강목》을 지은 안정복은 정도전, 조준 등이 반대파를 제거하려는 명분으로 우창비왕설을 이용했음을 밝히는 한편, 역사가들이 이를 바르게 분별하지 않은 잘못에 대해서도 지적했다.

　　우왕과 창왕의 일은 당시의 재상인 이색이나 초야에 있던 원천석의 정론을 막기 어렵고, 조선의 유희춘, 윤근수, 신흠, 이덕형 같은 이도 모두 역사 기록을 거짓으로 여겼다. 더구나 태조가 왕씨에게 양위를 받았으니, 우왕과 창왕이 왕씨이니 신씨이니 하는 논란은 애당초 필요치 않다. 그런데 정도전, 조준, 윤소종의 무리가 왕씨가 아니라는 설을 지어내어 구신(舊臣)들을 견제하는 계책으로 삼아서는 온 나라가 부화뇌동해 따르느냐 어기느냐 하는 것으로 충성과 반역의 구분으로 삼아 하나의 의리로 만들었다. 뒤에 역사를 만드는 이도 모두 마음속으로는 그른 줄 알면서도 다시 분별하지 않았다.

〈동사강목〉 범례(凡例), 통계(統系)

　　1388년 위화도회군 이후 1392년의 조선왕조 건국까지는 4년이라는 시간이 소요됐다. 이것은 왕조 교체의 당위성을 부여받는 기간이기도 했지만, 조선 개국 세력의 의도대로 왕조 교체가 쉽게 진행되지 않았음을 말하는 것이다. 이 기간에는 새로운 사회체제를 도모하던 이성계 세력에 반대하는 세력들도 형성되어 정국 주도권을 둘러싼 권력투쟁을 치열하게 전개했다. 위화도회군 이후 전개된 여러 가지의 정치적 사건, 예컨대 우왕과 창왕의 폐위 문제, 김저(金佇)의 옥사, 공양왕의 즉위 문제, 윤이(尹彝)와 이초(李初)의 무고 사건, 정몽주 살해 등은 그와 같은 사정을 반영하는 대표적인 사건들이다.

반이성계 세력은 왕조 교체에 맞서 고려왕조의 존속을 위해 노력했지만, 강력한 이성계 세력에 대항하기에는 역부족이었다. 결국, 이들은 이성계 세력에 의해 공격 대상으로 지목되어 정계에서 밀려나 몰락의 길을 걸었다. 이러한 일련의 과정을 통해 이성계 세력과 신진사대부는 조선 개국에 성공한다.

위화도회군 이후 이성계 세력은 먼저 권력 개편을 단행했다. 그 후 전제(田制) 개혁을 실시해 자신들의 경제 기반을 확립하고자 했다. 한편으로 우왕과 창왕을 폐위시키고 공양왕을 옹립해 회군의 정당성을 확보하는 한편 왕조 교체의 기반을 조성해 나갔다. 그런데 이러한 과정 속에서 정치 세력의 분열이 나타나기 시작했다. 정치 세력의 분열은 개혁의 방향과 그 목적을 둘러싸고 현실 인식이나 사회 개혁에 대한 이해관계를 달리한 데서 비롯했다. 그것은 결국 이성계 세력의 정치적 지향에 동조하는가 아닌가의 문제였다. 그리고 정치 세력 간의 갈등과 대립은 정치권력의 쟁탈이라는 현실적인 목표 아래 진행됐다.

분열되는 개혁 세력들

정치 세력의 첫 번째 분열은 창왕의 즉위 과정에서 이루어졌다. 이성계 세력은 회군 당시에 이미 이성계를 추대하려 했지만, 시기상조로 판단하고 윤소종의 건의를 받아들여 왕씨를 다시 세울 것을 채택했다. 그런데 이 과정에서 고려 말에 정치적 이슈가 된 우창비왕설이 대두됐다. 그 내용은 우왕과 그 아들 창왕은 왕씨가 아닌 신씨(辛氏)라는 주장이었다. 곧 우왕은 공민왕의 아들이 아니고 신돈의 소생이기 때문에 우왕의 즉위로 인해 고려 왕씨는 이미 혈통적 계승이 단절됐다는 것이다. 그리해 우왕과 창왕의 왕위 계승을 정통성에 하자가 있는 것으로 판단하고 종실에서 적합한 인물을 고르고자 했다.

그러나 회군에 협력했던 조민수가 왕실의 최고 어른인 정비의 지지와 이색의 협력을 얻어 창왕을 옹립함으로써 이성계 세력의 시도는 실패로 돌아갔다. 회군 당시 이성계는 왕족 중 한 사람을 옹립하고자 했다. 그 후보자는 아마도 후에 공양왕이 된 정창군 요였을 것이다. 정창군 요는 이성계의 사돈인 왕우의 형이었다. 정창군 요는 1382년(우왕 8년)에 벌어졌던 익명서 사건을 통해 유력한 왕위 후보자로 그 이름을 드러냈다. 조민수, 임견미, 염흥방 등이 반역을 모의해 정창군 요를 왕으로 추대하려 한다는 것이었다. 정창군과 이성계의 관계로 보아 이는 이성계의 정치적 생명까지 위협할 수 있는 상황이었다. 이 사건은 최영에 의해 무고로 처리되어 무마되었다.

이성계가 회군하면서 왕씨의 후손을 왕위에 세울 것을 조민수와

의논했더니 조민수도 동의했다. 그런데 우왕이 폐위되자 조민수는 이인임이 자기를 천거해 준 은혜를 잊지 못하고 이인임의 외형제인 이림의 딸 근비의 소생인 창을 추대할 것을 획책하였다. 여러 장수가 자기 의도와는 다르게 왕씨를 세울까 염려해 당시 명망이 있던 한산군 이색의 말을 빌려서 여러 사람의 입을 막고자 했다. 이색도 역시 창을 세우려고 하므로, "마땅히 전왕의 아들을 세워야 한다"고 하였다. 이성계가 조민수에게 "회군할 때 말한 것과 다르지 않은가?" 하니 조민수는 낯빛이 변하면서 "원자의 추대는 한산군이 이미 결정한 바인데 어찌 위반할 수 있는가?" 하고 드디어 창을 왕위에 세웠다.

〈고려사절요〉 권34, 우왕 14년 6월 신해

이 기록은 회군 직후에 이미 이성계 세력과 반이성계 세력으로 정치 세력이 분열되고 있었음을 말해준다. 또한 조민수와 이색이 창왕 옹립을 계기로 정치적 역량을 과시하면서 반이성계 세력의 중심인물로 대두된 것도 알 수 있다. 조민수는 이색의 정치적 명망을 배경으로 이성계 세력에 대립했다. 그것이 군사적 우세에 있는 이성계에 대항할 수 있는 최대의 방패막이기도 했다.

그러나 이미 정치와 군사적 실권은 이성계 세력에 의해 장악돼 있었다. 이와 같은 실권을 기반으로 이성계 세력은 전제 개혁과 관제 개편 등 일련의 개혁정치를 주도하는 가운데 왕조 교체의 기반을 다졌다. 1388년(창왕 즉위) 7월, 조준에 의해 사전(私田) 혁파 안이 제기되면서 전제 개혁 논의가 본격화됐다. 간관 이행을 비롯해 계속되는 언론의 주장에 의해 전제 개혁은 대세로 굳어졌다. 그리고 전제 개혁을 반대하던 조민수를 토지 탈점 혐의로 탄핵해 유배시켰다. 조민수는 전제 개혁의 최초의 피해자이면서 반대 세력을 억누르기 위한 본보기가 됐다.

이듬해 4월, 도평의사사에서 본격적인 전제 개혁이 논의에 들어갔다. 그러나 논의 과정은 이성계 세력의 뜻대로 진척되지 않았다.

우리 태조가 대사헌 조준과 더불어 사전을 개혁하고자 하니, 이색이 구법(舊法)은 가벼이 고칠 수 없다 하며 자기 의견을 고집해 따르지 않았다. 그런데 이림, 우현보, 변안열도 모두 개혁하지 않으려고 했다. 이에 이색이 유종(儒宗. 선비들이 우러러보는 큰 학자)이었으므로 그의 말을 구실로 삼아 사람들의 귀를 현혹시켜 사전을 개혁해 공전을 회복하는 논의가 결정되지 못했다. 예문관 제학 정도전과 대사성 윤소종은 조준의 의견에 찬성하고, 후덕부윤 권근과 판내부시사 유백유는 이색의 의견을 좇았으며, 찬성사 정몽주는 두 사이에서 머뭇거렸다. 이에 각사에 사전을 개혁해 공전을 회복하는 일의 이해를 의논하게 하니, 의논한 자 53명 가운데 개혁하고자 하는 자가 18~19명이었으며, 하지 않으려는 자는 모두 거실 자제들이었다.

〈고려사절요〉 권34, 창왕 원년 4월

도당에서 전제 개혁이 논의된 결과 정도전, 윤소종이 찬성했지만

여주 신륵사의 보제존자 석종비. 고려 말의 승려 보제존자 나옹의 탑비로 왕명을 받아 밀양으로 가던 중 신륵사에서 입적하자 문도들이 사리를 안치한 석종과 석비를 세웠다. 비문은 당대의 대문장가인 이색이 지었고, 유명한 서예가인 한수가 글씨를 썼다. 신륵사는 조선 건국 후 유배되었던 이색이 태조 이성계의 부름을 끝내 거절하고 숨을 거둔 장소라 전한다. ⓒ이은정

대부분의 사람이 반대했고 정몽주는 중립적인 태도를 보였다. 이렇듯 전제 개혁에 대한 견해 차이는 창왕 옹립을 둘러싼 대립의 연장선이었다. 그리고 전제 개혁의 논의 과정에서 정치 세력 내부의 견해 차이가 더욱 극명해졌다.

결국, 도평의사사의 논의에서는 반대 의견이 우세했기 때문에 이성계 세력의 시도는 쉽사리 이루어질 것 같지 않았다. 이로써 사전혁파 안은 일단 후퇴해 조정 국면에 들어갔다. 이성계 세력은 조준이 제시한 대로 남부 6도의 양전(量田)과 3년 동안 모든 사전조(私田租)를 공수(公收)하는 방안을 실시했다. 그러나 이 또한 반대에 부딪혀 사전조의 반만 공수하는 것으로 결정되는 등의 우여곡절 끝에 이성계 세력의 강력한 요청에 의해 다시 전부 거둬들이는 것으로 환원됐다. 이러한 과정은 이성계 세력에 의해 추진된 전제 개혁이 그만큼 거센 반발에 부딪혔음을 말해준다. 그리고 그 반대편의 중심에는 이색이 있었다.

이성계 세력, 반대파를 제거하다

이로써 이성계 세력은 전제 개혁을 집요하게 추진하는 한편으로 반대 세력에 대한 제거 작업도 병행했다. 반대 세력의 제거 없이는 전제 개혁의 성공 여부도 장담할 수 없었기 때문이었다. 1389(창왕 1년) 8월 조준의 상소에 의해 전제 개혁이 다시 재개되고, 9월에는 급전도감(給田都監. 고려 때 토지제도인 전시과를 시행하면서 관리들에게 경작하는 땅을 공정하게 나눠주기 위해 설치한 관청)에서 새로 수전(受田)할 관인의 선정 작업에 착수했다. 한편, 간관들의 전제 개혁 논의에 찬성하지 않은 좌사의 문익점을 탄핵해 파직시키는 것을 시작으로 반대 세력에 대한 공격이 단행됐다.

9월에 발생한 왕환(王環)의 옥사로 인해 이숭인, 하륜, 신극공, 박천상, 박가흥 등이 무고죄로 연좌되어 유배됐다. 박돈지 또한 연루되었고, 이숭인에게는 이 사건 외에도 여러 가지의 죄목이 덧붙여졌다. 권근은 이숭인을 구원하기 위해 상소를 올렸다가 탄핵을 받고 유배됐다. 이숭인과 권근은 이색의 최측근으로서 이성계 세력에 의해 공격의 표적이 되다시피 했다. 그들에 대한 이성계 세력의 공격은 거의 인신공격에 가까울 정도로 격렬했으며, 그것은 이색을 제거하기 위한 사전 포석이었다. 그들의 의도대로 이색은 사건 처리에 불만을 표시하며 관직을 내놓고 황해도 장단(長湍)으로 퇴거했다.

11월에는 이른바 김저 사건이 발생했다. 최영의 조카인 전 대호군 김저와 역시 최영의 친족인 전 부령 정득후가 우왕과 공모해 이성계를 죽이고 우왕을 다시 복위시키고자 했다는 것이다. 그런데 이것은 단순히 우왕 복위 운동이 아닌 전제 개혁을 둘러싼 이성계 세력과 반대 세력 간의 갈등으로 발생한 사건이었다. 김저의 공초를 통해 변안열, 이림, 우현보, 우인열, 왕안덕, 우홍수 등의 연루자가 밝혀졌다. 결국 이 사건과 관련해 정지, 이거인, 유혜손, 이을진, 이유인, 유번, 조호, 안주 등 27명이 유배됐다. 이들은 주로 무장 출신들이었으며 특히 정지, 우인열, 변안열, 왕안덕 등은 이성계와 견줄

만한 무력 기반을 가지고 있었다. 곧 김저 옥사를 통해 이성계 세력은 잠재적인 위협 세력까지 모두 제거할 수 있었고, 반이성계 세력은 정치 세력의 집단으로서 다시는 존립할 수 없는 처지에 이르렀다. 김저 옥사는 이성계 세력 중심으로 정계가 재편되는 일대 전환점이었던 것이다.

더욱이 이성계 세력은 김저 옥사를 계기로 전제 개혁에 소극적이었던 창왕까지 폐위시키는 데 성공했다. 흥국사(興國寺)에서 회합을 한 이성계 세력은 우창비왕설을 공식적으로 확인하면서 '폐가입진'을 명분으로 창왕 폐위와 공양왕 옹립을 적극적으로 추진했다. 곧 우왕과 창왕은 유교의 명분과 정통에 어긋나기 때문에 춘추대의를 내세우며 명분에 맞는 국왕으로 교체해야 한다는 것이다. 한편, 이것은 후일 이성계의 왕위 추대를 정당화시키는 방편으로 이용되기도 한다. 고려 왕실의 계보가 이미 우왕 때에 다른 성씨에게로 넘어갔기 때문에 이성계의 왕위 추대는 왕씨 계승의 정통성 탈취가 아니라는 것이다. 더욱이 혈통에 입각한 명분이 아닌 천명설에 기초한 명분론을 내세움으로써 왕조 교체를 합리화할 수 있었다.

자신의 의지와는 상관없이 오른 왕위

1389년 11월 14일, 여흥에 있던 우왕이 강릉으로 옮겨졌다. 이것은 김저 옥사를 계기로 이성계 세력에게 부담스러운 존재였던 우왕을 제거하려는 조처였다. 같은 날 저녁 이성계를 비롯해 판삼사사

심덕부, 찬성사 지용기, 정몽주, 정당문학 설장수, 평리 성석린, 지문하부사 조준, 판자혜부사 박위, 밀직부사 정도전 등이 군대의 호위 속에 흥국사에서 회동했다. 이날 모임에서는 창왕의 폐위와 새로운 국왕의 추대를 둘러싼 논의가 전개됐다.

이성계가 "우왕 창은 본래 왕씨가 아니다. 그러므로 종묘의 제사를 받들 수 없다. 또 가짜를 폐하고 진짜를 세우라는 명나라 천자의 명령이 있다. 정창군 왕요는 신종의 7대손으로 그 족속이 가장 가깝다. 그러므로 그를 세워야 한다"라고 하니, 조준은 "정창군은 부귀한 환경에서 자라서 가산을 다스릴 줄은 알아도 나라를 다스릴 줄은 모르니 세울 수 없다"고 하고, 성석린은 "임금을 세움에 있어서 어진 자를 선택할 것이지 그 족속이 가깝고 먼 것을 논할 것이 아니다"고 했다. 이에 종실 몇 명의 이름을 적어서 심덕부와 성석린과 조준을 계명전에 보내 태조 영전에 보고하고 제비를 뽑은 결과 과연 정창군의 이름이 뽑혔다.

《고려사절요》 권34, 공양왕 1, 공양왕 원년 11월

이날 모임에 참석한 이들은 창왕의 폐위에 별다른 이견을 제기하지 않고 새로운 국왕을 추대하고자 했다. 이성계는 혈통의 명분을 들어 정창군 요를 추대하고자 했다. 그런데 조준과 성석린 등이 반대 의견을 냈다. 조준과 성석린 모두 왕으로서 나라를 다스릴 능력과 자질이 중요하다고 주장했는데, 이는 왕위 정통성에 대한 새로운

용인시 모현면 능원리에 있는 정몽주 묘역. 선죽교에서 피살된 후 개성에 안장했다가 후에 묘를 고향인 경북 영천으로 옮기던 중 명정(다홍 바탕에 흰 글씨로 죽은 사람의 관직과 성씨 따위를 적은 기)이 지금의 자리에 떨어져 장례를 지냈다고 한다. ⓒ반두환

해석이면서 역성혁명의 논리이기도 했다. 왕위 계승자를 정하는 문제는 쉽게 결정되지 못했다가, 결국에는 후보자 몇 사람의 이름을 적어서 제비뽑기하는 방법을 통하고 나서야 이성계가 원하던 정창군으로 낙점됐다.

신종(神宗)의 7대손인 정창군 요는 이미 유력한 왕위 계승자로 알려진 인물이었다. 공민왕이 갑작스레 시해된 후에 태생이 명확하지 않은 우왕 대신에 종친을 세워야 한다는 주장이 제기됐다. 이때 후계자로 지목된 종친이 구체적으로 누구였는가는 기록에 나타나 있지 않다. 그러나 우왕 8년에 그를 왕위에 옹립하려는 모의가 있었던 것으로 보아 정창군의 존재감은 상당했던 것으로 보인다. 이 때문에 모의의 사실 여부를 떠나 "조정에 있는 것이 좋지 않다"는 이유로 귀양에 처해졌던 듯하다.

그러나 정창군은 조준과 성석린이 지적했듯이 국왕으로서 나라를 다스리기에는 능력이 부족하다는 평을 받고 있었다. 성격조차 소심하고 나약해 자신이 왕으로 선택됐다는 소식을 듣고는 놀라고 두려워했다 "나는 일평생 입을 것, 먹을 것과 시중할 사람이 모두 풍족하다. 그런데 지금 와서 이렇게 중대한 책임을 지게 되니 어떻게 할 바를 모르겠다" 하며 눈물을 흘릴 정도였다. 그러나 이성계 세력에게는 이런 점이야말로 그가 고려의 마지막 왕이 되는 가장 적합한 조건이었을 것이다. 공양왕이 "나는 평생을 한가로이 놀고 있었는데 오늘날에 이 자리를 얻을 줄은 생각하지 못했다"라고 밝혔듯이, 정치와는 무관한 삶을 누렸던 것 같다. 자신의 의지와는 상관없이 종친 가운데 가장 유력한 왕위 계승 후보자로 세상에 알려졌고, 마침내 왕조의 역사가 막을 내리는 결정적 순간에 왕위에 오르게 된 인물이 바로 공양왕이었던 것이다.

내가 있으니 그대들은 두려워하지 마라!

공양왕 옹립을 계기로 이성계 세력의 정치적 승리가 확실해졌다. 공양왕의 즉위는 정비(定妃)에 의해 세상에 공포됐다. 김저 사건 발생 이틀 만의 일이었다. 공양왕 옹립 직후 김저 사건 연루자 27인에 대한 처벌을 단행하고, 창왕 옹립의 잘못을 물어 이색, 권근, 이숭인, 이림, 조민수, 이종학, 하륜 등에 대한 처벌도 단행됐다. 우왕과 창왕 또한 죽임을 당했다. 이것은 1388년 6월의 창왕 옹립에서 공양왕이 즉위한 1389년 11월 15일까지 약 1년 5개월 동안 진행된 1차 권력 투쟁이었다.

전제 개혁 또한 이성계 세력의 지향대로 실시될 것임이 확실해졌다. 공양왕이 즉위한 지 한 달도 못되어 대사헌 조준은 다시 전제 개혁 상소를 올렸다. 이듬해 1월 급전도감에서는 품계에 따라 토지 문서를 지급했다. 9월에는 공사의 토지 문서를 모두 불사르고, 11월에는 급전도감에서 지방의 토지 지급을 확정했으며, 관리들의 녹봉도 결정했다. 1391년(공양왕 3년) 5월 과전법을 제정 공포함으로써 4년여에 걸친 전제 개혁 작업이 완성됐다. 이듬해 5월 급전도감이 폐지되고 호조에 환속됐다. 그러나 전제 개혁의 완성은 고려 왕조의 쇄신이 아니었으며 멸망의 신호였다.

이성계 세력의 반대 세력 제거는 중단되지 않았다. 김저 옥사는 계속 확대되어 연루자가 모두 처벌되면서 1390년(공양왕 2년) 4월에야 마무리됐다. 그런데 이 과정에서 공양왕은 이성계 세력에 반발해 반대 세력을 보호했다. 공양왕은 이성계 세력의 탄핵 요구가 강해지

개성의 숭양서원에 있는 정몽주의 초상. 이성계를 향해 반기를 든 정몽주와 그 세력들로 인해 이성계는 정계에서 물러날 것까지 고려하는 상황에 이른다.

자, 김저 옥사 연루자로 지목된 홍영통, 변안열 등에게 "내가 있으니 그대들은 두려워하지 마라!" 하며 보호 의지를 나타냈다.

이러한 조처는 소심하고 나약하기만 했던 공양왕이 한 사람의 정치가로서 거듭나고 있음을 보여준다. 공양왕은 즉위하던 첫날에 "여러 장상들이 전하를 왕으로 세운 것은 다만 자기의 화를 면하기 위한 것이지 왕씨를 위한 것이 아닙니다. 전하께서는 삼가시고 가깝게 여기어 믿지 마시고 스스로 보전할 것을 생각하소서"라는 사위 강회계의 아버지인 강시의 충고를 새겨들었다. 이로써 그는 자신의 의지와는 상관없이 이성계 세력에 의해 국왕으로 세워졌지만, 정치인으로서 자신의 처지를 절감하고 나름대로 자신의 세력을 키우고

자 한 듯하다.

공양왕은 변안열 옥사에 연루된 김백흥이 감옥에서 죽자, 정몽주에게 "죄수를 심문할 때는 서서히 그 실정을 알아내야 한다. 그런데 지금 순군에서 법률에 의거하지 않고 급격히 혹독한 형벌을 가해 무죄한 자가 죽기도 한다. 나는 이것을 대단히 불쌍하게 여긴다. 더구나 재상은 비록 중한 죄가 있더라도 왕이 죽음을 내려주는 것이 가하다. 한번 죄의 그물에 걸리면 함부로 고문을 가해 옥중에서 죽거나 저자에서 참형을 당하니, 나는 일찍이 이것을 대단히 증오한다. 그런데 오늘도 이렇게 하겠는가?"라고 밝혔다. 그리고는 연루자를 과감히 석방했다. 이것은 공양왕이 이성계 세력의 반대 세력 탄압 조처에 반발한 첫 번째 모습이었다.

이후 공양왕은 더욱 과감한 제스처를 취한다. 대간이 왕의 면전에서 직접 아뢰는 법을 폐지하고 예성강에 행차해 전함을 직접 둘러보는 등 국왕으로서의 입지를 다졌다. 그리고 이성계 세력이 탄핵하던 인물인 홍영통, 우현보, 왕안덕, 우인열 등을 관직에 임명하고 그에 반대하던 윤소종과 오사충은 언관직이 아닌 다른 관직으로 옮겼다. 아울러 헌납 함부림을 불러서는 왕안덕 등에 대한 논핵을 그치도록 명하고, 임금의 명령을 따르지 않는 것에 분노를 표시하며 잘못을 힐책했다.

공양왕의 태도는 이성계의 반대에도 불구하고 윤소종을 추방까지할 정도로 강하게 표출됐다. 이성계가 신병을 핑계로 사직하면서 불만을 표시했지만 공양왕의 입장은 강경했다. 잇따라 이행, 조인옥 등도 파면해 이성계 세력의 언론 활동을 제어했다. 이것은 이성계 세력이 공양왕을 옹립한 의도와는 다른 행동이었다.

정몽주의 반기로 이성계가 수세에 몰리다

김저 사건이 마무리된 후 한 달 정도의 소강상태가 지나 5월에 접어들면서 윤이 · 이초 사건이 발생했다. 이 사건은 명나라에 사신으로 갔던 왕방과 조반의 귀국 보고로 발단이 됐다. 그들의 보고에 따르면, 윤이와 이초가 중국에 와서 이색, 조민수 등의 이름으로 이성계 세력을 제거하기 위한 군대를 요청했다는 것이다. 이 사건에 연루된 반이성계 세력은 33명에 달했는데, 이는 반이성계 세력이 그만큼 확대되고 있음을 의미한다. 이성계 세력은 이들을 다시 탄핵하고 숙청함으로써 난국을 타개하는 한편 공양왕의 활동도 견제했다.

그런데 이 과정에서 이성계 세력 내부의 분기가 나타났다. 바로 정몽주의 태도 변화였다. 이것은 정치 세력의 2차 권력 투쟁이었다. 정몽주는 "윤이, 이초의 무리는 죄가 명백하지 않으며, 또 사면을 받았으므로 다시 논죄할 수 없다"는 입장을 밝혔다. 윤이 · 이초 사건에 연루됐던 이색, 권근 등의 사면 또한 정몽주의 건의에 의해 이루어진 것이었다. 이제 정몽주는 이성계 세력에서 이탈해 다른 노선을 택했음이 분명해졌다.

정몽주의 이탈 이유는 그와 비슷한 정치 행적을 보인 이첨의 말에서 단서를 찾을 수 있다. 이첨은 자신의 정치 행적을 "개는 진실로 제 주인이 아니면 짖는 법"이기 때문에 신하 된 도리를 다 하기 위해서였다고 밝히고, "나라가 바뀔 즈음 무고한 자를 함부로 해치는 것은 말세의 일"이라 하여 반대 세력의 제거 과정을 비판했다. 정몽주는 왕조교체의 의도가 명백해지는 현실 속에서 이성계 세력과 결별하고 고려왕조를 유지하고자 노력하게 된다.

공양왕은 정몽주의 입장 전환을 고무적으로 받아들여 정몽주에게 관직을 내려 중용했다. 그리해 이성계 세력은 정몽주를 반대 세력으로 간주하고 정몽주를 공격했다. 그것은 윤이 · 이초 사건의 처리를 둘러싸고 전개됐으며, 사헌부, 형조, 문하부 낭사들이 이성계 세력과 정몽주 지지파로 나뉘어 치열하게 대립했다. 그러나 이 사건을 계기로 공양왕과 정몽주의 관계는 더욱 긴밀해졌다. 공양왕은 11월 김종연 사건에 연루돼 숙청된 심덕부를 대신해 정몽주를 수문하시중으로 임명하여 이성계를 견제하도록 했다.

그리하여 이성계 세력이 군사력을 장악하고는 있었지만, 반이성계 세력은 대간 활동을 통해 이성계 세력을 견제할 수 있었다. 그런데 1391년(공양왕 3년) 5월 정도전이 그동안의 사건 관련자 모두를 극형에 처하라는 내용의 상소를 올렸다. 이후 남은과 정총을 비롯해 사헌부도 연달아 같은 내용의 상소를 올렸다. 이것은 국면을 전환시켜 보겠다는 이성계 세력의 의지였다. 그러나 정몽주는 재상들과 함께 "성헌 · 법사와 함께 사건의 안건을 정확히 파악할 것"을 주장함으로써 이성계 세력에 정면 대응했다. 그 결과 정도전은 성헌과 형조의 탄핵을 받아 축출됐고, 공양왕은 "지금 이후로 다시 논핵하는 자가 있으면 무고로써 논하겠다"라는 뜻을 밝혀 이성계 세력을 제압하는 데 성공했다.

그 후 정국 운영은 정몽주 세력에 의해 주도되고 이성계 세력은 점차 수세에 몰렸다. 이와 같은 상황을 이성계는 심각하게 받아들여 정계에서 물러날 것까지 고려했다.

태조가 정도전, 남은, 조인옥 등에게 "내가 경들과 함께 왕실에 힘껏 협력했는데도 참소하는 말이 자주 일어나니, 우리들이 용납되지 않을까 염려된다. 내가 마땅히 동쪽으로 돌아가서 이를 피하겠다" 하면서, 집안사람에게 행장을 재촉해 장차 떠나려 했다. 정도전 등이 "공의 한 몸은 종사와 백성이 매여 있으니, 어찌 그 거취를 경솔히 할 수가 있겠습니까? 왕실에 남아서 어진 이를 등용시키고, 불초한 사람을 물리쳐서 기강을 진작시킨다면 참소하는 말이 저절로 그칠 것입니다. 지금 만약 물러가 있게 된다면 참소하는 말이 더욱 불처럼 일어나서 재화가 반드시 헤아릴 수 없는 지경에 이르게 될 것입니다"라고 했다.

《태조실록》 권1, 총서.

고려왕조를 지키려는 필사의 노력

그러나 상황은 이성계에게 유리하게 바뀌지 않았다. 공양왕은 이성계를 위로하고 회유하면서도 "밤낮으로 좌우 신하와 더불어 몰래

개성에 있는 선죽교(위). 이성계의 병문안을 다녀오던 도
중 정몽주는 선죽교에서 이방원의 부하 조영규 등에게
피살되었다. 그러나 조선 개국에 반대했던 정몽주는 유
교적 명분론을 중시했던 조선시대에 들어와서 오히려
충과 효의 상징이 되었다. 다리 위의 붉은 선은 정몽주의
핏자국이라 전한다(왼쪽). 개성 관광길이 열려 이 핏자국
을 눈으로 직접 확인해 볼 수 있게 되었다.

태조를 제거하려고" 도모했다. 공양왕의 노력은 집요하고도 단호했다. 9월 마침내 정도전의 직첩과 녹권이 몰수되고, 봉화로 유배됐다. 이후 정도전은 정몽주가 피살된 후에야 겨우 풀려나 정계에 복귀할 수 있었다. 10월에는 윤이 · 이초 사건의 전달자인 조반이 탄핵을 받고 관직을 빼앗기고 유배됐다. 남은은 신병을 이유로 사직했다. 12월에는 유원정도 탄핵을 받고 삭직되어 유배됐고, 장사길도 신병을 핑계로 사임했다. 그 반대로 공양왕의 지지 기반이라 할 수 있는 이색, 우현보, 우홍수, 김진양, 이확, 강회백, 이숭인 등이 정계에 속속 복귀했다. 그리고 공양왕이 의도한 바대로 조정은 한동안 평화로운 모습을 보이는 듯했다.

　정치적으로 위기에 처했던 이 시기에 이성계는 거의 무기력한 모습을 보였다. 다만, 불만스러운 사태가 벌어질 때면 사직하는 방법을 택하는 것이 그가 취한 행동의 전부이다시피 했다. 이성계의 무력적 기반을 두려워한 공양왕은 이때마다 이성계를 만류할 수밖에 없었지만, 이와 같은 상황에서 이성계는 신변의 위협까지 느꼈던 듯하다. 궁궐 문이 잠겼다는 사실에 놀라 비밀리에 빠져나오기도 할 정도였다. 공양왕이 이성계를 무력으로 제거하려고 했는지는 분명하지 않지만, 이성계가 상당한 위기감을 느끼고 있었다는 점은 분명하다.

　태조가 강비와 더불어 공양왕에게 나아가 술잔을 드리니, 공양왕이 태조에게 의대(衣襨)와 입자(笠子) 및 보영(寶纓)과 안장 갖춘 말을 내렸다. 태조가 즉석에서 이를 입고 절을 하며 사례했다. 밤에 이르러 유만수가 문을 잠그니, 태종 이방원이 몰래 태조에게 아뢰어 나가기를 청했다. 이에 태조의 명령으로 금직(金直)에게 문을 열게 하고 태조를 모시고 저택으로 돌아왔다. 말 위에서 태조가 이방원을 돌아보면서 "갓끈은 실로 진귀한 물품인데, 내가 장차 너에게 이것을 전해주려고 한다" 했다. 이튿날 왕이 노해 금직을 가두니, 태조가 대궐에 나아가서 "술을 견디지 못해 금직으로 해금 문을 열게 했습니다" 하고 사과했다.

《태조실록》 권1, 총서

상황은 이성계에게 더욱 불리하게 돌아갔다. 1392년(공양왕 4년) 3월에 중국에 갔다가 돌아오는 세자를 맞이하러 나간 이성계가 해주(海州)에서 사냥하다가 말에서 떨어져 위독한 지경에 빠진 것이다. 이를 절호의 기회로 판단한 정몽주 등의 반이성계 세력은 대대적인 반격에 나섰다. 이성계 세력의 핵심 인물인 조준, 정도전, 남은, 윤소종, 남재, 조박, 오사충 등을 탄핵해 모두 삭직해 유배시켰다. 공격은 매우 격렬했고, 조준과 정도전, 남은 등의 목숨마저 위태로운 지경에 빠졌다.

이성계 세력은 이제 군사적 행동을 취할 수밖에 없다고 판단했다. 그 선봉에 선 자가 바로 훗날 태종이 되는 이성계의 다섯째 아들 이방원이다. 이성계는 "죽고 사는 것은 천명에 있으니, 마땅히 천명을 따라서 받아들일 뿐이다"라고 하며 군사적 행동을 취할 것인지 망설이고 있었다. 이에 태종 이방원은 몇 사람의 휘하 군사들과 함께 이성계의 병문안을 다녀가는 정몽주를 길에서 기다리고 있다가 쳐 죽였다. 이로써 모든 사태가 역전되었다.

이방원이 정몽주의 의중을 떠보고자 읊은 〈하여가〉라는 시에 정몽주가 유혹을 뿌리치며 화답한 〈단심가〉가 지금도 전해지고 있다.

이 몸이 죽고 죽어 일백 번 고쳐 죽어
백골이 진토 되어 넋이라도 있고 없고
임 향한 일편단심이야 가실 줄이 있으랴

신하의 충성심을 나타내는 대표적인 노래로 절박한 상황에서도 정몽주의 호탕한 풍모를 보여준다. 정몽주의 '절의'는 역사의 이념과 상징으로서 그 의미를 부여받았다. 일반 백성들에게 유교 윤리를 보급할 목적으로 1432년(세종 14년) 간행된 《삼강행실도》에 정몽주는 절의의 대표적 인물로서 수록됐다. 조선시대 유교적 명분론이 심화되면서 조선 개국에 반대했던 정몽주가 오히려 충과 효의 상징으로 주목받게 된 것이다.

정몽주가 살해당하면서 고려왕조를 유지하려던 노력들은 모두 물거품이 되었다. 이제 이성계 세력의 위세는 압도적이었고, 태조 추대는 공론화됐다. 공양왕은 자신의 마지막 보루였던 정몽주마저 이성계 세력에 의해 살해되자 이성계와의 동맹을 맺으려 했다. 그렇게라도 희망의 끈을 놓지 않고 싶었던 것이다. "여러 나라가 동맹하는

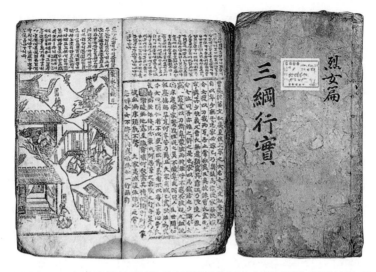

《삼강행실도》는 조선시대 집현전 부제학 설순 등이 임금의 명에 따라 우리나라와 중국의 서적에서 군신·부자·부부의 삼강에 모범이 될만한 충신, 효자, 열녀의 행실을 모아 엮은 책이다. 정몽주는 여기에서 '절의'를 상징하는 대표적인 인물로 수록되어 있다. ⓒ문화재청

것은 옛날부터 있었지만, 임금이 신하와 동맹하는 것은 서적과 고사에 따를 데가 없다"는 지적이 있었으나, 공양왕은 "경이 없었으면 내가 어찌 이런 자리에 이르겠는가. 경의 공과 덕을 내가 감히 잊겠는가. 하늘이 위에 있고 땅이 곁에 있으니, 대대로 자손들이 서로 해치지 말 것이다"라는 약속을 받아내고서야 안심할 수 있었다.

그러나 공양왕의 노력은 부질없었다. 공양왕은 결국 인척들의 사사로운 감정을 담은 호소와 부녀자와 내시들의 사욕을 따르는 청만을 들어주다가, 원훈(元勳)과 충량(忠良)을 모함해 해쳤다는 죄목을 뒤집어쓰고 왕위에서 물러나야 했다. 공양왕은 자신을 폐위시킨다

는 소식을 듣고, 7월의 무더위 속에 엎드려 자신의 무능함을 한탄하며 뜨거운 눈물을 흘렸다.

조선왕조의 개국, 고려왕조의 몰락

1392년 7월 17일 조선왕조가 개국했다. 공양왕이 왕위에서 물러난 지 닷새 후였다. 태조 즉위 사흘 후, 새로운 정치 유신을 기대하는 사헌부의 상소가 올라왔다. 그 시무책의 내용은 구체적인 정책 제안은 아니었지만, 새 왕조의 건전한 통치 이념의 확립을 기대하고 있었다. 태조는 사헌부의 건의를 적극 수용했는데, 이것은 새 왕조의 정치 이념이 유교 윤리에 근거한 것임을 표명한 것이다. 7월 28일에는 즉위 교서를 반포하여 새 왕조 개국의 정당성을 밝히는 한편 새로운 정치 개혁의 방향을 제시했다.

개국의 정당성은 대체로 우창비왕설과 천명설에서 찾았다. 고려 왕계가 이미 우왕 때에 왕씨가 아닌 다른 성씨에게로 넘어갔기 때문에 이성계의 왕위 추대는 왕씨 계승의 정통성 탈취가 아니라는 것이다. 더욱이 혈통에 입각한 명분이 아닌 천명과 인심에 기초한 명분론을 내세움으로써 왕조 교체를 합리화했다. 왕위 계승의 정통성은 단순히 혈통에 의해 부여되는 것이 아니며 천명과 인심에 의해 부여된다는 것이다.

한편 개국 반대파에 대한 숙청도 단행됐다. 개국 반대파의 존재는 새로운 왕조를 개창한 이들에게 있어서는 큰 부담이었다. 따라서 이

96

들에 대한 숙청은 새 왕조의 안정을 위해 반드시 이루어져야만 하는 작업이었다. 결국 우현보, 이색, 설장수 등 56명은 고려 말기에 도당을 결성해 반란을 모의했다는 죄목으로 숙청됐다. 《태조실록》에는 56명의 개국 반대파에 대한 처벌이 즉위 교서를 작성한 정도전의 주도하에 단행됐으며, 이들 중 10여 인은 정도전의 개인적인 원한으로 극형을 당할 처지에 떨어졌으나 태조에 의해 감형됐다고 기록돼 있다.

조선 개국 후 개국 반대파에 대한 숙청 작업은 철저한 제거를 주장하는 입장과, 이와 달리 비교적 온건한 처벌을 주장하는 입장으로 나뉜 것으로 보인다. 정도전은 전자의 입장을, 태조는 후자의 입장을 대변한다. 이러한 입장은 태조의 즉위 교서에도 그대로 반영된다. 정도전 등이 개국 반대파에 대해 극형을 행할 것을 주장한 반면 태조는 논죄하지 않는다는 입장이었다. 결국 정도전 등의 계속된 요청에 의해 태조는 장형 집행을 수락하는데, 이는 장형을 받고 죽지는 않으리라 판단한 데 따른 것이었다. 곧 태조는 개국 반대파에 대한 온건한 처벌을 통해 민심 이탈을 막고자 했던 것이다. 그러나 숙청된 56명 중 우현보, 이색, 설장수 3명 외에 실질적인 개국 반대파의 핵심 인물들이라 할 수 있는 이숭인, 이종학, 우홍수, 우홍득, 우홍명, 김진양, 이확, 최을의 등 8명은 장형으로 사망했다. 이로 보아 개국 반대파에 대한 숙청은 정도전의 개인적인 원한에 의해서라기보다는 그 세력 결집을 와해시키는 데 목적이 있었던 것 같다. 결국 이색, 우현보, 설장수 세 사람은 그대로 놓아두어 민심 이탈을 막으

삼척에서는 꿈을 못다 이룬 채 두 왕자와 함께 억울하게 생을 마친 공양왕을 위로하기 위해 매년 음력 4월 17일에 삼척 공양왕릉에서 봉제(奉祭)를 한다. ⓒ왕정문

면서 핵심 인물들을 제거함으로써 개국 반대파의 결집 가능성을 막을 수 있었다.

개국 반대파에 대한 숙청은 즉위 교서에 기재된 56명으로 대강 마무리됐지만, 그 이후에도 숙청은 계속됐다. 태조 원년 9월에는 이부와 허해 등이 유언비어를 퍼뜨려 민심을 의혹시켰다는 죄로, 태조 2년 정월에는 이성계에게 불리한 사초를 작성했다는 이유로 전 예문춘추관 학사 이행이 국문을 받고 유배됐다.

삼척 공양왕릉 앞에서

고려 왕족 왕씨들의 존재 또한 새 왕조의 정치적 안정을 방해하는 요소로 여겨졌다. 이에 따라 개국 반대파 56명에 대한 숙청에 앞서 사헌부의 상소에 따라 왕씨들을 강화도와 거제도에 나누어 안치시키는 조처가 취해졌다. 이와 같은 조처에 따른 왕씨들의 반발과 민심의 동요를 막고자 태조는 즉위 교서에서 "왕씨의 후손인 왕우에게 경기의 마전군을 주고, 귀의군으로 봉해 왕씨의 제사를 받들게 하고, 그 나머지 자손들은 외방에서 편리한 데에 따라 거주하게 하고, 그 처자와 노비들은 그 전과 같이 한 곳에 모여 살게 하고, 소재 관사에서 힘써 구휼해 안정된 처소를 잃지 않게 할 것"을 약속했다. 또한 태조 2년 5월에는 해도로 유배된 왕씨들을 육지로 옮기고 왕씨 가운데 인재를 등용하라는 명을 내리기도 했다. 이러한 조처는 새 왕조 초기의 불안한 정국이 어느 정도 안정되고, 정국 운영에 자신감을 갖게 되면서 이루어졌다. 그러나 왕씨 특히 공양왕을 중심으로 한 개국 반대파의 결집 가능성은 개국 세력에게 있어서는 큰 부담이었으며, 왕씨의 제거는 새 왕조의 정치적 안정을 위해 반드시 이루어져야 하는 작업이었다.

그러던 1394년(태조 3년) 정월, 동래현령 김가행, 염장관, 박중질 등이 국가의 안위와 고려 왕씨의 명운을 맹인 이홍무에게 점친 일과 관련한 옥사가 일어났다. 이 사건은 점쟁이에게 공양왕과 태조의 명운 가운데 어느 쪽이 귀천한가 그리고 왕씨 가운데 누구의 운명이 가장 귀한가를 점쳐 보게 한 것으로 역모로 발전될 가능성은 거의 없었다. 그러나 이 사건은 국문과 취조 과정을 거치면서 공양왕 추대 역모사건으로 점점 확대됐다.

이홍무 옥사의 발생으로부터 왕씨 제거까지는 거의 3개월이 소요됐으며, 대간과 형조의 계속된 상소에 의해 왕씨 제거는 불가피한 것으로 받아들여졌다. 결국 김가행, 박중질, 박위, 이첨 등의 비개국파 인물들과 고려 왕족들이 사형에 처해지거나 유배됐다. 개국 세력은 민심의 동요를 무마하면서 이홍무 사건을 구실로 공양왕 부자와 왕씨들을 제거할 수 있었던 것이다.

공양왕 부자가 정확히 언제 죽었는지 기록에는 나타나지 않는다. 다만, 삼척 궁촌리에서 음력 4월 17일에 제사를 드리는 것으로 미루어 그 즈음에 죽임을 당한 것으로 생각된다. 자신의 뜻과는 무관하게 왕이 되어 이미 기울어진 왕조를 지키고자 했으나, 역사의 도도한 물결을 거스를 수는 없었다. 공양왕은 눈물을 쏟으며 역사의 무대에서

퇴장했지만, 그가 마지막 생을 마친 삼척에서는 오히려 그를 잊지 않고 기억해 주었다. 역사의 패배자로서 공양왕을 본 것이 아니라 꿈을 못다 이룬 외로운 인간으로서 그를 위로하고자 한 것이다.

신돈은 왜 '늙은 여우'라 불렸을까?

요괴한 짓 멋대로 부리는 늙은 여우/사람들 다투어 활 당기는 줄 제 어이 알리/여우가 범의 위엄을 비니 곰들이 벌벌 떨고/여우가 남 자로 변해 호리니 부녀들 줄줄 몰려가네

〈동문선〉 권16, 칠언율시, 신돈(辛旽)

신돈에게 주색을 일삼는다고 비판하다가 파면됐던 이달충(李達衷)의 시이다. 그때 사람들이 신돈을 '늙은 여우'라고 불렀다는 것을 알 수 있다.

신돈에 대한 평가는 대체로 부정적이다. 신돈이 지은 죄는 대체로 공민왕을 후려내어 정권을 농단하며 어진 이를 많이 모함해 죽이고, 젊은 부녀와 간통해 풍속을 어지럽혔으며, 자기의 소생인 모니노를 공민왕의 아들로 속인 점 등으로 정리할 수 있다.

그런데 신돈은 공민왕에 의해 발탁되어 정치 일선에 등장한 인물이다. 공민왕은 신돈이 "도(道)를 얻어 욕심이 없으며, 미천해 친당(親黨)이 없으므로 큰일을 맡길 만하다"고 판단했다. 따라서 신돈의 등장 배경은 공민왕의 개혁 지향적인 면모에서 찾아야 한다.

신돈은 개혁 정치의 목적을 민생 문제의 해결, 국가 재정난의 타개와 함께 정치 질서의 회복에 두었는데, 그것은 결국 왕권 강화로 귀결되는 것이었다. 신돈의 개혁은 전민변정(田民辨整. 토지와 노비의 불법적인 점유를 바로잡는 일) 사업으로부터 시작됐다. 이 사업은 백성들의 지지를 받았고, 백

성들은 신돈을 성인(聖人)이라고까지 칭송할 정도였다.

그런데 신돈 집권이 장기화되면서 부작용이 나타나기 시작한다. 신돈 스스로 권력 욕구에 빠지면서 온갖 불법 행위를 자행하기 시작했다. 게다가 신돈을 중심으로 한 새로운 권력 집단의 형성은 공민왕을 상당히 긴장시켰다. 결국 공민왕은 친정(親政)을 선언하는 한편 신돈에게 반역 혐의를 씌워 처형했다. 6년간 공민왕의 전폭적인 지지 아래 강력한 권력을 행사하던 신돈은 아무런 저항도 못한 채 죽음을 맞이했다.

신돈은 초기에는 개혁 성향의 불교 승려라는 것이 커다란 장점이었고, 백성들로부터 많은 호응을 받았다. 그러나 참신한 이미지는 오간 데 없이 사라지고 종교라는 허울을 이용해 권력과 백성을 농단했다. 막강한 권력을 휘둘렀던 신돈 정권은 너무나 맥없이 사라지는데, 이는 신돈을 전폭적으로 지지했던 백성마저 그의 실정에 등을 돌렸기 때문이었다.

경남 창녕 관룡사 입구에 있는 옥천사 절터. 《고려사》의 기록에 따르면 신돈의 어머니는 계성현(지금의 창녕) 옥천사의 노비였다고 한다. 신돈이 나고 자랐다고 전하는 옥천사는 신돈이 처형된 후 폐사되어 절터에 축대와 받침돌만이 쓸쓸하게 남아있다. ⓒ김환대

류주희 중앙대 사학과를 졸업한 후에 같은 대학원에서 《조선 태종대 정치 세력 연구》로 박사 학위를 받았다. 현재 국사편찬위원회 편사연구사로 재직 중이다. 논문으로는 〈조선초 비개국파 유신의 정치적 동향〉, 〈태종의 집권과정과 정치 세력의 추이〉 등이 있고, 저서로는 《고려시대 사람들은 어떻게 살았을까》(공저), 《모반의 역사》(공저) 등이 있다.

경순왕릉(경기도 연천군).
©반두환

935년 경순왕은 경주의 많은 백성들을 뒤로하고 고려 태조 왕건이 있는 송도로 향한다. 놀랍게도 이 발걸음은 천년왕국 신라를 반란 세력의 우두머리에게 바치기 위한 것이었다. 경순왕은 "백성들의 간과 뇌를 더는 들판에 묻을 수 없다"며 길을 떠났지만, 이는 스스로 새로운 살길을 찾기 위한 변명에 지나지 않았다. 백성들의 울부짖음과 아들 마의태자의 만류에도 불구하고 경순왕은 고려 왕건에게 항복했다.

경순왕은 견훤에 의해 왕위에 올랐지만 고려 태조 왕건에게 항복했다. 왜 경순왕은 고려 왕건에게 항복하는 길을 택할 수밖에 없었을까? 또한 그 선택이 과연 옳았을까 하는 궁금증이 생긴다.

혼이 되어서도 경주로 돌아가지 못하다
천년왕국 신라의 마지막 왕, 경순왕

총탄 자국 선명한 경순왕릉의 비석

경기도 연천군 장남면 고랑포리에 있는 경순왕릉을 찾아가는 길
이 현재는 그리 어렵지 않다. 몇 년 전까지만 해도 그곳에 들어가기
위해서는 관할 군부대에 여러 번 연락을 해야 했고, 실탄을 장착한
군인들과 함께 잠시 들어갔다가 나올 수 있을 뿐이었다. 왕릉과 약
50미터 정도 떨어진 곳에 남방한계선이 있고, 군사 보호구역이라는
이유로 사진 촬영은 불가능했다. 지금은 마음대로 드나들 수 있긴
하지만 왕릉으로 들어가는 양쪽 길가에는 '지뢰' 표시가 수없이 있
어 혹시 잘못되면 어쩌나 하는 생각에 경순왕릉으로 가는 길은 여전
히 마음을 졸일 수밖에 없다.

왕릉 입구에 들어서면 제일 먼저 '신라경순왕지릉(新羅敬順王之
陵)'이라 쓰인 비석이 눈에 들어온다. 가까이 다가가서 보면 대략 여

총탄 자국이 선명한 경순왕릉의 비석. 신라 왕릉 중 유일하게 경주 권역을 벗어나 있는 경순왕릉 뒤에는 남방한계선이 있다. 왕릉으로 들어가는 양쪽 길가에 늘어선 지뢰밭을 알리는 빨간 표시가 분단국의 비애를 실감하게 한다. ⓒ반두환

섯 발 정도의 총탄 자국이 있어 가슴을 쓰리게 한다. 경순왕은 남방한계선 바로 아래, 그것도 지뢰밭을 곁에 두고 경주가 아닌 머나먼 경기도 연천에서 쉬고 있다. 어찌 보면 지금까지도 망국의 한을 품은 채 편히 쉬지 못하고 있는 것은 아닐까 하는 생각마저 든다.

왕릉의 역사를 살펴보아도 경순왕(敬順王. ?~978)이 편히 쉬지 못하고 있다는 것을 금세 알아차릴 수 있다. 경순왕릉은 임진왜란의 소용돌이 속에서 그 존재가 잊혀졌다. 그러다가 조선 영조 때 후손들에 의해 겨우 살아나 이후 왕릉급 대우를 받아오다가 1910년 한

일합방 이후 다시 사람들의 뇌리 속에서 점차 잊혀졌다. 일제가 향사제도를 폐지했기 때문에 더는 능에 제사를 지내지 못했기 때문이다. 후에 경순왕릉은 광복과 6·25전쟁, 분단의 소용돌이 속에서 재차 완전히 잊혀졌다.

그러나 1973년 1월 육군 25사단 관할 중대장이었던 여길도 대위는 무덤 주위에서 총탄에 맞은 비석을 확인하고는 그것이 경순왕의 무덤이라는 것을 알아냈다. 여 대위는 즉각 상부에 보고했고, 상부에서 경주 김씨 대종회에 알려 1976년에 이르러 국가 사적으로 지정돼 무려 두 번씩이나 잊혔던 비운의 경순왕릉은 이제 국가 사적으로 환생했다.

독립 운동가이자 민족 지도자로 국민들에게 큰 존경을 받고 있는 백범 김구 선생은 해방 후 귀국하면서 경기도 고랑포에 들러 경순왕릉을 참배했다. 기록을 보면 백범의 가계는 안동 김씨로 신라 경순왕과 고려 김방경의 후예이며, 파(派)의 시조 익원공 김사형의 21세손에 해당한다고 전한다. 이것을 그대로 믿는다면 김구는 경순왕의 후예임이 분명하다. 신라의 마지막 왕릉 앞에서 김구는 어떤 생각을 했을까? 비록 해방은 됐으나, 조국을 떠나 독립 운동을 하면서 일제에게 핍박받았던 망국의 한을 떠올린 것은 아니었을까. 아니면 경순왕에게 그래도 우리는 잃어버린 나라를 되찾게 되었다고 알리는 마음이었을까. 신라의 마지막 왕인 경순왕과 김구는 그렇게 천년 후, 망국의 한을 공유하며 마주섰던 것은 아닐까 하는 생각이 든다.

어려움이 많았던 경순왕의 왕위 계승

경순왕 김부가 경애왕(景哀王)을 이어 왕위를 계승한 과정은 매우 극적이다. 김부가 후백제 견훤에 의해 왕위에 오른 사실은 널리 알려져 있다. 경애왕이 포석정에서 술을 마시고 놀기에만 바빠 후백제 견훤의 군사가 들이닥치는 것을 모르고 있다가 창졸지간에 견훤에게 죽임을 당하고 김부가 왕이 되었다는 것이다. 그런데 왜 하필 견훤은 김부를 왕위에 세웠을까? 또한 견훤은 어찌 그리 쉽게도 경주에까지 침입하여 경애왕과 신하들을 죽일 수 있었을까? 우선 이 문제부터 살펴보자.

우리는 경순왕 김부가 단순히 견훤에 의해 왕위를 계승한 것으로 알고 있지만, 사실 김부가 왕위에 오르는 과정은 그리 간단하지 않았다. 여기에는 우리가 잘 몰랐던 당시의 정치적 사정이 숨어있다. 경순왕의 왕위 계승 과정을 제대로 이해하기 위해 먼저, 경순왕의 아버지 김효종(金孝宗)의 정치적 활동부터 이야기를 시작해야 한다.

김부의 아버지인 김효종은 진골 귀족 출신으로 진성여왕 대에 헌강왕(憲康王)의 사위가 되었다. 김효종은 효녀 지은(知恩)을 도왔는데 그것이 왕실에 알려지면서 진성여왕이 그를 헌강왕의 딸과 혼인시켰다. 비록 헌강왕은 사망했지만 왕의 사위가 되었던 것이다. 후에 진성여왕이 사망하고 헌강왕의 아들인 효공왕(孝恭王)이 왕위를 계승하면서, 김부는 왕의 매부로서 왕실과 혈연적으로 밀접한 관계를 맺는다.

그런데 효공왕의 첩이 고위 관리에게 살해되는 불온한 분위기 속

경순왕릉을 참배하는 백범 김구. 김구 선생은 경순왕의 후손으로 1946년 11월, 해방 후 귀국하는 길에 고랑포에 들러 조상의 묘에 참배했다. 신라의 마지막 왕의 무덤 앞에서 김구는 어떤 생각을 했을까? ⓒ대한매일신보사

에서 효공왕이 승하하는 일이 벌어진다. 정국이 혼란한 가운데 경순왕의 아버지 김효종은 왕위 계승에 있어 거의 첫 번째 순위로 꼽혔다. 진성여왕이 총애했던 헌강왕의 사위였을 뿐더러 화랑도 천여 명을 이끌 수 있었던 능력과 그에 상응하는 경제력을 가진 김효종은 당시 진골 귀족 가문에서 왕이 될 만한 최상의 위치에 있었다.

그럼에도 불구하고 경순왕의 아버지 김효종은 당시 왕위를 두고 경합을 벌이던 박씨인 신덕왕(神德王)에게 밀려 왕위 계승에 실패한다. 기록에 따르면 박씨 신덕왕은 국인(國人)들의 추대를 받아 왕위

에 올랐다고 한다. 그러면 신덕왕을 추대한 국인들은 누구일까 궁금하다. 문자 그대로 '나라 사람들'이거나 혹은 일반 백성을 의미하는 것으로 생각할 수 있지만 실제는 그렇지 않다. 적어도 왕위를 계승하는 데 있어 일반 백성들은 그것에 관여할 수는 없기 때문이다. 그렇다면 나라 사람이라고 해도 왕위 계승에 관여할 수 있는 특정한 사람들을 의미한다고 생각해 볼 수 있는데, 당시 신라의 진골 귀족들 가운데 중앙의 요직을 차지한 사람들이거나 더 나아가 중앙의 진골 귀족들 가운데 신덕왕이 왕위를 계승하는 데 일조한 사람들이라고 보면 거의 맞을 것이다. 신덕왕도 김효종 못지않은 정치적 능력 및 세력과 그에 버금가는 경제력이 있었고, 이를 바탕으로 신덕왕이 김효종을 누르고 왕위를 계승한 것으로 볼 수 있다. 그런데 재미있는 사실은 신덕왕도 헌강왕의 사위였기 때문에 김효종과 신덕왕은 현재로 따지면 동서지간이 되는 셈이다. 하지만, 두 사람이 왕위를 두고 정치적으로 치열하게 대립했고 결국 박씨 신덕왕이 승자가 되었다.

위를 통해 보듯, 당시 왕위 계승 과정에서 박씨와 김씨가 대립했음을 알 수 있다. 왜 이런 대립이 일어났을까? '신라'하면 김씨 왕을 먼저 떠올리겠지만 사실, 신라에는 김씨 이전에 박씨가 있었다. 박혁거세가 신라를 건국한 사실에서 그것을 알 수 있다. 그러던 박씨는 석씨와 김씨 세력에 밀려 8대 아달라왕 이후로 임금에 오르지 못하다가 신라 말 53대에 이르러 신덕왕이 박씨 왕으로 등장한다. 17대 나물왕 이후 오로지 김씨만을 중심으로 이어지던 신라 왕실이 신덕왕이 왕위에 오르면서 하루아침에 박씨로 바뀐 것이다. 그러나 조금 더 들여다보면 이는 하루아침에 일어난 일이라기보다는 신라 말에 김씨들의 치열한 왕위 쟁탈전이 벌어지면서 박씨 세력이 등장할 수 있는 계기를 마련해 준 것임을 알 수 있다. 박씨 세력이 정치의 전면에 등장하면서 김씨들은 이들과 힘겨루기를 해야 했고, 박씨와 김씨의 대립이 정면으로 부각되어 나타난 것은 바로 이 때문이었다.

김씨와 박씨의 대립 속에서

박씨 신덕왕이 왕위에 오른 이후 천재지변에 대한 기록이 자주 나타난다. 예컨대, 영묘사(靈廟寺) 안 행랑에 까치집이 34개나 되고, 까마귀 집이 40개나 되었다는 기록이 그렇다. 또 3월에 서리가 두 번이나 내리고, 6월에는 현재 포항시 흥해읍 일대를 흐르는 곡강천의 물이 넘쳐흘러 바닷물과 사흘 동안 싸웠다고 한다. 이는 신덕왕 당시의 불안한 정치적인 상황을 나타내는 것으로 해석되고 있는데, 김효종을 위시한 정치 세력이 신덕왕에게 도전한 것을 은유적으로 나타낸 것이 아닌가 생각해 볼 수 있다. 이후 신덕왕을 이어 아들 경명왕(景明王)이 왕위를 계승했고 경명왕이 사망하자 동생인 경애왕이 왕위에 올랐다. 그 사이에 김부의 아버지인 김효종도 사망했던 것 같다. 사정이 이렇게 되자 김효종을 추종하던 세력은 김효종의 아들인 김부를 중심으로 하여 다시 모였고, 김부를 왕위에 올리기 위해 노력을 기울였다. 그들은 김부가 왕위에 오르지 못하면 정치의 일선

경주시 사정동에 있는 흥륜사 절터. 이곳에서 영묘사(靈廟寺)라고 새겨진 기와 조각이 나온 바 있어, 선덕여왕 때 창건한 영묘사 터로 보는 견해도 있다. 박씨 신덕왕이 왕위에 오른 후 영묘사에서 불길한 기운이 보였다는 기록이 전한다. ⓒ문화재청

에서 물러날 수밖에 없는 절박한 상황이었을 것이다.

　신덕왕 등장 이후로 박씨 정권은 계속적인 안정을 추구했다. 사정이 이렇게 되자 정권의 핵심부에서 밀려나 김부를 중심으로 모였던 세력들은 점차적으로 정치에서 소외당했고, 김부의 사촌 김유렴이 시중 직에서 물러나면서 김부 세력이 점차 정치적인 영향력을 상실해 갔다. 고려 태조 왕건이 후백제를 공략하기 위해 출동하자, 경애왕은 고려군을 돕기 위한 군대를 파병한다. 규모를 정확히 알 수는 없지만 이는 경애왕의 군대가 있었음을 보여주는 것이고, 이 군사들을 유지하고 지탱할 수 있었던 경제적 배경도 여전히 경애왕이 가지고 있었음을 짐작할 수 있다. 이러한 경애왕의 군사적·경제적 배경으로 볼 때 김부 일파는 박씨 정권을 전복시키기에는 힘이 부족했던 것 같다. 이러한 사실에도 불구하고 김부 일파는 왕위에 오르고자 노력했는데 그것을 다음의 기록을 통해 엿볼 수 있다.

지난번에 재상 김웅렴(金雄廉) 등이 장차 그대(왕건)를 불러 서울 (경주)에 들어오게 한 것은 마치 작은 자라가 큰 자라의 울음을 따라 모이는 것 같고 이는 종달새가 날개를 펼친 것을 보고 새매의 날개로 착각한 것이다. 이는 반드시 살아 있는 백성을 도탄에 빠지게 하고, 종묘사직을 폐허로 만들 것이므로 제(견훤)가 먼저 조적의 채찍을 잡고 홀로 칼을 휘둘러 뭇 신료에게 밝은 해를 두고 서약하고, 6부(경주)를 올바른 법도로 타일렀습니다. 그런데 뜻밖에 간신들은 도망을 치고 임금은 변을 당하여 죽었으므로 드디어 경명왕의 외사촌이고, 헌강왕의 외손을 받들어 권하여 왕위에 오르게 하여, 위태로운 나라를 재생시켜 주었으며, 임금을 잃은 나라에 임금을 갖게 한 것이 이번 걸음에 있었던 일입니다.

《삼국사기》 권50, 〈견훤 열전〉

위의 기록은 견훤이 왕건에게 보내는 국서의 일부이다. 그 내용은 견훤이 종묘사직을 위해 경주에 쳐들어가 경애왕을 살해하고 경순왕을 왕위에 올린 이유에 관한 것이다. 그런데 기록을 자세히 읽어 보면 신라 왕실에서 비밀리에 김웅렴을 통해 고려 왕건을 불러들이려는 노력을 한 것 같다. 경애왕이 이러한 일을 추진한 것은 견훤의 계속되는 군사적 침공을 고려를 통해 막아내고자 한 것이었다. 경애왕이 후백제를 공략하려는 고려군을 돕기 위해 군대를 파견했다고는 하지만 병력의 규모나 전력이 그리 크지는 않았을 것이다. 고려를 위해 군대를 파견하였다는 상징적인 의미 이상은 아닐 수도 있기 때문이다. 견훤의 입장에서 보면 왕건도 반란 세력 가운데 하나였다. 그런데 경애왕이 견훤보다 왕건과 더 밀접한 관계를 유지하게 되자 그것에 불만을 품었던 것이다. 또한 경애왕의 이러한 정책은 결국 신라 조정 내 친왕건 세력이 형성되었음을 암시하는 것이나 다름이 없다. 이렇게 볼 때 왕건이 신라 왕실에 들어가기 전에 견훤이 갑자기 경주로 쳐들어 간 것은 신라 왕실에서 견훤에게 비밀리에 협조한 세력이 있었음을 암시한다.

견훤을 끌어들여 왕위에 오른 경순왕

이 문제에 대한 답은 견훤에 의한 경순왕의 왕위 계승에서 그 실마리를 찾아야 할 것이다. 김부 일파가 국상 김웅렴이 비밀리에 고려 왕건을 신라 왕실로 불러들이려는 것을 미리 알고 견훤에게 비밀리에 이 소식을 전한 것으로 보인다. 즉 왕건이 신라 왕도를 다녀갈 경우 박씨 왕의 또 다른 세력이 형성되어 왕위 계승과는 영영 거리가 멀어지는 사태가 도래할 것이라는 판단을 한 것이다. 경애왕은 경명왕을 이어 친고려 정책을 취하고 있었다. 이에 김부 일파는 신라 왕실에 불만을 품은 후백제의 견훤과 비밀리에 밀약을 했을 것으로 판단된다. 경애왕 4년 9월에 견훤이 지금의 영천까지 침략하여 군사적인 위협을 가한 것도 이와 맥을 같이하는 것이라 생각할 수 있다.

사정이 이렇게 되자 경애왕은 견훤의 군사적인 행동에 위협을 느

1989년 발견되면서 진위 논란이 끊임없이 일어나고 있는 《화랑세기》 필사본. 진위 여부를 떠나 《삼국사기》에서 경애왕이 연회를 열었다고 전하는 포석정을 '포석사' 라고 기록한 점은 주목할 만하다. 사진제공 : 이종욱

껴 고려에 구원을 요청했고, 고려도 신라의 요청을 받아들여 군대를 파병했다. 이에 김부 일파는 고려의 군대 파병을 염려하여 견훤의 군대를 먼저 신라의 왕도로 불러들였다. 후에 포석정에서 경애왕 이 하 여러 신하들이 제사를 지내고 있을 때, 경애왕을 제거하고 박씨 정권을 전복시켰다.

《삼국사기》에 따르면, 견훤이 경주를 침공할 당시 경애왕은 포석 정에서 연회를 열고 있었다고 한다. 당시 견훤이 경주 근처인 영천 까지 침입했고, 더구나 음력 11월인 겨울에 국왕이 노천인 포석정 에서 연회를 열고 있었다는 것은 선뜻 이해하기 어렵다. 그런데 1989년 발견된 필사본 《화랑세기(花郞世記)》에는 포석정이 '포석사

(鮑石祠)'로 기록되어 있어 주목된다. 기록을 그대로 본다면, 포석정은 단순한 놀이터가 아닌 나라의 안녕을 비는 사당(祠堂)이었을 가능성도 있고, 경애왕이 포석정에 간 것은 연회를 하기 위한 것이 아니라 견훤의 침입을 물리칠 것을 기원하기 위한 것이었다고 해석할 수 있다. 물론《화랑세기》의 신빙성을 두고 여러 학자들의 다양한 견해가 있기는 하지만, 그렇다고 해도 경애왕이 놀기 위해 포석정에 들렀다고는 보기 힘들다. 견훤이 이미 영천까지 침공한 상태에서 그러한 사실을 보고받은 경애왕이 여러 신하들과 포석정에서 연회를 베풀며 놀았다고 하는 것을 쉽게 믿을 수 없기 때문이다. 아마도 경순왕의 왕위 계승을 정당화하기 위해 김부식이 조작한 기록이 아닌

견훤의 침입도 모른 채 경애왕이 술잔치를 벌인 곳이라 전하는 포석정. 필사본《화랑세기》에 포석정이 '포석사'라고 기록되어 있다는 점에서, 적이 경주 근처까지 온 상황에서 경애왕이 포석정에서 연회를 열었다고 쓴《삼국사기》의 기록을 의심해 볼 수 있다. ©김일학

가 하는 의심도 든다.

견훤은 경애왕을 죽인 이후 한동안 경주에 머물다가 후백제로 돌아갔다.

왕의 동생 효렴과 재상 영경을 포로로 잡고 국가 창고의 진귀한 보물과 무기를 취하고 (귀족의) 자녀, 백공 중 기예가 뛰어난 자 등은 스스로 따르게 하여 돌아왔다.

《삼국사기》 권50, 〈견훤 열전〉

견훤은 경애왕의 동생인 효렴과 재상 영경 및 그 자제들을 포로로 잡아 후백제로 돌아갔다. 이는 박씨족 및 그 지지 세력이 다시 정치적인 활동을 전개하지 못하도록 하는 조치였다. 이렇게 보면 견훤이 경주에 쳐들어가 신라를 병합하지 않은 것도 쉽게 이해된다. 신라는 이제 후백제의 괴뢰 정권이나 마찬가지로 전락했기 때문에 견훤은 절대적으로 신라를 병합해야 한다는 필요성을 느끼지 않았던 것이다.

견훤에 의해 왕위를 계승한 경순왕이 귀족들의 별다른 반발 없이 왕위를 유지할 수 있었던 것은 경순왕의 반대 세력이 거의 제거되었기 때문이다. 결국 김부 일파는 견훤과 손을 잡고 친고려 정책을 취하는 경애왕을 제거하고 김효종의 아들인 김부를 왕으로 추대했다. 견훤이 침입했을 때 많은 진골 귀족들이 죽었음에도 불구하고 경순왕이 살아남아 왕이 될 수 있었던 것은 이와 같은 관점에서 보아야 할 것이다.

고창 전투에서 승리한 왕건, 경순왕에게 경고장을 던지다

경순왕은 견훤에 의해 왕위를 계승했기 때문에 왕위 계승 이후 왕권의 안정을 유지하기 위해서는 견훤의 도움이 필수적이었고, 따라서 신라 왕실에서는 경순왕을 대표로 하는 친견훤 세력이 형성되어 있었을 것이고, 경순왕 또한 견훤과 밀접한 관계를 유지했을 것이다.

한편 신라 왕실은 후백제와 고려의 군사적인 상황에도 영향을 받고 있었던 것 같다. 당시 후백제군의 전력은 고려에 비해 매우 우세했다. 경애왕은 견훤이 군대를 이끌고 경주 근처인 고울부(현재 영천)까지 쳐들어오자 왕건에게 군대를 보내 도와달라고 요청했다. 이에 왕건이 직접 군대를 이끌고 경주 부근까지 도착했으나 이미 견훤이 경주로 쳐들어간 상태였기 때문에 대구 팔공산 아래서 진을 치고 기다렸다. 그러다가 경주를 떠나 전주로 돌아가는 견훤과 일전을 벌인 왕건은 이 전투에서 그의 오른팔 격인 신숭겸을 잃었을 뿐만 아니라 김락 장군마저 죽음으로 몰아넣었다. 크게 패한 왕건은 많은 군사를 잃고 겨우 고려 왕실로 돌아갔다. 따라서 당시 신라는 후백제의 영향력 아래서 벗어나기가 쉽지 않았고 그러한 상황에서 경순왕은 고려와 외교 관계를 모색하는 데에는 별 관심을 두지 않았다.

그러나 3년이 지난 후인 930년 봄에 신라 왕실은 대외적으로 새로운 상황에 직면한다. 견훤이 고창군(현재 안동) 병산(瓶山) 전투에

왕건은 고창군 병산 전투의 승리로 경상도 지역의 패권을 장악하며 견훤 세력을 몰아냈다. 후삼국의 주도권을 쥐게 된 고려는 후삼국을 통일할 수 있는 기틀을 마련했으며, 반면 후백제는 점차 수세에 몰려 붕괴하기 시작했다.

서 왕건에게 크게 패했다는 소식이 전해졌고, 승리를 거둔 왕건이 직접 신라에 승전을 통보했기 때문이다. 이 전투는 흔히 후삼국의 주도권이 바뀌는 전투로 기록된다. 이는 곧 왕건이 경상도 일원의 주도권을 장악하게 된 것을 의미한다. 재암성장군 선필, 고창군성주 김선평 등 경상도 일대의 호족은 물론, 매곡성장군 공직 등 견훤에 귀부했던 호족들까지 왕건에게 다시 귀부했다.

사정이 이렇게 되자 경순왕은 친후백제 독주의 외교 정책을 수정하지 않을 수 없는 상황에 처했다. 더구나 후백제보다는 고려의 영향력이 더 크게 미치는 상황이 되었기 때문에 고려와의 관계를 새롭게 정립할 필요가 있었다. 왕건이 고창에서 승전보를 보냈다는 것은 일종의 협박문이자 더는 견훤과 손잡지 말라는 일종의 경고였다.

경순왕은 마침내 결단을 내리고 왕건에게 사신을 보내 서로 만나자고 청했다. 경순왕은 내심 왕건에게 기대서 계속 왕위를 유지하려는 욕심이 있었다. 사실 견훤에 의해 친박씨 세력들이 제거되었다고 하더라도 속으로 불만을 감추고 있는 세력도 적잖게 있었기 때문에, 이들이 왕건과 손을 잡고 협력할 경우 경순왕은 매우 위태로운 상황에 직면할 수 있었다. 이에 경순왕은 왕실 내의 불만 세력이 왕건과 손을 잡고 긴밀한 관계를 유지하는 것을 차단하고 그 자신이 먼저 고려와 외교적인 전환을 꾀하고자 한 것이다.

그렇지만 경순왕의 기대와는 달리 두 사람의 만남은 쉽사리 이루어지지 않았다. 왕건은 고창 전투가 끝난 이후 경주 근처인 안강까지 왔다가 경주에는 들르지 않고 개성으로 가버렸다. 사실 왕건의 입장에서 당장에 경주에 들어가는 것도 무리가 있었다. 이미 견훤의 세력이 조정을 장악하고 있는 이상 왕건이 들어간다고 해도 환대를 받을 수 없다는 것은 분명했기 때문이었다. 다만 경순왕이 더는 후백제 견훤과 관계를 맺지 못하도록 군대를 경주 근처에 주둔시키고만 돌아갔다. 이것은 일종의 군사적 시위였다.

경순왕, 드디어 왕건을 만나다

왕건의 이러한 태도에 고심을 거듭한 경순왕은 태수 겸용을 보내 왕건에게 다시 만남을 청했다. '태수'는 신라의 지방관명인데 당시 경주 일원을 제외한 경상도 일원은 고려의 영향력이 미치고 있었다.

경주 안압지의 야경. 안압지는 임해전에 붙은 정원의 연못이다. 임해전은 안압지 서쪽에 위치한 신라 왕궁의 별 궁터를 말하는데, 경순왕이 견훤의 침입을 받은 뒤 931년에 왕건을 초청하여 위급한 상황을 호소하며 잔치를 베 풀었던 곳이다. ⓒ반두환

아마도 겸용은 지방관이었지만 신라 말에 이르러서는 호족 세력으 로 성장한 인물이 아닐까 싶다. 경순왕은 왕건과 일정한 연결을 가 진 겸용을 보내 자신의 의사를 전달했고, 태수 겸용은 신라 왕실과 고려 조정 사이에 대화 창구 역할을 한 것으로 파악된다. 이렇게 해 서 경순왕은 결국 태조 왕건을 신라 왕실로 불러들일 수 있었다.

경순왕은 왕건이 신라에 오자 왕건에게 적대적이 아니라는 것을 의도적으로 나타내기 위해 교외에까지 나가 왕건을 맞이하고, 임해 전에서 잔치를 열어 왕건을 환대했다.

임해전에서 잔치를 베풀었는데, 술이 얼근하게 취하자 왕이 말했다. "나는 하늘의 도움을 받지 못하여 화란이 점점 닥치고, 견훤이 의롭지 못한 짓을 마음대로 행하여 우리나라를 망하게 하니 그 어떤 원통함이 이와 같을 수 있겠는가?"

《삼국사기》 권12, 경순왕 5년 봄

임해전은 안압지(雁鴨池) 서쪽에 위치한 신라 왕궁의 별궁터를 말한다. 이곳은 경주시 외곽 인왕동에 자리하고 있는데, 연못 몇 개가 연달아 있다. 옛 모습을 찾고자 노력하고 있지만 경순왕이 고려 왕건을 대접하던 때의 모습으로는 아직 복원되지 못했다. 경순왕이 왕건을 임해전으로 초청한 것은 그곳이 군신들의 연회 또는 회의 장소 및 귀빈의 접대 장소로 이용되었기 때문일 것이다. 그런 만큼 임해전은 매우 중요한 장소였기에 경순왕은 그곳으로 왕건을 초대해 눈물을 보이며 애원의 눈으로 왕건을 바라보기까지 했다.

경순왕은 비록 견훤에 의해 왕위를 계승했지만 견훤이 신라의 수도인 경주를 침공한 것을 불의라고 비난했다. 경순왕이 이런 비난을 한 까닭은 견훤과의 관계가 멀어졌다는 것을 왕건에게 의도적으로 보여주고자 한 것이고, 왕위 계승이 정당하게 이루어졌다는 것을 은연중에 알리려고 한 것이다. 또한 경순왕은 왕건에게 스스로 소국 (小國)이라 칭했는데 이러한 표현은 고려의 우위를 인정한 것이었다. 이는 다분히 경순왕이 왕건의 정치적인 지위를 대내적으로 과시함으로써 왕건으로부터 신라 왕실의 유지를 보장받고자 하는 의도였다.

하지만 경순왕이 왕건을 만나 그런 태도를 보였다고 해서 고려에 귀부를 결정하거나 왕건에게 귀부를 약속한 것은 아니었다. 경순왕은 비록 후백제가 경상도 지역에서 밀려났다고는 하지만 아직 그들의 존재가 고려에 위협적인 존재로 남아 있었음을 잘 알고 있었다. 따라서 경순왕은 후백제가 있는 한 왕건이 쉽사리 신라를 병합하지 못할 것이라는 생각도 하고 있었다. 경주에서 3개월 동안 머문 왕건은 경주를 떠나면서 왕과 왕비 및 여러 군신들에게 선물을 했다. 아마도 이들은 회유해야 할 대상이었기 때문에 그렇게 한 것은 아니었을까 생각된다. 더구나 왕비에게 선물을 했다는 것은 왕비로 대표되는 정치 세력을 왕건에게 협력하는 세력으로 만들기 위한 방편이었을 것이다.

천년왕국 신라를 들어 고려에 바치다

왕건은 경주를 떠나면서 경순왕의 종제인 유렴을 질자로 삼아 함께 데리고 갔다. 유렴을 데려 간 것은 더는 견훤 정권과 관계를 맺지 못하게 하거나, 그를 고려에 볼모로 둔 상태에서 신라에 정치적인 압력을 가하기 위한 것이었다. 이렇게 되자 경순왕은 어떻게든 고려의 압력에서 벗어나고 싶었다. 아직까지는 후백제가 건재하고 상황에 따라 전세가 달라질 수 있었기 때문에 경순왕은 왕건이 다녀간 이후 후당에 사신을 파견했다. 이는 경순왕이 왕위에 오른 이후 한

김제에 있는 금산사의 대적광전. 신검은 자신을 총애하지 않는 아버지 견훤을 금산사에 유폐시켰다. 3개월 동안 갇혀 있던 견훤이 도망 후 고려에 귀부하자 경순왕은 큰 충격에 휩싸인다. ⓒ반두환

번도 없었던 일로, 당시 고려는 후당(後唐)으로부터 정식으로 책봉을 받지 못한 이유도 있었지만 대외적으로 아직도 신라가 건재하다는 것을 과시하고자 한 것이었다. 더구나 왕건이 신라 왕실을 다녀 갔기 때문에 조정의 대신들에 대한 경순왕의 위상을 다시금 재정립할 필요도 있었다. 경순왕이 후당에 사신을 파견한 일은 이미 신라와 고려의 관계가 역전되어 고려가 임금의 나라로, 신라가 신하의 나라로 전락한 듯한 인상을 받고 움츠려 있던 백성들과 신하들에게는 반가운 소식이었다. 이렇게 경순왕은 신라 왕실에 대한 위상을

124

높이고자 후당에 사신을 보낼 필요성을 절감한 것이다.

그런데 후당에서는 다음 해에 신라가 아닌 고려에 사신을 보내 왕건을 고려 국왕으로, 부인 유씨는 하동군부인(河東郡夫人)으로 책봉했다. 후당의 이러한 조치에 경순왕은 큰 충격을 받았다. 이제 신라의 정치적인 위치는 흔들릴 수밖에 없었다. 여기서 주목해야 할 것은 신라에서 후당에 사신을 파견했던 해에 고려에서도 사신을 파견했다는 점이다. 고려에서 파견한 사신은 신라의 사정을 보다 자세하게 알렸을 것이고, 후당은 당시 한반도의 정세를 면밀히 검토한 후에 신라보다 고려를 한반도의 정통으로 인정했다.

후당도 이제 신라에 우호적이 아니라는 것을 알아차린 경순왕은 더는 기댈 곳이 없었다. 그런 가운데 후백제에서 갑작스런 일이 발생한다. 935년 6월, 견훤이 아들인 신검(神劍)에 의해 금산사에 유폐되었다가 도망친 후 고려에 귀부한 것이다. 견훤에게는 여러 부인과 아들이 있었는데 견훤은 그 중 넷째 아들인 금강(金剛)만을 총애하여 그에게 왕위를 물려주려고 했고, 이에 신검이 불만을 품었다고 한다. 그러자 이찬 벼슬에 있던 능환(能奐)이 정변을 일으켜 금강을 죽이고 견훤을 금산사에 유폐시킨 후 신검을 추대했다.

견훤이 고려에 도망쳐 온다고 하자 왕건은 사람을 보내어 견훤을 맞아들이고 상보로 극진히 대접했다. 견훤의 고려 귀부 소식은 곧바로 경주 신라 왕실에 전해졌다. 견훤이 고려로 귀부한 이상 신라는 고려의 외교적인 압력을 견제할 수 있는 힘을 상실한 것이나 다름이 없었다. 경순왕은 이제 고려가 한반도에서 거의 모든 주도권을 가지고 신라에 압력을 행사해 올 것이라는 것을 충분히 예견했다. 더구나 견훤이 고려에 귀부하자 왕건의 얘기를 들어 경순왕으로 하여금 고려에 항복하는 것을 권유했을 것이라 짐작해 볼 수도 있다.

이렇게 되자 경순왕은 최종적인 결단을 할 수밖에 없는 상황에 이르렀다. 자신을 왕위에 앉힌 견훤이 고려에 귀부한 현실을 경순왕으로서는 외면하기 힘들었다. 이제 신라를 후원할 세력은 없었고, 경순왕은 고려에 항복하는 것만이 자신이 살아남는 유일한 길이라고 판단했다. 견훤이 고려에 귀부하자 경순왕은 왕건과 비밀리에 정치적인 타협을 하고 자신의 대우 문제 등 정치적인 사항을 타결한 뒤에 고려 귀부를 결정해 놓고 귀부의 문제를 공론에 부쳤다고 볼 수 있다. 경순왕은 "백성들의 간과 뇌를 땅에 바르도록 하는 것은 내가 차마 할 수 없는 바이다"라고 하면서 항복문서를 작성했다. 그리고 김봉휴로 하여금 서신을 가지고 가서 고려 왕건에게 항복하도록 했다. 이렇게 해서 신라의 천년 사직은 문을 닫게 된다.

고려의 변방으로 전락한 신라

항복문서를 받은 왕건은 대상 왕철 등을 보내 경순왕을 맞이했다. 경순왕은 고려에 귀부하고자 하는 신료들을 이끌고 경주를 출발했다. 아름다운 수레와 보배로 장식한 말들이 30여 리에 이어져 길을 꽉 메웠다고 한다. 또 그것을 구경하고자 하는 사람들이 담을 두른 듯했다고 기록돼 있다. 구경하는 사람들 가운데는 경순왕을 욕하고

경주 황남대총에서 나온 5세기 신라의 금관. 한때 찬란했던 문화의 중심지 경주는 항복 후 고려의 일개 변방으로 전락하고 말았다. 국립중앙박물관 소장(중박 200807-211).

자 하는 사람들도 있었을 것이고, 또는 망한 신라를 아쉬워하면서 우는 사람들도 적지 않았을 것이다.

경순왕의 고려 귀부는 한 국가의 지배 세력이 집단으로 고려에 이주하여 전쟁 없이 통합을 이루는 계기를 마련했다. 경순왕은 귀부에 대한 명분을 내세울 때 무고한 백성들을 도탄에 빠지게 할 수 없다는 점을 들었다. 만약 신라가 죽기로 결사항전을 했다면 많은 백성들이 죽었을 것인데, 그렇게 하지 않아 다행이라는 것이다. 경순왕의 항복은 태조 왕건을 중심으로 한 정치 체제를 한층 더 강화할 수 있게 했다.

경순왕의 귀부는 고려와 신라의 영토가 하나로 합쳐졌다는 의미도 있다. 경순왕은 신라의 군현을 기록하여 태조 왕건에게 그 명부를 바쳤다. 경순왕이 기록한 군현은 아마도 통일신라 전성기의 군현은 아니고, 경순왕 대 중앙 정부의 힘이 미치는 지방이었다고 보면 될 것이다.

이에 왕건은 신라의 왕경을 경주로 하고 경순왕 김부에게 식읍을 주고, 경주의 사심관(事審官)으로 삼아 부호장 이하의 관직 등의 일을 맡도록 했다. 이제 경주는 삼국통일 이후 정치 경제 문화의 중심지로서의 역할은 개경에 넘겨주고 일개 변방으로 전락하고 말았다. 동시에 경순왕 또한 국가를 관장하는 국왕도 아니고 그렇다고 일개 변방의 지방관도 아닌 그런 존재가 되고 말았다.

경순왕은 고려로 들어와 유화궁(柳花宮)에 머물렀다. 태조 왕건은 경순왕에게 장녀 낙랑공주(樂浪公主)를 아내로 맞게 했고 왕건 또한 신라 왕족과의 혼인을 경순왕에게 요청했다. 이에 경순왕은 백부 김억렴(金億廉)의 딸을 태조와 혼인시켰다. 왕실과 고려 왕조의 중첩된 혼인은 경순왕의 고려 귀부에 대한 왕건의 답례였던 것으로 파악된다. 태조는 신라 왕실과 고려 왕실이 하나라는 것을 드러내고자 경순왕에게 "왕이 나에게 나라를 주니 그 주는 것이 대단히 크다. 원하건대 신라 종실과 혼인을 하여 영원히 장인과 사위의 의를 하려고 한다"라고 말했다.

어찌 되었건 왕건의 입장에서 볼 때, 피 한 방울 흘리지 않고 천년 사직의 정통성을 가진 신라를 통합했다는 것은 앞으로 지방 호족들의 통합과 아울러 후백제를 병탄하는 데도 적잖은 호기로 작용하게 된 계기였다. 사실 왕건은 이러한 것을 노렸다. 왕건은 송악에서 지방의 호족 아들로 태어났다는 점에서 가장 전형적인 지방인이며 변방인이었다고 할 수 있다. 그런 그가 신라왕의 귀부를 받았다는 것은 이제 지방민이나 변방인이 아니라는 것을 뜻했다. 신라의 정통성을 이어받은 새로운 왕조의 개창자로서 그 위상이 달라진 것이다.

고려는 신라가 지니는 전통적인 권위의 탈이 필요했다. 사실, 지방의 여러 호족들은 모두 자신들이 오랜 역사의 전통을 이어받았음을 대내외적으로 천명하고 있었다. 그렇지만 누가 신라의 전통과 권위를 합법적으로 이어받을 수 있는가 하는 것에 대해서는 어느 누구도 장담할 수 없었다. 그런데 경순왕의 고려 귀부는 태조로 하여금 신라의 전통과 권위를 합법적으로 계승할 수 있게 했다.

고려로 귀부한 신라인들

고려로 귀부해서 개경으로 이주한 신라 사람들은 비록 신라는 소멸되었지만 고려의 왕도의 주민으로서 일정한 위치를 확보할 수 있었다. 나아가 신라의 지배층 출신은 고려 왕실과 혼인을 통해 외척이 되거나 전통의 신분적 권위를 이용해 고려의 지배층으로 부상했다. 한편 육두품 지식인을 중심으로 한 귀족 관료 출신들은 보다 우수한 학문과 문장력, 중앙관료로서의 경험과 자질을 바탕으로 고려 정부의 구성원으로 편입될 수 있었다. 이들은 전란기의 혼란이 안정되고 왕권 강화와 정부 조직의 정비가 이루어지는 광종 대 이후 고려의 정치 세력으로 새롭게 떠올랐다.

태조 왕건의 고려 건국은 실제로 궁예 정권의 체제와 구성원을 대부분 수용했다. 그래서 북방의 일개 지방 정부에 지나지 않았던 궁예 정권의 한계성 또한 그대로 남아 있었다. 그러나 고려 태조의 통일 과업이 진행되는 동안 각지의 인사들이 유입됨으로써 전국적 규모로 확산되었고 특히 신라 경순왕의 귀부와 함께 신라 왕실과 귀족, 신라 중앙정부의 주요 관료, 지식층이 고려에 들어와 활동함으로써 문신 관료층 또한 질적으로나 양적으로 크게 팽창했다. 신라 출신의 지식인들은 유학과 문장에서 지방 문인들을 능가했고, 그들의 수용은 고려 문신 관료층의 형성에 크게 기여했다.

고려 태조는 경순왕에 대한 예우를 최고로 했다. 태조는 그에게 관광순화위국공신 상주국낙랑왕정승 식읍 8천 호를 제수하고 태자의 지위보다 상위에 두었다. 그리고 세록(歲祿. 대대로 받는 녹봉) 천석을 지급하도록 했다. 또한 신란궁(神鸞宮)을 지어 그곳에 살게 했다. 왕건이 경순왕에게 지급한 식읍이라는 것은 전공을 세웠다든지 하는 특수한 경우에 지급하는 것으로 식읍을 받은 본인이 죽은 후에도 계속 세습이 되는 것으로 알려져 있다. 식읍은 녹읍과는 달리 특정 지역의 백성들을 부릴 수 있는 권한까지 주는 것으로, 식읍 8천 호를 받았다는 것은 국가로부터 엄청난 경제적 지원을 받았다는 것을 의미한다. 여기서 '8천 호'는 경주의 백성들이 숫자로 생각되는데, 이로 미루어 그 숫자에 해당하는 백성들에게 세금을 징수할 수 있는 권한도 포함된 것 같다.

그런데 여기서 중요한 사실은 비록 식읍 8천 호를 받았다고 하지만 실제로 그것을 혼자서 주도할 수는 없었다는 점이다. 왜냐하면 왕건은 경순왕을 경주의 사심관으로 삼아 부호장 이하의 관직 등의 일을 주관하게 했기 때문이다. 사심관은 중앙집권 체제의 실효를 거두기 위한 특수 관직으로 부호장 이하의 향리를 관장해 그 관할 지방민의 종주(宗主)가 되고 십팔 품계를 심사하며, 부역을 고루 공평하게 하고 풍속을 바르게 하는 등의 직능을 맡아 지방을 통제하는 데 커다란 역할을 하는 자리였다.

한편 태조는 낙랑공주 이외에도 성무부인(聖茂夫人) 박씨와의 소생을 경순왕과 혼인하게 했다. 태조의 공주 아홉 명 중 두 명을 경순왕과 혼인하게 함으로써 그를 고려 왕실의 일원으로 흡수하고자 했다. 경순왕은 모두 8남 3녀를 두었는데 후비인 낙랑공주와의 사이에서는 5남 2녀를 두었다. 경종의 제1비인 헌숙왕후(獻肅王后) 김씨

개성의 송악산에 있는 만월대(위). 만월대라는 명칭은 공민왕 10년에 홍건적의 침입으로 궁궐이 소실된 이후 고려 궁궐터를 일컫는 이름이다. 2007년에 남북역사학자협의회와 북측의 민족화해협의회가 주축이 된 남북 공동 발굴단에 의해 600여 년 만에 모습을 드러냈다. 현재 궁터에는 각 건물 주춧돌과 기단 터, 사진에서 보이는 웅장한 33계단이 남아 있다(아래). 1920년대 유행한 '황성옛터'는 바로 만월대의 회한과 애수를 담은 노래다. ⓒ박종진는 바로 경순왕의 딸이었다.

경순왕의 백부(伯父)이며 김효종의 형인 잡간 김억렴은 신라의 지대야군사(知大耶郡事)로서 견훤으로부터 대야성을 방어하는 데 공을 세웠던 인물이다. 태조 왕건의 통혼 요청을 받고 김억렴은 딸을 태조와 혼인하게 하는데 그 딸이 바로 제5비 신성왕후(神成王后) 김씨다. 김씨는 태조와의 사이에서 안종(安宗) 욱(郁)을 낳았다. 양 왕실 사이에서 태어난 유일한 왕자인 안종은 신라 출신으로 기대와 촉망을 받는 존재였지만, 왕위 계승에서 탈락하고 경종비 헌정왕후(獻貞王后)와 사통하여 낳은 아들인 대량군(大良君)이 현종(顯宗)으로 즉위했다.

이 밖에도 신라 진골귀족으로서 고려 초에 활동한 인물로는 김일과 김인윤, 김유렴 등이 있다. 김일은 경순왕이 귀부할 때 같이 고려에 와서 활동했다. 그는 신라 왕족 가운데서도 촉망을 받으며 중요한 위치에 있었던 것으로 보이는데 고려에 와서도 그의 위치는 가볍지 않았던 것 같다. 혜종 원년에 건립된 흥녕사징효대사탑비(興寧寺澄曉大師塔碑)에는 당시 최고의 정치적인 위치를 차지한 인물들과 함께 시주자로 나타나 있다.

삼한공신이며 삼중대광을 받은 김인윤은 삼국의 통합에 공을 세우고 태조를 따라 개경에 들어갔다고 한다. 태조를 섬겨 공신이 되었다는 그는 그의 아버지인 대광 김례와 함께 고려와 신라의 통합에 적극적으로 협조했던 인물이었다고 생각된다. 이들은 원성왕의 후예로 나타나 있어 신라의 최고위층 귀족 가문 가운데 하나였음을 알 수 있다.

김유렴은 경순왕의 사촌동생이며 신라의 재상으로서 태조의 경주 방문 시에 성문 밖에 나와 영접했고, 태조가 귀환할 때는 인질이 되어 태조와 함께 개경으로 갔다. 그는 개경에 머물면서 고려가 신라를 통합하는 일에 대하여 적잖은 협조를 했을 것으로 짐작된다.

다음으로 신라 육두품 출신으로 고려왕실과 통혼한 인물들이 있다. 임언과 최행언이 대표적이다. 임언은 태조의 11번째 부인인 천안부원부인의 아버지로 왕봉규와 결합하여 왕봉규의 사신으로 후당에 파견되었다가 고려로 넘어와 태조 10년에 다시 견당사로 사신 행차를 하는 등 중국과의 외교에서 활약했다. 최행언은 성종의 제3비인 연창궁부인의 아버지로 최언위의 아들 최행귀와 형제간일 것으로 추정된다. 그는 성종 5년 2월에 왕융이 지공거, 즉 과거 시험을 주관하는 관리가 되어 시행한 과거에 급제하고 있어 학문을 바탕으로 출사한 인물임을 알 수 있다. 왕실과 통혼한 최행언은 자신들의 학문을 바탕으로 경종 대 이후에는 정치 주도 세력으로 부상했던 신라계 육두품 출신 지식층의 대두와 관련지어 이해할 수 있을 것이다.

신라 출신 지식인들의 활약

한편 신라 출신 지식인들이 고려 정부에 진출하여 관직을 가지고 관료로서 활동할 수 있었던 것은 통일로 확장된 고려 정부의 다망한 국사를 맡을 만한 유용한 능력을 가졌기 때문이었다. 지방 출신의 문사들에 비해 보다 우수한 학문과 능력을 바탕으로 고려 정부에 진출했던 신라 지식인들은 고려의 관인 사회에 흡수되어 정부 조직에 참여하면서 차츰 능력을 바탕으로 문신 관료층의 주요 구성원으로 자리 잡는다.

최언위는 고려로 이주하여 태자사부가 되었는데, 이는 태자의 교육을 담당하는 관리직이었다. 또한 그는 관직이 대상원봉대학사한림원령평장사(大相元鳳大學士翰林院令平章事)에 이르렀다. 최언위는 가족을 이끌고 경순왕과 함께 개경에 이주한 도당 유학생 출신으로 신라 육두품의 대표적인 지식인이었다. 최언위는 도당 유학 시 빈공진사에 수석 급제하여 신라 문인들의 촉망과 기대를 모았던 인물이다. 그는 최치원, 최승우와 함께 '삼최'로 불리며 명망을 떨쳤고, 빈공진사에 급제한 화려한 문장력으로 신라 말기 덕이 높은 승려들의 비문을 찬술하는 일을 독점했다. 또한 일찍이 최응이 담당하던 원봉성(元鳳省. 임금의 칙서에 관한 일을 맡아보던 학문기관)의 대학사로, 고려 초문인 학자들의 최고 집단인 한림원의 최고의 책임자로 문한(文翰. 글을 짓거나 글씨를 쓰는 일) 관련 일을 장악한 장관이라 할 수 있다.

한편 아버지 최은함을 따라 개경에 이주했던 최승로(崔承老)는 12세의 어린 나이에도 《논어》를 줄줄이 읽어 태조의 경탄을 샀고 경제적 지원과 함께 원봉성의 학생이 되었다. 당시 원봉성은 최언위가 장관으로 있었으니 최승로는 최언위의 가르침과 보살핌을 받으면서 성장했다고 볼 수 있다.

최언위 사후 문한을 장악했던 인물은 손소(孫紹)였는데 역시 신라 육두품 출신으로 생각된다. 예빈령(禮賓令) 원봉령(元鳳令) 지제고(知

制誥)를 겸임했던 손소는 광종 초에 이르기까지 원로 문인으로서 신라 출신의 문신 관료를 이끌었을 것이다.

이와 같이 신라 출신의 문인들은 자신의 학문과 능력으로 원봉성이나 한림원 등 문한 기구에 진출할 수 있었다. 그 후 광종 초에 숭문 정치와 과거제의 시행 등 유교적 정치 이념을 실행에 옮기려는 개혁에 문사들의 역할이 지대했고 이와 함께 신라계 세력이 부상하기 시작하는 것은 주목되는 사실이다.

고려 귀부 신라인들의 염원이 이루어지다!

고려와 충돌을 피한 채 지배층이 온전한 상태로 개경에 이주했던 신라의 귀부는 신라계 지식층이 고려의 지배층으로 편입될 수 있는 배경이 되었다. 그들은 자신들의 학문과 지식으로 고려 정부의 관료로서 정착했고 서북 지역 출신의 문사들과 함께 문신 관료층의 주축이 되었다. 이렇게 태조 대를 거치면서 형성된 문신 관료층은 혜종, 정종 대를 거쳐 광종 초의 개혁 주도층과 연결됐다.

그렇지만 역사상에 이름이 드러나지 않은 고려에 귀부한 신라인들은 위협적인 경쟁자들에게 둘러싸인 채 생존과 지위 확보를 위해 끊임없이 투쟁해야 했을 것이다. 유학자 지식인들은 유학적 지식을 무기로 고려 정부의 관료로 진출할 수 있었지만 유학적 지식을 갖추지 못한 진골 귀족들이나 일반 백성들은 비록 귀부 때에 일시적으로 환대를 받았다고는 하지만 생활이 그리 녹록하지 않았을 것이다. 고려의 수도인 개경에 거주하면서 태조가 사망한 이후 정치 세력들과 치열한 경쟁을 벌여야 했으며 어쩌면 생명의 위협마저 느끼며 살아야 했을 것이다.

이들은 자신들을 보호하고 지위를 확보할 수 있는 유일한 장치는 바로 신라계 인물이 고려의 왕위에 앉는 것이었다. 신라계로서 유일하게 태조의 왕자였던 안종은 어쩌면 이들의 큰 바람이었다고 해도 과언이 아니다. 그러다가 결국 안종의 아들인 현종이 왕위에 오르게 되는 과정에 여러 일화들이 나타나는데, 여기에는 고려에 귀부한 신라인들의 삶에 대한 모색이 진하게 배어 있다. 그리하여 현종이 왕으로 즉위하면서 마침내 고려에 귀부한 신라인들이 추구했던 숙원사업이 이루어졌다. 신라의 외손인 현종이 고려왕으로 즉위하기까지의 과정은 고려에 귀부한 신라인들의 생존을 위한 집념어린 노력의 결과라고 보아야 하지 않을까 싶다.

경순왕, 상보가 되다

신라의 마지막 왕 경순왕 김부는 고려 경종 즉위년(975년) 10월에 사위인 경종으로부터 상보(尙父) 도성령(都省令)이란 관작을 받았다. 상보의 기원은 중국 주나라 무왕이 태공망 여상을 상보로 삼았던 것을 본뜬 것인데, 왕의 존장자(尊長者)에 대한 존칭이다. 경종이 김부를 상보로 책봉한 고신문서(告身文書)인 책상보고(冊尙父誥)는 매우 특별한 것이라 할 수 있다. 고신은 새로이 관직이나 작(爵) 등을 받

강원도 인제군 남면 김부리에 있는 대왕각과 그 안에 모셔진 마의태자의 신위와 영정. 대왕각은 마의태자 유적으로 알려져 있고, 마을 사람들이 매해 음력 5월 5일과 9월 9일 두 차례 동제(洞祭. 동네 주민 전체가 마을의 시조, 영험한 신 등을 대상으로 지내는 제사)를 모신다. ⓒ김수철

은 사람에게 국왕이 사여하는 일정한 서식으로 국가에서 소정의 수속을 밟아 해당자에게 주는 문서이다. '책상보고'라 명명된 이 고신 문서는 그 의미를 현재어로 풀이하면 상보로 책봉하는 문서의 글 정도로 해석할 수 있다. 신라의 마지막 왕인 경순왕이 고려에 항복한 지 40여 년 만에 고려왕 경종으로부터 상보로 책봉받았다는 사실은 여러 측면에서 새롭게 해석할 수 있다.

경종이 내린 고신의 내용 가운데 다음과 같은 구절이 눈에 띈다.

관광순화(觀光順化) 위국공신(衛國功臣) 상주국(上柱國) 낙랑왕정승(樂浪王政承) 식읍 8천 호 김부는 대대로 계림에 살고 있어서 벼슬은 왕의 작위를 받았고, 그 영특한 기상은 하늘을 업신여길 만하고 문장은 땅을 진동시킬 만한 재주가 있었다. ……상보도성령(尙父都省令)의 칭호를 더해 주고 추충신의숭덕수절공신(推忠愼義崇德守節功臣)의 호를 주니, 훈봉은 전과 같고 식읍은 전후를 합쳐서 1만 호가 되었다.

〈고려사〉 권2, 세가 2 경종 즉위년

고신의 내용을 보면 경순왕 김부에 대한 칭송이 어느 누구도 따를 수 없다는 듯이 서술되어 있다. 또한 칙서와 더불어 그에 따른 경제적인 지원도 적지 않았다. 왕건이 경순왕에게 준 식읍에 더하여 2천 호의 식읍이 더해졌다. 결국 식읍이 거의 1만 호가 되었다는 것이 그것을 말해준다. 이렇게 보면 경순왕의 사위인 경종에게 높이 칭송받았다고 볼 수 있지만, 또한 경주 출신 세력들의 정치적인 비중이 그만큼 커졌음을 반영하는 것으로 파악해도 무리가 없을 것이다.

왕건 사후 왕권을 둘러싼 호족들의 암투 속에서 경순왕은 몸을 낮추고 조용히 여생을 보낸 것 같다. 만약 경순왕이 중앙 정계에서 크게 활동하고자 했다면 혜종(惠宗)과 정종(定宗) 연간의 정변 그리고 광종(光宗) 대 무수한 호족의 숙청 가운데서 쉽사리 목숨을 부지하기는 어려웠을 것이다. 이와 관련해 경순왕이 개경에 머물지 않고 충남 보령의 성주사(聖住寺)에서 오랫동안 기거했다는 기록도 남아 있다. 어쨌든 김부는 고려 경종(景宗)에 의해 최고의 대접을 받으면서 만년을 보내다가 경종 3년(978년)에 세상을 떠났다.

경순왕의 출생 연대를 정확하게는 알 수 없지만, 927년에 왕위에 오른 이후 무려 51년 동안 생존했던 것과 935년 고려에 항복하는 문제를 두고 군신 회의에서 그의 아들이 이에 반대하는 의견을 내세울 정도로 장성했던 점을 봐서 80~90여 세 정도로 오랫동안 장수했던 것으로 보인다.

경순왕이 죽자 고려 왕실에서는 그의 시호를 경순(敬順)이라 했다. 이는 고려 왕실을 공경하고 순리에 따랐다는 의미로 파악된다. 순리에 따랐다는 것은 고려에 대항하지 않고 신라를 들어 스스로 항복한 것을 말하는 것이다. 이렇게 천년 왕국 신라의 마지막 왕의 시호는 경순왕이 되었다.

항복에 반대한 마의태자의 한

경순왕의 고려 귀부를 둘러싸고 그에 대한 반대한 인물은 없었을까? 여기서부터 슬픈 마의태자의 한이 시작된다. 경순왕의 아들 마의태자는 고려로 귀부하려는 아버지에게 다음과 같이 말했다.

"나라가 존속하고 망함에는 반드시 하늘의 명(命)이 있습니다. 단지 충성스러운 신하와 의로운 선비들과 더불어 합심하여 백성의 마음을 한데 모아 스스로 지키다가 힘이 다한 이후에 그만둘 일이지, 어찌 일천 년 사직을 하루아침에 가볍게 남에게 줄 수 있겠습니까?" ……왕자는 울면서 왕에게 하직하고 떠나 곧바로 개골산(皆骨山)에 들어가 바위에 의지하여 집을 삼고 삼베옷을 입고 풀을 먹으며 살다가 일생을 마쳤다.

《삼국사기》 권12, 경순왕 9년 겨울

마의태자는 일천 년 사직을 하루아침에 내줄 수 없다는 것을 이유로 들어 고려에 항복하는 것을 반대했다. 그렇다면 마의태자는 언제 태자로 책봉되었을까? 태자로 책봉되었다는 것은 경순왕이 신라 왕실을 이어 나가기 위하여 노력했다는 것으로 해석할 수 있기 때문이다. 아마도 경순왕은 왕위에 오르자마자 아들을 태자로 책봉했던 것 같다. 후계 구도를 확실하게 하여 두자는 의도였다. 왜냐하면 경순왕은 견훤에 의해 왕위를 계승했기 때문에 그것에 반대하는 세력이 외부의 세력과 손을 잡고 그를 제거할 가능성이 언제든지 있었기 때문이다. 이에 아들을 태자로 책봉해 대내외적으로 자신의 왕위 계승이 정당하다는 것을 드러내고자 했다. 그런 경순왕이 결국 고려의 정치적인 압박에 눌려 항복을 결정하자 태자가 강하게 반발한 것이다. 이는 태자를 주축으로 하는 세력의 반발이었을 것이고, 이들이 고려 항복을 강하게 반대하는 이유는 기존에 가지고 있던 정치적·경제적 기득권을 포기하고 싶지 않았기 때문일 것이다. 그리고 태자는 충신들과 더불어 민심을 수합해 고려에 대항하자고 주장했다. 그렇다면 태자가 거론한 충신들은 과연 누구였을까?

최자의 《보한집》의 기록을 보면, 고려 성종 대까지 고려 조정에 나가기를 꺼려하는 인물이 있었음이 나타나 있다. 이 인물이 친고려 세력과는 반대되는 세력 내의 한 인물임은 어렵지 않게 짐작할 수 있다. 고려 귀부에 반대하는 세력은 고려에 귀부하게 되더라도 그들에 대한 경제적·정치적 지위에 대한 보장을 받을 수 없기 때문에 이러한 반대를 하지 않았을까 생각할 수 있다. 그래서 이들은 고려에 귀부하기보다 태자를 주축으로 하여 신라 왕실을 유지하고자 한 것으로 보인다.

그렇지만 결국 경순왕이 고려에 귀부하기로 결정하자 마의태자는 통곡하며 왕에게 하직하고 개골산으로 들어가 바위에 의지하여 집을 짓고 초식으로 연명하다가 일생을 마쳤다고 한다. '마의태자'라는 명칭은 그가 베옷을 입고 일생을 보냈다는 데서 유래되었다. 그러면 왜 마의태자는 개골산으로 들어갔을까? 개골산은 금강산을 가리키는데 우리나라 산 가운데 풍광이 최고로 꼽히는 곳이다. 풍광이 수려하고 아름다운 곳을 선택하여 세상에 대한 미련을 버리기 위한 목적으로 그곳을 택하였을 가능성도 생각해 본다.

항려운동의 근거지 한계산

그런데 마의태자가 개골산으로 들어간 것을 신라의 광복 운동을 벌이기 위한 것으로 해석하는 연구자도 있다. 즉 마의태자는 경순왕이 고려 태조인 왕건에게 항복하는 것을 반대하였다고 하는데 이는 그의 뜻을 추종하는 무리들이 있었음을 암시한다. 마의태자 혼자서 항복에 반대했다고는 생각할 수 없기 때문이다. 경순왕이 항복 결심을 굳히고 실행에 옮기자 태자를 비롯한 반항복파들은 결국 신라의 광복 운동을 벌이기로 했다. 그러나 경순왕이 자진해서 왕건에게 귀순했기에 반대 운동을 일으킬 명분이 약했던 반항복파들은 경주에서 신라 부흥이나 광복 운동을 전개하는 데는 적잖은 어려움이 있다고 판단하고, 경주 사람들 중에는 경순왕의 그런 판단이 평화적인 방법이라고 생각하는 이들도 있었을 것이다. 일반 백성들이야 왕이 누가 되었던 간에 잘 먹고 잘 살게만 해준다면 더없이 고마운 일이기 때문이다. 이미 경주 일대는 지도층의 귀부로 그 주도 세력을 상실했고, 후백제 지역이나 왕건의 지배력이 미치는 곳 역시 광복 운동의 근거지로 적합하지 않았기 때문에, 반항복파들은 적합한 장소를 찾을 수밖에 없었다.

후백제도 내분이 일어나 견훤이 왕건에게 이미 항복한 상태라 더

마의태자의 항려운동과 밀접한 연관이 있을 것으로 생각되는 김부탑 2기. 강원도 인제군 남면 갑둔리와 상남면 상남리에 있다. 여기서 멀지 않은 김부리에 마의태자의 신위가 모셔진 김부대왕각이 있다. 사진제공 : 부안김씨 대종회

는 기댈 수 있는 곳이 아니었다. 더구나 왕건의 막강한 군사력의 위력을 알고 있었기 때문에 그들의 영향력이 덜 미치는 그러한 곳이 필요했다. 금강산의 다른 이름인 개골산 일대는 고려 개경과 멀리 떨어져 있을 뿐만 아니라 지배력이 덜 미치는 그러한 장소로 산과 계곡이 깊어 반고려 활동을 하기에는 적어도 적합한 곳이었을지도 모른다. 그러나 마의태자가 갔다고 하는 개골산을 삼국시대에는 상악(霜岳) 또는 설악(雪岳)이라 불렀다는 기록도 있기 때문에 개골산을 꼭 금강산이라고 단정할 수는 없다.

강원도 인제에는 김부리(金富里)라는 마을이 있는데, 이 이름이 경순왕의 이름 김부(金傅)와 발음이 같다. 실제로 대왕각에 모셔진 위패와 마의태자와 관련된 김부석탑 2기가 있어 강원도 인제 사람들은 김부리를 마의태자가 항려운동을 벌인 유력한 근거지라 믿고 있다. 또한, 남쪽의 설악을 가리키는 이름인 인제의 한계산은 마의태자와 반항복파가 항려운동을 벌인 근거지로 알려져 있다. 이곳은 천혜의 요지로 1.8킬로미터에 이르는 산성이 위치해 있다. 원통과 양양 사이의 요충지인 이 성은 산 능선과 옥녀탕 골짜기를 따라 쌓았으며, 수비에 편하고 공격에 유리한 특징이 있다고 한다. 이 산성과 관련하여 고려 1259년(고종 46년) 몽고와의 전쟁 때에 조휘가 공격한 것이 그 최초로 보이고 있는데, 그렇다면 그 이전에 축조된 것은 사실일 것이고, 아마도 나말여초 지방 세력의 거점이 되었던 것 같다. 그렇지만 이곳에서 신라의 부흥운동은 결국 실패할 수밖에 없었다. 체계적인 저항을 할 수 있는 조직체가 없었을 뿐만 아니라 경제적인 지원도 제대로 이루어지지 않았다. 더구나 험한 산골이어서 장기간 버틸 수도 없었기 때문에 결국 마의태자의 신라 부흥운동은 실패로 돌아가고 말았다.

한편 경순왕의 막내아들은 머리를 깎고 화엄종에 들어가 승려가 되어 승명을 범공(梵空)이라 했는데, 그 뒤로 법수사와 해인사에 있었다고 한다. 결국 그도 고려의 신하가 되는 것을 거부하고 속세를 벗어나 산속에서 일생을 보냈다.

경애왕이 정말로 포석정에서 술잔치를 벌였을까?

　김부식은《삼국사기》경순왕 말미의 사론에서 "경애왕은 더욱이 노는 데만 빠져 궁녀와 좌우의 신하들과 함께 포석정에 나가 놀며 주연을 베풀고 즐기다가 견훤이 오는지도 알지 못하였다"라고 했다.

　과연 포석정이 주연을 베풀고 즐겁게 노는 장소였을까?《삼국사기》나 《삼국유사》의 기록을 보면, 신라의 왕들이 술잔치를 베풀고 즐겁게 논 장소는 대체로 안압지였다. 현재 우리가 볼 수 있는 안압지는 공간이 매우 넓을 뿐만 아니라 연회를 베풀기에도 적절한 장소임에 틀림이 없다. 그렇지만 포석정은 그렇지 않다. 실제 그곳을 가 본 사람들을 보면 이렇게 협소한 장소에서 어떻게 술잔치를 베풀고 놀았을까 의아해하는 경우가 많다. 물론 당시에 포석정의 규모가 어떠했는지는 확실하게 알 수 없지만 현재와 비교해 보아도 그리 크지 않았을 것이다.

　백과사전을 보면 포석정에 대한 설명 가운데 이런 부분이 눈에 들어온다. "계수(溪水)를 받아들여 이것을 점복 모양의 수구(水溝)에 흐르게 하고 그것에 술잔을 띄워 문무백관(文武百官)의 품계에 좇아 열을 지어 앉아서 시(詩)를 읊고, 노래를 부르며, 흐르는 술잔을 차례로 마시면서 흥겨워하였다"고 하는 것이다. 그러나 이는 생긴 모습을 보고 중국이나 일본에 있는 기록과 서로 맞추어 설명한 것에 불과하다. 실제 포석정에서 술잔치를 베풀었는지는 아무도 알 수 없다.

그럼에도 불구하고 마치 포석정에서 노는 데에만 정신이 팔려 견훤의
군대가 들이닥친 것도 모른 경애왕이 마땅히 죽어야 했던 것처럼 기술한
김부식의 기록을 의심해 볼 필요가 있다. 굳이 필사본《화랑세기》의 내용
을 인용하지 않더라도 한 나라의 왕이, 그것도 당시의 정세가 아주 어지
러운 상황에서 앞뒤 가리지 않고 놀기만 했다고 하는 것은 상식적으로도
납득하기 힘든 일이기 때문이다.

이런 점에서 김부식은 경순왕의 왕위 계승을 정당화하고, 스스로 신라
의 후손이라는 것을 드러내기 위해 박씨인 경애왕이 죽을 수밖에 없는
정당성을 포석정 연회에서 찾은 것이다. 따라서 경애왕은 견훤이 그렇게
쉽게 들이닥치리라는 것을 알지 못한 상태에서 죽임을 당했을 가능성이
크다.

1999년에 국립경주문화재연구소가
포석정 남쪽 담장 밖 유적지를 조사하
면서 발굴한 '포석(鮑石) 글자가 새겨
진 기와 조각. 《화랑세기》에 나오는
'포석사'라는 명칭과 관련시켜 볼 때,
포석정은 단순히 풍류를 즐기기 위한
오락시설이 아니라 나라의 위급 상황
을 구제하기 위한 제의를 올린 장소로
볼 수 있다. ⓒ국립경주문화재연구소

조범환 서강대학교 영어영문학과 졸업하고 같은 학교 사학과 대학원에서 석·박사 학위를 받았다. 현
재 서강대학교 박물관 연구교수로 재직 중이다. 지은 책으로 《우리 역사의 여왕들》, 《신라선종연구》, 《나
말려초 선종산문 개창 연구》 등이 있다.

각종 문자가 새겨
진 발해 기와.
ⓒ서울대박물관

발해의 마지막 왕 대인선은 926년 1월 거란의 대대적인 침공에 적절히 대처하지 못한 채 국가가 일순간에 무너지는 상황에서 항복하고 말았다. 때문에 대인선에 대한 평가는 부정적인 시각이 우세하다. 발해를 공격하는 거란의 세력이 아무리 강대하다고 해도 이를 막아내지 못한 왕의 책임은 크고 또한 이런 평가도 면할 수 없을 것이다. 그러나 대인선 재위기간 20년 동안 모두를 멸망기로 설정하고, 실정으로 멸망을 자초했다는 식의 단순한 평가는 옳지 않다. 한 나라의 전개 과정을 몇 단계로 나눠 설명하듯 특정 인물이나 왕대도 단계별로 나눠 이해하는 자세가 필요하다. 대인선의 치세에 문제가 없진 않지만 긍정적으로 해석할 여지가 있는 것도 사실이다.

이를 어떻게 해석하느냐 하는 것은 역사가의 몫이지만 대인선을 두고 대내외 정세를 파악치 못한 무능한 군주, 혹은 거란에 잡혀가 비참하게 생을 마감한 비운의 왕으로만 해석하는 것은 올바른 자세가 아니다. 신흥 강국 거란과의 힘겨운 결전에서 국제적인 외교 감각으로 마지막까지 최선을 다했던 대인선. 그는 과연 해동성국 발해를 버린 왕이었을까?

해동성국의 영광을 뒤로하다
발해의 마지막을 바라본 대인선

발해의 건국자는 대조영, 그렇다면 발해의 마지막 왕은?

만주 길림성 돈화현에 있는 동모산(東牟山)은 대조영(大祚榮, ?~719)이 당나라 군대의 추격을 물리치고 동쪽으로 말을 달려 나라를 세운 곳이다. 1300년의 세월이 흐른 지금, 동모산에는 성터만 남아 있고 나라를 세웠다는 감격에 함성을 지르던 그때 그 사람들은 보이지 않는다. 대조영이 동모산에서 나라를 세운 때가 698년이다. 처음에 나라 이름을 진국(震國, 振國)이라 하고 스스로를 '진국왕'이라 칭했다.

대조영이 동모산에서 나라를 세울 때 멸망의 순간까지 염두에 두고 국가가 나아갈 청사진을 그려봤는지는 알 수 없지만, 건국 이후 208년이 지나 왕위에 오른 대인선(大諲譔)은 강력하게 밀려드는 거란의 침공에 효과적으로 대응하지 못한 채 해동성국(海東盛國) 발해

대조영이 발해를 세운 동모산 전경. 대조영은 당나라의 추격을 뿌리치고 고구려 유민과 말갈족을 이끌고 요하를 건너 동쪽으로 가, 고구려의 계루부의 옛 땅이었던 지금의 길림성 돈화시 인근 동모산에서 고구려를 계승한 발해를 건국했다. ⓒ김종복

의 마지막 왕이 되고 말았다. 926년 1월 14일은 15대 228년의 역사를 가진 발해가 공식적으로 역사에서 사라지는 날이었다.

　발해의 건국자가 대조영이라는 것은 한국사에 약간이라도 관심이 있다면 누구나 알고 있을 것이다. 중국의 동북공정 추진에 대응하려는 국민적 관심과 언론의 보도, 그리고 방송사에서 제작한 대조영을 주인공으로 한 사극 등을 통해 대조영은 우리 곁에 한층 가까이 다가왔다. 그러나 건국 영웅 대조영과는 다르게 발해의 마지막 왕이 누구인지에 관해서 정확히 아는 사람은 그리 많지 않다.

후연과 거란족을 물리치며 힘차게 만주 벌판을 내달리던 고구려의 광개토대왕, 고구려 유민과 말갈족을 이끌고 발해를 어렵게 세웠지만 당나라와 맞서 밀리지 않고 당당히 대적했던 대조영, 이 영웅들을 떠올리면 벅찬 가슴을 억누르기가 힘들 지경이 된다. 하지만 대인선을 떠올리면 무엇인가 슬픔과 애처로움, 비운과 나약함이 먼저 다가오는 것은 왜일까? 아마도 그가 패망한 발해의 마지막 왕이기 때문이리라. 그렇다면 대인선 선대의 여러 왕들은 어떠했을까?

고구려 광개토대왕보다 더 넓은 영토를 가졌던 발해

발해는 698년 고구려 유민의 부흥 의지와 당시 동아시아의 국제 질서를 잘 이용해 새로이 탄생한 왕조다. 건국 이후 최대의 영토는 지금의 북한 지역과 중국의 길림성, 흑룡강성, 요녕성 일부, 러시아 연해주 남부에 걸쳐 있었다. 이는 고구려의 1.5~2배, 신라의 3~4배에 달하는 것으로 우리나라 역사상 가장 넓은 영토를 확보한 왕조였다. 대개 고구려의 광개토대왕, 장수왕 대의 땅이 더 넓을 것으로 생각하지만 이는 발해의 영토를 정확히 모른 데서 나오는 오류다.

대조영은 건국의 기틀을 다진 왕으로서 나라를 세운 직후, 주변국과의 다양한 교류를 전개했다. 당의 공격에 대비하면서 당나라 북방에 자리 잡고 있던 돌궐과 친교를 맺기도 하는 등 주변 정세를 파악하여 나라의 기반을 다져나가자, 713년 당나라는 대조영에게 '발해 군왕'이라는 직함을 수여하는 이른바 책봉을 시행한다. 이는 사실상 진국의 존재를 확인해 주는 절차였다. 대조영은 신라에도 사신을 보내 국가의 건립을 알렸다. 당시 신라 효소왕도 진국의 대조영에게 신라 관등의 5품인 대아찬의 벼슬을 내렸다.

719년 대조영이 세상을 떠나자 뒤를 이어 무왕 대무예가 즉위했다. 독자적인 연호를 사용하여 인안이라 하고 영토의 확장에 주력해 큰 성과를 거두었다. 동북 만주 일대와 연해주 남부지역이 이 시기에 발해의 판도 안에 있었다. 발해가 적극적으로 영토 확장 사업을 벌이자 신라는 북방 경계를 강화했고, 발해와 우호관계를 유지하던 헤이룽강 하류 지역의 흑수말갈은 당과의 연계를 통해 발해의 침공에 대비하고자 했다. 무왕은 아우 대문예로 하여금 흑수말갈을 정복하도록 명령했으나 대문예는 정벌을 반대하다가 여의치 않자 당으로 망명했다. 결국 732년 발해의 수군은 당나라의 산둥반도에 있는 등주를 공격했다. 이는 당나라·신라 연합군의 발해 공격이라는 무력 대결로 나아갔으며 이러한 긴장 관계가 더 지속되다가 737년에 문왕 대흠무가 새로이 즉위했다.

문왕(737~793년)은 재위 기간 57년이 말해주듯 발해 전기 나라의 토대를 확실히 마련했다. 750년대 전반에 도읍을 상경으로 옮긴 뒤 대내적으로는 지배 체제를 정비하고, 대외적으로는 당과 친선 관계를 맺으면서 선진 문물을 받아들이고 신라와도 상설 교통로인 신라도를 개설해 대립 관계를 해소하고자 했다. 사회, 문화적으로도 큰

발해 문화의 상징인 석등. 상경성 터 내 흥륭사 경내에 있는 발해 석등은 높이가 6미터나 된다. 현무암을 다듬어 지었고 연꽃 문양이 아름다워 발해의 건축 예술이 뛰어났음을 증언한다. ⓒ고구려연구재단

발전을 꾀하는 한편, 당시 동아시아 여러 나라와 교류하며 대외 교역을 통해 경제적 발전을 이루었다.

이러한 발전에 힘입어 중국과 대등한 지위를 보여주기 위해 대흥 등의 독자적인 연호를 사용했다. 그리고 문왕의 정혜 · 정효 공주 묘비에는 '황상(皇上)'이라는 용어가 등장하는데, 이는 황제국적인 체제로 국가를 다스린 자신감 넘치던 시기임을 보여주는 것이다.

해동성국 발해의 왕들

793년 문왕이 세상을 떠나고 대원의, 성왕, 강왕, 정왕, 희왕, 간왕 등 여섯 왕이 뒤를 이었으나 어쩐 일인지 재위 기간은 모두 합쳐도 26년에 불과하다. 이들 왕들이 별다른 치적을 남기지 못한 채 역사의 뒤편으로 사라진 반면, 818년 대조영의 아우 대야발의 4세손인 선왕 대인수는 즉위 후 나라의 분위기를 새롭게 하면서 커다란 업적을 남겼다.

제10대 선왕 대인수의 정치 개혁에 대한 적극적인 의지는 연호에서 살필 수 있다. 대인수는 '건흥'이라는 연호를 채택했는데, 이는 앞선 여러 왕들이 이루지 못한 정치적 과제에 대한 중흥을 도모했음을 말해주는 것이다. 또한 시호가 선왕(宣王)인 것에서 미루어 대인수가 평소에 선정을 베풀었다는 사실도 짐작할 수 있다. 선왕은 북쪽의 말갈 세력을 완전히 복속시키고 흑수말갈에 대한 통제력도 장악했으며, 당나라가 차지하고 있던 요동반도까지 진출했던 것은 물론 신라에 대한 적극적인 남진정책도 실시했다. 선왕은 일본과의 외교에도 적극적인 자세를 취하여 재위 13년 동안 모두 다섯 차례에 걸쳐 일본과 교섭했다. 또한 5경 15부 62주의 지방제도가 완비된 것도 이때였다.

830년 선왕 대인수가 세상을 떠나자 제11대 대이진(831~857년)이 왕위를 이었고 제12대 대건황(857~871년), 제13대 대현석(871~894년) 대에 걸쳐 발해는 융성기를 맞이했다. 이리하여 발해는 당시 중국의 당나라로부터 '해동성국'이라는 영예로운 칭호를 얻었다.《신당서》

〈발해전〉에는 다음과 같은 기록이 전한다.

대이진이 죽으니 아우 대건황이 왕위에 올랐다. (대건황이) 죽으니 대현석이 왕위에 올랐다. 함통(咸通) 연간에 3번 조공하고 공물을 바쳤다. 처음에 그 나라의 왕이 자주 학생들을 경사(京師. 서울)의 태학에 보내어 고금의 제도를 배우고 익혀 가더니, 이때에 이르러 드디어 해동성국이 되었다.

하지만 융성했던 해동성국 발해의 구체적인 모습이 어떠했는지 그 사실을 전하는 기록이 거의 없어 많은 아쉬움이 남는다.

14대 왕 대위해의 존재는 사실 20세기 초까지 전혀 알려지지 않아 한동안 대인선이 14대 왕으로 알려졌지만, 대위해의 존재가 겨우 밝혀지면서 발해의 마지막 왕 대인선은 15대 왕이 되었다. 대위해와 대인선이 재위한 9세기 말에서 10세기 초의 동아시아는 중국의 5대 10국, 우리나라의 후삼국, 고려, 발해, 북방의 거란이 서로 얽혀 국제 정세가 매우 복잡하게 전개되고 있었다. 이와 같은 대전환기에 북방에서는 새로운 세력이 꾸준히 성장하고 있었으니 바로 거란이었다.

거란의 영웅 야율야보기의 등장, 불타는 발해 왕궁
거란족은 내몽골의 시라무렌[西剌木倫] 유역에서 농사보다는 주로 목축을 업으로 삼는 유목민이었다. 당나라와 발해의 힘에 눌려 있던 거란은 야율아보기(耶律阿保機)의 등장으로 큰 발전을 한다. 872년에 태어난 야율아보기는 부족 내에서 서서히 지위를 높이며 중국의 여러 곳을 공략했다. 마침내 그는 916년 2월 거란 7부의 추장을 살해하고 8부족을 하나로 통일하여 황제의 자리에 올랐다.

거란은 국가 체제를 정비하면서 한편으로는 주변 세력들에 대한 대규모 정복 활동을 벌였다. 이러한 정복 활동의 궁극적인 목적은 중원 즉 중국으로 진출하는 것이었다. 그러나 중원은 쉽게 점령될 곳이 아니었다. 모든 힘을 다하여 공격하여야 했고 이를 위해서는 먼저 배후 세력인 발해를 제거해야만 했으나, 발해로 향하게 되면 또 서쪽 세력이 염려되었다. 이에 경략 과정은 서방 정벌, 동방의 발해 정벌, 중원 정벌 순으로 이루어졌다.

925년 9월에 거란 태조 야율아보기는 서방 정벌을 성공적으로 끝내고 다음은 발해에 대한 침공을 염두에 두었다. 그는 3개월 뒤인 925년 12월 중순에 조서를 내려 발해로의 출정을 표명했다. 야율아보기는 "이른바 두 가지 일 가운데 한 가지 일은 이미 끝냈으나 오직 발해에 대해서는 대대로 내려오는 원수를 갚지 못했으니 어찌 평안히 있을 수 있으랴" 하며 친히 발해의 대인선을 정벌하러 나섰다.

그런데 거란이 발해를 두고 "대대로 내려오는 원수"라고 표현한 것은 무슨 의미일까? 두 나라 사이가 그러했다면 이는 거란이 발해를 공격하는 배경이 되었을 것이다. 그러나 698년 발해 건국 이후의 양국 관계를 정리해 보면 친선과 적대의 관계가 중첩되었지 결코 누대에 걸쳐 내려 온 원수 사이는 아니었다. 따라서 야율아보기의 이 말은 10세기에 들어서 양자 사이가 대결 국면으로 접어들었던 것으로 봐야 하며, 또한 거란이 발해를 치기 위한 명분을 얻으려 과장한 것으로 이해하는 게 옳다.

거란군은 발해의 요충지 부여부를 포위한 지 3일 만인 926년 1월 3일에 부여부를 함락시키고 발해 수장들을 죽였다. 이어 발해 노상 (老相)이 이끄는 3만 군대를 격파하고, 곧장 발해 수도를 공략했다. 9일에는 수도를 포위했고, 12일에는 발해의 마지막 왕이 된 대인선에게 항복을 받아냈다. 1월 14일에 대인선이 흰옷을 입고, 양을 끌고 또 신하들 300여 명을 이끌고 성을 나와 정식의 항복 절차를 밟음으로써 발해는 마침내 멸망하고 말았다.

이 무렵 해동성국의 상징이었던 상경성은 거대한 불길에 휩싸여 며칠 동안 불탔다. 수많은 건물과 사원은 모두 사라졌고, 발해의 왕과 왕족들은 거란으로 붙잡혀 갔다. 발해라는 나라는 이제 역사 속에 완전히 묻혀 버렸다. 대인선은 불타는 발해 왕궁을 바라보며 무슨 생각을 했을까? 신하들을 탓했을까, 아니면 자신의 무능함을 자책했을까? 이제 발해는 어디로 갈 것이고, 수많은 백성들은 어떻게 되며, 자신의 운명은 어찌 될 것인지 등 갖가지 상념이 스쳐 지나갔으리라. 여기에서 나라의 소중함을 뼈저리게 느꼈을 것이고 나라 없는 설움을 몸소 체험했을 것임은 짐작하고도 남는다.

상경성에 남아 있는 발해 왕궁의 우물터 팔보유리정. 1963년 발굴을 마친 고고학자들이 훼손된 우물 입구 부분을 보수하고 정자를 지어놓았다. ©동북아역사재단

이름까지 바뀌는 수모를 겪은 발해의 마지막 왕

발해가 망하고 천 년 가까운 세월이 흐른 지금, 옛 상경성에서 만주와 연해주를 호령하던 발해왕의 자취는 제대로 찾을 수 없다. 궁궐이 있던 자리는 주춧돌만 남아 있고, 깨진 기왓장은 발에 밟혀 수없이 나뒹군다. 우리 역사상 최대의 영토를 다스렸던 도읍지로는 너무나 황량하기만 하다. 발해 시대의 우물터 팔보유리정(八寶琉璃井)은 누구를 기다리는 것처럼 외롭게 남아 있다. 사람 키의 세 배가 넘는 거대한 석등만이 우리를 반기지만 말이 없다. 오늘날 중국에서는 발해의 수도 상경성을 대대적으로 발굴하여 이를 복원하고 있지만

원래의 모습을 되찾을지 걱정이 앞선다. 발해 본래의 모습이 아닌 중국식으로 복원이 이루어지고 있기 때문이다.

고려 말 포은 정몽주는 발해 멸망의 슬픔을 시로 잘 표현했다. 정몽주는 상경성의 폐허를 직접 목격하진 않았지만, 1384년 명나라에서 돌아오는 길에 황폐화된 발해 고성의 터를 지나게 되었다. 정몽주는 발해의 멸망을 슬퍼하고 거란의 발해 침략을 비난하며, 많은 발해 유민들이 고려로 넘어왔다고 전한다.

발해는 옛날의 나라였건만, 덧없이 터만 남았다.

당나라도 그 상습(相襲)을 인정했거늘, 거란이 함부로 병탄(倂呑)했다.

모든 신서(臣庶)는 우리나라에 귀부하여 지금껏 그 자손이 있다.

유민은 어이하여 이곳에 흩어졌는가! 탄식하며 귀향길 수레를 머무노라.

《포은선생집》 권1 시 〈발해고성〉

이 시에서 우리는 고려 말의 충신이자 대학자인 정몽주가 고려의 멸망을 예견이라도 한 듯 거란에 의한 발해의 병탄을 슬퍼하고 탄식하는 광경을 그려볼 수 있다.

그런데 발해는 항복을 요구하는 거란에게 순순히 응하지 않았다. 거란은 일단 1월 17일 발해 군현에 조서를 내려 회유를 시도했다. 19일에 태조는 신하 강말달 등 열세 명을 성으로 파견해 병기를 수

색하도록 했는데 이때 발해 병사들이 강말달을 살해했다. 20일 대인선이 다시 거란에 반대하는 기치를 내걸자 야율아보기가 홀한성(상경성)을 공격함으로써 성은 함락됐다. 거란군이 입성하자 대인선은 말 앞에서 죄를 청했다. 그 뒤 대인선의 행적은 뚜렷하지 않다가 926년 7월 거란의 황도 서쪽에 옮겨가 성을 쌓고 살았는데, 대인선의 이름은 오로고(烏魯古)로, 부인은 아리지(阿里只)로 바뀌었다.

대인선에게 '오로고'라는 이름을 내리고 그의 아내는 '아리지'라 했다는 것은 거란의 대인선에 대한 혹독한 처우를 나타낸다. 중국의 정통 역사서 중 하나인 《요사》에 보면, '오로고'와 '아리지'는 거란 태조와 황후가 대인선의 항복을 받을 때에 탔던 말의 이름을 따 대인선과 황후의 이름으로 내렸다고 되어 있다. 말은 유목민에게 더없이 중요한 것이지만 한때 해동성국이라 칭송되며 동아시아의 최강국으로 불렸던 대발해의 최고 통치자가 말의 이름을 하사받는다는 것은 치욕이었다. 그것도 항복을 청할 때의 상대 국가 최고 통치자 부부가 탔던 말이라는 데에서 그 치욕은 이루 말할 수 없는 비통한 심정이었을 것이다.

200년간 지속된 발해 부흥운동

발해가 멸망하고 난 뒤 그 자리에는 발해를 대신해 거란의 조종을 받는 동란국(또는 동단국, 東丹國)이 들어섰고, 수도 홀한성(忽汗城)은 천복성(天福城)으로 이름이 바뀌었다. 926년 2월 거란 태조는 후당에 사신을 보내어 발해 평정 사실을 알리고 장자 야율배(耶律倍)를 인황왕(人皇王)으로 삼아 동란국을 통치하도록 했다.

동란국과 거란의 지배 아래서 살아가는 옛 발해인의 모습은 저항하는 자, 지배에 동참하는자, 다른 나라로 망명해 가는 자 등 다양했다. 하지만 이제는 동란국의 사신으로 일본에 파견되었던 옛 발해인 배구(裵璆)는 나라 잃은 슬픔을 톡톡히 경험했다. 그가 일본에 도착하자 일본 조정에서는 "발해는 거란에 대하여 대대로 원수의 나라인데, 지금 너희가 이심(二心)을 품어 조진모초(朝秦暮楚. 일정한 주소가 없이 유랑하거나 이편에 붙었다 저편에 붙었다 함을 비유적으로 이르는 말)하여 남의 신하가 되었은즉 어찌 하루아침에 이렇게 된단 말이냐" 하니, 배구는 "신이 참을 배반하고 거짓을 행하여 선과 다투고 악에 순종하여 선주(先主. 발해왕)를 도탄에서 구원하지 않고 외람되게 전쟁 속에서 신주(新主. 거란왕)에게 아첨했습니다"라고 했다. 여기서 우리는 나라를 잃은 발해인의 비애를 느낄 수 있다. 이렇게 이민족의 통치에 동참하면서 망국의 서러움을 겪는 경우도 있었지만, 발해인들이 멸망 직후부터 안변, 막힐, 정리부 등지에서 거란의 지배에 강력하게 반발하는 집단행동을 보이다가 나중에는 부흥운동을 통해 국가를 세웠다는 사실은 주목된다.

발해 유민들의 저항이 지속되는 가운데 926년 7월 야율아보기가 세상을 떠나자 둘째 아들 야율덕광(耶律德光. 태종)이 황제의 자리를 이어받음으로써 장자 야율배와는 갈등, 대립하는 형국이 되었다. 이에 태종은 동란국 우차상 야율우지의 건의를 받아들여 동란국 내 발해인들을 요양으로 옮겼다. 928년 발해 유민들이 이주하면서 동란 국도 사실상 서쪽으로 옮겨지자, 과거 발해의 중심지에는 거란의 통치력이 강하게 미치지 못했다. 이렇게 되자 발해 유민들은 발해 부흥운동을 전개할 수 있었다. 유민들은 발해 멸망 후 12세기 초까지 200년 가까운 시간을 지속적으로 거란에 저항했으며 소위 후발해와 정안국, 흥료국, 대발해와 같은 부흥 국가를 건설하기도 했다.

발해를 계승한 나라들이 등장하다

발해는 거의 전 시기에 걸쳐 독자적인 연호를 사용한 나라다. 심지어 나라가 망하고 그 유민들이 세운 부흥 국가인 정안국, 흥료국, 대발해(대원)에서도 연호를 사용했다. 대인선의 연호가 알려지지 않은 것은 거란이 발해 궁궐을 불태우는 과정에서 기록이 소실된 것으로 보인다. 시호도 역시 전하지 않는다. 시호란 통상 왕이나 귀족이 죽은 후에 평생의 공덕을 기려 절차를 거친 다음에 정하는 것인데, 대인선은 거란에 잡혀가서 생을 마감했기 때문에 시호를 받을 수 있는 상황이 아니었다. 발해 왕계도에서 '말왕 대인선'이라 표현하는 경우가 종종 있는데 이는 마지막 왕이라 편의적으로 사용한 표현이지 시호는 아니다.

이렇게 독자적으로 연호를 사용한 발해 부흥국 '후발해'는 926년 1월 발해가 멸망한 이후에도 오랫동안 발해 사신이 중국에 방물을 바치는 사례가 계속 나타났던 데 근거해 학자들이 붙인 이름이다.

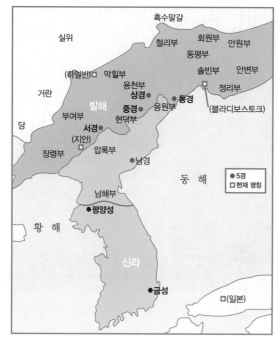

발해의 영역과 5경. 5경은 발해의 수도인 상경용천부(홀한성)와 동경용원부, 중경현덕부, 남경남해부, 서경압록부를 일컫는 말이다. 홀한성은 발해의 왕이 있던 곳이다. 발해가 왜 다섯 수도를 두었는지에 대해서는 여러 견해가 있는데, 광대한 영역에 여러 민족들이 흩어져 살았기 때문에 주요 지방에 행정중심 도시를 두고 국가를 운영한 것으로 보는 시각이 일반적이다.

건국과 소멸 시기, 중심지, 지배자, 영역 등이 불분명하나 건국 시기는 멸망 직후로 보이며 건국 세력은 처음에는 대씨였다가 차츰 다른 성으로 바뀌어 갔던 것으로 보인다. 중심지는 옛 상경성 지역일 가능성이 높은데, 수십 년 동안 중국과 외교 관계를 맺으며 세력을 형성했었던 것 같다.

정안국은 후발해와 달리 중국의 《송사》에 '정안국전'이라는 이름으로 관련 내용이 서술돼 있어 나라 이름, 국가 성격, 왕명, 정치 세력의 변화, 송과의 관계 등을 어느 정도 파악할 수 있다. 정안국의

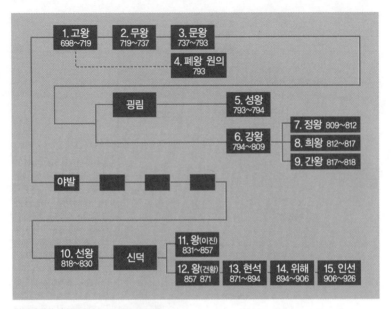

발해의 왕위 계승도(빈칸은 알려지지 않은 인물임).

왕은 처음에 열만화(烈萬華)였다가 나중에 오현명(烏玄明)으로 바뀌었다. 그 뒤에는 '대원(大元)'이라는 왕자 이름이 등장하므로 왕성이 열-오-대씨로 교체되었다고 짐작된다. 중심지는 압록강 중류 일대로 보는 게 옳을 듯하다. 정안국의 왕은 자기들이 고구려, 발해를 계승한 유민들의 부흥 국가임을 내세웠으며 독자의 연호를 사용했다. 정안국의 정확한 건립 시기는 알 수 없다. 소멸 시기는 거란 성종이 압록강 일대의 여진을 정벌한 985년 무렵에 정안국도 같이 멸망되었다고 보기도 하나, 송나라에 마지막으로 표(表. 왕에게 올리는 글)를 올린 991년, 정안국인 골수(骨須)가 고려에 망명한 1018년 등 다양

164

한 견해가 있다.

　흥료국은 거란 제국의 황금기였던 성종 9년(1029년)에 동경요양부 대장군 대연림이 건국했다. 대연림은 발해 시조 대조영의 7세손으로 거란의 강압 통치에 반발하여 국호를 흥료라 하고 연호는 천흥(혹은 천경)이라 했다. 흥료국은 요동을 중심으로 부흥운동을 전개했는데 특이한 것은 고려에 다섯 차례나 구원을 요청했다는 사실이다. 물론 고려에서는 건국 이래 지속적으로 유지하는 실리 외교로 인해 특별히 지원을 하는 예는 나타나지 않는다. 어쨌든 건국자는 발해 왕실의 후예인 대씨이고, 고려에 구원을 받기 위해 왔던 사신은 고구려 후예인 고씨였다는 점에서 발해를 계승한 흥료국의 성격을 알 수 있다. 과거 고구려의 중심지이고 발해의 많은 주민들이 모여 살던 요동에서 1년간 거란에 저항하며 발해 부흥을 외치던 흥료국은 1030년 거란의 강력한 진압으로 꿈은 사라졌으나 부흥운동 실패 후 많은 사람들이 고려에 망명하기도 했다.

　대발해는 1116년 1월 거란의 동경 지방에서 고영창을 중심으로 한 발해 유민들이 세운 부흥 국가다. 이들이 봉기한 직접적인 이유는 거란의 지방관 소보선의 가혹한 폭정과 민족 차별에서 비롯되었다. 주도자 고영창은 고구려, 발해계이고 황제라는 칭호와 연호를 사용하면서 당시 동아시아에서 상당한 힘을 과시했다. 특히 '대발해'라는 국호를 사용하여 발해 계승 의식을 분명히 하며 거란에 압박을 가했으나 도리어 신흥하는 여진 세력에 진압됨으로써 발해를 다시 일으켜 세우려는 유민들의 꿈은 몇 달 만에 사라지고 말았다.

명확히 나타나 있지 않은 대인선에 관한 기록

발해의 왕 대부분이 그러하듯이 마지막 왕 대인선이 언제 태어났는지, 언제 세상을 떠났는지 정확하지 않다. 성장 과정과 왕위에 오르는 과정 역시 명확하지 않다. 중국과 한국, 일본의 각종 사서나 문집, 기타 여러 자료를 확인해 봐도 관련된 기록이 극히 미미하기 때문이다. 다만 대인선이 왕위에 오른 해는 대략적으로 906년이라 추정할 수 있다. 발해사 연구의 기본 사서라 할 수 있는 《구당서》 〈발해말갈전〉과 《신당서》 〈발해전〉에는 발해의 건국과정은 상세히 나오는 편이나 발해의 마지막 왕 대인선에 관한 언급은 전혀 없다.

대인선은 거란의 역사를 기록한 《요사》나 다른 몇몇 사서에서 나타난다. 《요사》에는 거란의 발해 침공과 발해의 멸망 과정을 기록하면서 대인선을 언급하며, 나머지 사서에는 '발해왕 대인선이 중국에 사신 누구누구를 보냈다'는 식의 기록이 주종을 이룬다. 대인선의 사적인 일들은 어디에서도 등장하지 않는데, 왕이라면 으레 등장할 것 같은 배우자가 몇 명이고 왕자와 공주가 얼마나 되는지 하는 것도 정확히 알 수가 없다.

위에서 보듯이 발해의 왕계는 크게 나누면 1대 고왕 대조영에서 9대 간왕 대명충까지를 대조영계로, 10대 선왕 대인수부터 12대 대건황까지는 대조영의 동생인 대야발계로 분류할 수 있다.

대인선의 즉위 과정에 대해서는 대야발로부터 시작되는 왕위 계승을 좀더 살펴볼 필요가 있다. 《신당서》 〈발해전〉에 의하면 10대 대인수는 대조영의 동생 대야발의 4세손이다. 그러므로 대야발과 대인수 사이에는 세 명의 인물이 더 밝혀져야 하나 현재 남아 있는 사서의 기록으로는 누구도 확인할 길이 없다. 문제는 12대 왕부터 15대 왕까지 왕위 계승 관계가 분명하지 않다는 점인데, 이는 마지막 왕 대인선과 그 바로 앞의 왕 대위해의 혈연관계도 마찬가지다.

이처럼 발해 마지막 왕 대인선이 왕위에 오르는 과정은 정확히 파악하기 어렵다. 반면에 중국의 여러 사서에서는 대인선 아들의 이름이 나오고 조카의 이름까지 거론된다. 현재 남아 있는 기록을 종합하면 대인선은 독자는 아니었고 형 또는 아우가 적어도 세 명 이상 있었고, 조카도 몇 명 있었다는 것이 확인됐다.

그러면 왕자 가운데 왕위를 이을 세자는 누구였을까? 발해의 왕위 계승 원칙은 장자 상속제라고 알려져 있다. 대인선의 여러 왕자 가운데 왕위 계승권에 관한 기록은 우리 사서인《고려사》와《고려사절요》등에 '발해국 세자 대광현'이라는 선명한 표현에서 볼 수 있다. '발해국 세자 대광현'이라는 기록이 정확하고 이를 그대로 수용한다면 대광현이 대인선의 여러 왕자 가운데 왕위 계승자임이 틀림없는 것 같다. 대광현의 존재는 중국 사서에는 등장하지 않고 우리 측 기록에만 등장하긴 하지만, 거란의 침입으로 발해가 멸망하는 과정에 등장해 고려로 내투(망명)한 인물이라는 점은 공통적이다.

발해국 세자 대광현, 고려를 택하다

한국 고대사에서 비운의 세자라고 하면 누구나 신라의 마의태자

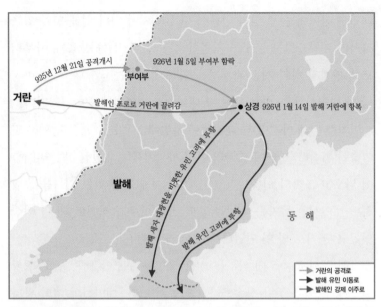

925년 12월 21일 공격개시

926년 1월 5일 부여부 함락

부여부

거란

상경 926년 1월 14일 발해 거란에 항복

발해인 포로로 거란에 끌려감

발해

발해 세자 대광현을 비롯한 유민 고려에 투항

발해 유민 고려에 투항

동 해

거란의 공격로

발해 유민 이동로

발해인 강제 이주로

거란의 발해 공격에 따른 발해 유민들의 이동. 발해 멸망 후 유민들은 대부분 고려로 이동했고 왕건은 이들을 포용하는 정책을 취했다.

(麻衣太子)를 떠올릴 것이다. 그러나 마의태자보다 몇 년 앞서 비슷한 시기에, 신라와 더불어 남북국시대를 형성했던 북국 발해에도 비운의 세자가 있었다. 발해가 망하자 고려에 내투했던 비운의 세자가 바로 대인선의 아들 대광현(大光顯)이다.

대광현은 10세기 초 동아시아 국제정세가 급격히 소용돌이치고 있을 때 나라의 멸망을 목도하면서 수많은 무리를 이끌고 고려로 망명했던 인물이다. 대광현이 언제 태어났고 언제 세상을 떠났는지는 정확히 알 수 없다. 관련 기록으로 추정하면 대인선은 동생 하나가 있었고 아들 네다섯, 조카 한둘을 두었다고 잠정적으로 추정해 볼 수 있다. 미처 못 찾아냈던 금석문 등 앞으로 새로운 자료가 발견될 가능성도 있기 때문이다.

고려시대에 나온 역사서에서는 대광현의 망명 시기에 관한 기록을 찾을 수 없다. 15세기 조선시대에 씌어진 《고려사》의 〈세가〉는 934년 7월, 〈연표〉는 925년, 《고려사절요》는 925년 12월, 《동국통감》은 대광현이 926년 봄에 망명했던 것으로 기록하고 있다.

거란이 중국을 차지하기 위한 사전 정지 작업으로 그 배후 세력이라고 판단한 발해를 공격한 것이 925년 12월 하순이고 발해가 항복한 것은 926년 1월 중순이다. 그러므로 《고려사》 〈세가〉의 기록을 빼고는 비슷한 시기라 어느 정도 수긍할 수 있다. 문제는 〈세가〉에 나와 있는 '934년에 대광현이 고려에 망명했다'는 내용의 기록을 어떻게 이해할 것인가 하는 점이다. 926년 나라가 망하면서 마지막 왕과 왕족들은 거란으로 끌려갔는데 8년이나 지난 후에 대광현이 수만의 무리를 이끌고 고려로 망명했다는 기록은 많은 의문점을 남기기 때문이다. 그래서 기록상의 오류로 보거나 학자들 사이에 견해 차이가 있긴 하지만, 망명은 925년 12월에서 926년 1월 사이에 했으나 후삼국이 통일돼 가는 시점에서 대광현에 대한 고려의 우대 조치가 취해진 시기를 934년으로 보기도 한다. 조선 후기의 실학자 정약용도 이해가 잘 안 됐는지 저서 《아방강역고》에서 "대광현은 발해의 마지막 왕 대인선의 세자가 아니라 혹시 나라가 망한 후 유민들이 세운 부흥 국가의 세자"일 수도 있다는 추측을 내놓았다.

대광현에 관한 기록은 보통 그 이름만 거론되고 수많은 무리를 이끌고 고려에 망명했다는 내용뿐이다. 그 가운데서도 가장 상세한 것이 《고려사》 태조세가 17년조에 나오는 다음의 내용이다.

934년 7월 발해국 세자 대광현이 수만의 무리를 이끌고 내투(來投)하니, 그에게 왕계(王繼)라는 성명을 내려주고 종적(宗籍. 왕실 호적)에 싣게 했다. 특별히 원보(元甫)라는 관직을 내리고 백주(白州)를 지키게 했으며 발해 왕실의 제사를 받들게 했다. 그를 따라온 사람에게는 벼슬을 내리고 군사에게는 토지와 집을 내려주는데 차등 있게 했다.

대광현과 관련해 가장 자세하다는 이 기록에서조차 대광현이 언제 태어났는지, 또 언제 생을 마감했는지 알 수 없어 안타깝다. 세자라는 높은 신분이기에 당시 고려의 왕이었던 왕건이 친히 맞이하여 위로했다는 글귀가 있을 법도 하나 그런 말도 없다. 고려 정부로부터 왕씨 성을 하사받았다고 하지만 고려시대에 왕씨 성을 가진 인물 가운데 왕계(대광현)의 아들 혹은 후손이라고 칭하는 인물은 어디에도 나오지 않는다. 오늘날 태씨들의 족보를 봐도 대광현의 가계(家系)를 제대로 알 수 없다. 또한 대광현이 고려로 넘어온 이후 고려 사회에서 발해 계통의 대·태씨 성을 가진 자가 정치, 외교, 전쟁에서 크게 활약하기도 하나 그 후손인지는 확인할 길이 없다.

발해 상경성의 궁궐터와 회랑터. 현재 흑룡강성 영안시 발해진에 해당하는 상경성은 다른 도성에 비해 가장 오래 왕도의 지위에 있었고, 그 결과 그 규모나 구조에 있어서도 한층 거대하고 정제된 모습을 갖췄을 것으로 짐작된다. ⓒ서울대박물관

베일에 가린 세자 대광현

발해 왕족인 대씨는 고려시대에 들어 중기 이래 일부 태씨로 불리다가 조선시대에 들면 완전히 태씨로 바뀐다. 오늘날 태씨의 대표적인 본관으로는 영순, 협계, 남원이 있으며 2000년 인구조사에 따르면 남한에 7,400명 정도가 살고 있다고 한다. 그런데 《영순태씨족보》에서 〈발해왕 세계도〉를 보면 마지막 왕 대인선 다음에 대광현→대도수→대인점→대금취로 세계(世系)가 설정되어 있다. 또한 오늘날 우리나라 발해사 인식의 방향을 제시했던 조선 후기 유득공의 《발해고》역시 고려와 거란 간 1 · 2차 전쟁에서 크게 활약했던 대도수라는

조선 후기 실학자 유득공이 1784년(정조 8년)에 쓴 발해에 관한 역사책 《발해고》. 유득공은 당나라의 역사서인 《구당서》와 《신당서》를 비롯해 조선 및 일본에 남아 있는 발해의 기록을 뒤져 발해사를 복원했다. '고려가 발해사를 편찬하지 않은 것은 잘못된 일'이라고 적은 서문은 유명하며, 제목을 '사(史)'가 아닌 '고(考)'라고 한 이유는 역사서로 완성하지 못했기 때문이라고 밝혔다. 국립중앙도서관 소장.

인물이 대광현 아들이고, 몽고를 정벌하는 데 공을 세워 영순군(永順君)에 봉해짐으로써 영순 태씨의 시조가 된 대금취가 그 후손이라고 했다. 그러나 《고려사》를 비롯한 역사서에는 이러한 글귀가 없으므로 위의 내용들을 그대로 수용하는 데는 많은 문제가 있다.

위의 기록에서 눈에 띄는 것은 고려에서 대광현에게 관직을 내리면서 백주를 지키게 했다는 점이다. 백주는 수도 개성에서 멀지 않은 예성강 바로 건너편에 있는 중요 거점으로 지금의 황해도 배천을 말한다. 백주를 대광현에게 지키게 한 것은 발해 유민들 중에서 대광현이 차지한 비중이 그만큼 컸음을 보여주는 것이며, 발해 유민들을 주로 북쪽 지역에 거주시키면서 북방 정책에 이용하려는 고려의 의도도 깔려 있었다.

오늘날 대광현과 관련해 남아 있는 것이라고는 없다. 무덤도, 묘지명도, 사당도 없다. 심지어 대광현과 관련된 설화도 전하지 않는다. 그가 남겼을 법한 '발해사기'나 '발해국지'와 같은 책도 역시 없으며, 고려 역시 대광현에 관해 상세히 기록한 어떤 역사책도 남기지 않았다. 그래서 유득공은 《발해고》 서문에서 다음과 같이 한탄했다.

고려가 발해사를 쓰지 않았으니, 고려의 국력이 떨치지 못했음을 알 수 있다. ……부여씨가 망하고 고씨도 망하자 김씨가 그 남쪽을 영유했고, 대씨가 그 북쪽을 영유하여 발해라 했다. 이것이 '남북국'으로 마땅히 남북국사가 있어야 했음에도 고려가 이를 편찬하지 않은 것은 잘못된 일이다. ……당나라 사람 장건장도 《발해국기》를 지었는데 고려 사람이 어찌 홀로 발해 역사를 지을 수 없었단 말인가.

　북한의 개성에 있는 왕건의 무덤 앞에는 대광현을 형상화한 무인 상(武人像)이 세워져 있다. 이는 북한이 1993년 왕건릉을 고쳐 지으면서 고려 왕건의 국토 통일에 대광현이 크게 이바지하고 북방을 개척하는 데 큰 기여를 했다는 취지를 기려 세웠다고 한다. 또한 왕건릉 제당에는 발해국 왕세자 대광현이 주민 수만 명을 데리고 고려로 넘어오는 모습을 그린 그림이 진열돼 있다. 이러한 것들은 앞으로 남북 간의 교류가 더욱더 활성화되면 북한에서 나온 책의 사진을 통해서가 아니라 우리가 직접 가서 눈으로 확인할 수 있을 것이다. 하지만 정치적인 목적도 있으리라 짐작 가기 때문에 과연 이런 작업이 얼마나 큰 역사적 의미를 지닐지는 의문이다.

　우리는 대광현의 고려 내투를 통해 역사에서 하나의 교훈을 찾을 수 있다. 발해가 새로이 급성장하는 거란의 침략으로 멸망한 것은 사실이다. 당시의 거란은 너무 힘이 강해 세계 제국 당나라조차 당해내기 힘든 상태였다. 하지만 광대한 영토를 다스리던 발해가 쉽게 무너진 원인을 생각해야 한다. 발해 내부에서 갈등과 대립이 동반된 권력 다툼이 있었을 가능성도 무시할 수 없으므로 이에 대해 이해하는 것이 중요하다. 그렇게 추측해 볼 수 있는 가능성은 《요사》에 "발해 사람들의 갈라진 마음을 틈타 움직이니 싸우지 않고 이겼다"는 기록이 있고, 발해가 망하기 몇 달 전부터 발해의 관리들이나 하층민 다수가 고려로 망명하고 있었다는 점에서 짐작할 수 있다. 만약

러시아 연해주에서 발해 유적을 발굴하는 모습. 발해 유적들은 주로 북한, 중국, 연해주에 걸쳐있어 긴밀한 국제
교류가 필요하다. 발해에 대한 관심이 높아지면서 우리 역사에서 잊혀진 말갈족에도 관심을 가져야 한다는 목소
리가 커지고 있다. ⓒ한국전통문화학교

내부적인 모순이 발해의 멸망의 원인 중에 한 부분이라면, 지금 우리도 이에 대해 깊이 생각해 보아야 한다.

백두산의 화산 폭발이 발해의 멸망에 영향을 주었을까?

우리 역사상 가장 넓은 영토를 확보하며 한때 황제국적 체제를 누렸던 거대한 국가 발해의 멸망 원인은 무엇일까? 이 문제는 발해사 가운데서 오늘날 사람들이 가장 큰 관심을 보이고 있는 부분이기도 하다. 한 문명이나 국가가 붕괴되어 사라지는 원인은 여러 가지가 있다. 내부적인 요인도 있고, 외부적인 침략도 있을 것이며 이 두 요인이 서로 결합된 경우도 있다. 근래에는 학자들이 자연재해나 기후와의 연관성에 중점을 두고 연구하는 경향도 있다. 오늘날 지구상에 잦아지고 있는 갖가지 자연 현상과 깊은 관련을 가지고 있는 듯하다.

최근에는 발해의 경우도 내·외부적 요소 외에 백두산의 화산 폭발이나 기후까지도 관계된 것이 아닌가 하는 논의가 있을 정도다. 그렇다면 그렇게 넓은 영토를 가진 발해가 어찌하여 거란의 본격적인 침략에 한 달도 제대로 버티지 못하고 멸망했을까?

발해의 멸망 원인과 관련해서 최근에는 새로운 각도에서 그 원인을 찾고자 노력하지만 여전히 내분 즉, 소수의 고구려 계통의 지배층과 다수의 말갈인 피지배층 사이에서 발생하는 민족 구성의 취약성과 지도층 내부의 권력 다툼 등을 많이 얘기한다. 이는 중국 사서인《요사》에 "거란의 태조 야율아보기가 발해 사람들의 갈라진 마음을 틈타 움직이니 싸우지 않고 이겼다"라는 기록에 주목하기 때문이다. 역시 발해가 멸망한 가장 큰 원인은 발해 서쪽 시라무렌 일대에서 급성장한 거란의 침략 때문이었다. 여기서 주목할 사실은 발해가 거란의 단 한 번의 공격에 패한 것은 아니라는 점이다. 예컨대 발해 땅이었던 요양(遼陽)에 관해 "태조가 20여 년을 싸워 얻었다"라고 기록한 《요사》의 기록이 이를 뒷받침한다.

발해의 멸망이 너무나 갑작스럽다 하여 근래에 대두되는 것이 백두산 화산 폭발에 따른 발해 멸망설이다. 현재로서는 문헌상의 뒷받침이 없어 설득력이 부족하다. 백두산의 마지막 화산 폭발이 지금부터 약 1,000여 년 전에 있었다고 가정하더라도 우리나라를 비롯한 중국, 일본에서도 백두산 화산 폭발과 발해의 멸망에 관한 기록을 찾을 수 없다. 《조선왕조실록》이나 《동국여지승람》에는 제주도 한라산의 화산 폭발 기록이 남아 있기는 하나 백두산에 대한 언급은 없다. 그런데 발해의 수도였던 상경성(행정구역으로는 흑룡강성 영안현 지역) 일대에는 화산 폭발로 인한 현무암들이 많이 널려 있다. 발해 문화를 대표하는 것으로 지금의 흥륭사 뜰에 남아 있는 6미터에 이르는 거대한 석등도 현무암으로 되어 있다. 상경성 가까이 있는 아름다운 호수인 경박호(鏡泊湖)도 용암 분출로 만들어진 것이다. 또한 러시아 연해주의 화산재 아래 유물이 발해 시대 것이라는 견해도 있다. 때문에 백두산이든 무엇이든 화산 폭발과 관련지을 만한 몇 가지 요소는 남아 있는 셈이다.

그렇지만 발해의 많은 문화재와 건축물이 현무암으로 되어 있다는 사실은 백두산의 폭발로 발해가 멸망했다기보다는 오히려 그렇지 않다는 증거로도 볼 수 있다. 화산 폭발 후 나온 돌을 성이나, 석등을 만드는 건축재로 썼다는 것은 이미 발해가 들어서기 이전에 화산 폭발이 있었다는 논리가 성립되기 때문이다. 발해의 마지막 수도였던 상경은 백두산에서 북으로 약 250킬로미터나 떨어져 있다. 화산재가 그렇게 먼 곳까지 날아가 한 나라를 망하게 했다는 것은 상식적으로 이해가 안 간다. 발해는 작은 도시 국가가 아니었다. 사방 5천리의 광대한 국가였다. 또한 화산 폭발로 나라가 무너져 가는 상황이라면 거란 태조는 무엇 때문에 굳이 대규모 군사를 동원해 엄청난 피해를 입으면서까지 발해를 공격했는지 의문이 아닐 수 없다.

끝까지 발해를 지킨 대인선

어느 나라든 마지막 왕은 무능하고 부패하며 내부적인 권력투쟁으로 말미암아 외부의 침입을 막아내지 못해 쉽게 멸망했다는 인식이 강하다. 발해의 대인선 역시 예외가 아니어서 발해 사회의 내분으로 거란의 침략에 적절히 대응하지 못한 채 멸망을 초래한 왕이었다는 것이 일반적인 견해였다. 일본 학자 쯔다〔津田左右吉〕 역시 저서인《발해사고》에서 대인선에 관해 "왕이 영웅의 자질이 있었다면 당나라 왕실의 쇠약한 틈을 타서 영토를 확장하는 것이 그리 어려운 일이 아니었을 텐데, 이러한 대책이 나오지 않았음을 보면 퇴영주의자라고 추측할 수 있다"라고 기록했다.

상경성에서 나온 발해 시대의 기와 무늬. 발해의 연꽃무늬는 고구려의 연화무늬와 관련이 깊을 것으로 생각된다. 동경대박물관 소장.

　　그러나 발해 사회 내부에 어떤 특정한 권력투쟁이 실제로 있었다는 단정적인 기록은 없다. 다만 간접적으로 내부적인 문제, 혹은 내분이 있어 이를 극복하지 못하고 멸망의 길로 나아간 것이 아닌가 보고 있다. 늘 내분의 근거로 인용되는 것이 거란 태종이 즉위한 뒤에 야율우지(耶律羽之)가 올린 글 가운데 "선제(태조)께서는 저들(발해)의 갈라진 마음을 틈타서 군사를 동원하니 싸우지 않고도 이겼다"라고 나오는 내용이다. 여기서 '갈라진 마음'이 과연 구체적으로 무엇을 의미하는지는 여전히 의문이다. 다음으로 드는 근거들로는 발해가 망하기 전에 이미 여러 고위 관리들이 많은 백성들을 거느리고 고려로 망명했다는 사실, 10세기 초 동아시아 전체가 분열기로 나아가는 상황에서 발해의 대외적인 팽창 움직임이 전혀 드러나지 않았다는 것, 발해가 부여부를 중시하여 강한 군대를 주둔시키며 거란을 방비했는데 포위된 지 3일 만에 함락되었다거나, 상경성의 공격 시에도 노상군(老相軍) 3만을 제외하고는 특별히 다른 전투의 흔적이 나타나지 않았다는 점 등이 있다. 9세기 이래 발해의 지배를 받던 변방 부족들이 점점 이탈해 갔던 것도 마찬가지 이유로 설명하고 있다.

발해 멸망기에 내분이 없었다고 단정할 수는 없다. 일부 이를 뒷받침하는 사실도 있기 때문에 수용할 필요가 있다. 그렇다면 대인선은 멸망기의 내분을 수습하지 못한 채 나라를 저버린 무능한 군주일까?

10세기 초 거란은 발해를 멸망시키기 전에 발해의 요동을 정벌해 이를 차지하는 데 무려 20년이란 시간을 들였다. 이 시기 발해의 왕이 바로 대인선이었다. 20년 동안 계속된 거란의 요동 공격에 잘 대처했다는 것은 발해의 군사력이 강력했고 어느 정도의 정치적 안정과 사회체제도 안정적이었음을 의미한다. 이는 대인선 재위 20년 전체를 멸망기로 설정하는 시대 구분에 반대하면서 대인선 대를 더 세분화시키려는 일부 견해와도 일맥상통하는 것이다.

대인선 시기에도 발해는 여전히 동아시아의 여러 나라와 대외 관계를 적극적으로 펼치고 있었다. 남쪽의 후삼국, 중국의 5대, 일본은 물론이고 심지어 거란과도 직접 교섭을 맺으며 친선과 적대의 외교 관계를 전개시켰다. 특히 대인선은 거란 세력이 점점 발해로 다가오자 아래의 기록처럼 신라 등 주변국과 결원(結援)을 맺어 이에 대응하려는 전략을 세우기도 했다.

태조가 발해를 공격하여 부여성을 공략하고 나라 이름을 동란국으로 바꾸었다. ……이보다 앞서 발해국왕 대인선은 본래 해(奚), 거란과 입술과 이빨의 관계처럼 서로 돕고 의지했다. 거란 태조가 처음 일어나 8부를 병탄하고 이어서 군대를 내어 해국을 병탄했다. 이리하여 대인선은 거란의 공격을 두려워하여 몰래 신라 등 여러 나라와 연결하여 서로 돕고 의지하게 되었는데 거란 태조는 이를 알고 회의를 열었으나 결론을 내리지 못했다.

〈거란국지〉 권1, 천현 원년조

결원 시기가 정확히 언제이며 대상이 신라 외에 어느 나라가 포함되는가 하는 논의가 있지만 바로 대인선이 재위하던 910~920년대인 것은 분명하다.

게다가 대인선이 거란에 정식 항복을 하고도 다시 저항을 한 것이나, 멸망 직후부터 발해인들이 계속해서 거란에 대항했던 사실은 당시 대인선에 대한 백성들의 신뢰와 믿음이 여전했음을 보여주는 의미로 해석할 수 있다. 왕을 비롯한 정치권에 대한 불신이 심각했다면 반거란 항쟁이 그처럼 격렬하지 않았을 것이다. 유민들의 부흥운동이 이후 200년간 계속된 사실 역시 이러한 믿음이 이어진 결과로 볼 수 있다.

중국 길림성 장백현에 있는 발해 영광탑. 빛나는 아침 햇살에 가려 어둠을 품고 있는 영광탑이 마치 찬란했던 해동성국 발해의 영광를 등지고 있는 것 같아 서글프다. ⓒ임상선

발해의 시작과 끝, 대조영과 대인선

대인선의 재위 기간은 20년(906~926년)이다. 기간으로 보면 발해 15대왕 가운데 다섯 번째다. 발해사를 많이 알고 있는 사람이라도 대인선에 관한 이미지는 그렇게 밝지 않다. 하지만 대인선이라는 한 인간과 그가 이루고자 했던 왕으로서의 역할을 함부로 단정할 수는 없다. 발해사에 대한 연구 자료는 절대적으로 부족하다. 남아 있는 기록도 발해인이나 발해 유민의 입장이 아닌 인근 국가의 시각이 강하게 투영된 것들이 대부분이다. 대인선에 관한 것도 예외가 아니

다. 발해가 멸망하는 과정과 그와 관련된 대인선의 역할도 사실은 《요사》에서 비롯되는 중국 측에서 바라본 기록들이다. 대인선의 생몰과 성장 과정, 행적을 헤아리는 데 결정적인 '대인선묘지명(大諲譔墓誌銘)'과 같은 자료가 아직 발견되지 않았다. 이 상황에서 극히 일부의 사실을 근거로 대인선에 관해 마음대로 평가하는 것은 본모습을 왜곡할 가능성이 매우 높다.

대인선, 그는 리더십이 뛰어났거나 남다른 업적을 남긴 위대한 군주는 아니었다. 그렇다고 해서 망국을 재촉한 실패한 군주라 단정할 수는 없다. 갖은 역경을 이겨내고 발해라는 나라를 세웠던 대조영, 위기에 처한 국가를 되살리려 했으나 끝내 무너지는 광경을 지켜봐야만 했던 대인선. 우리는 대조영에게 영웅이란 칭호를 부여하지만 마지막 왕 대인선에게는 비난과 책임을 묻는다. 그러나 신흥 강국 거란과의 힘겨운 결전에서 국제적인 외교 감각으로 마지막까지 항전하며 최선을 다한 대인선에게 이해와 동정을 보낼 수는 없는가?

발해 멸망 원인의 또 다른 가정, 기후 변동설

한국이나 일본의 신문, 잡지, 방송에서 발해 멸망의 원인으로 백두산 화산 폭발설을 다뤄 사람들을 관심을 끈 적이 있다. 그러나 동아시아의 어느 역사학자도 발해가 화산 폭발로 멸망했다고 글을 쓰거나 주장하지 않는다. 역사는 항상 정확한 사실에 바탕을 두어야 하기 때문에 역사에서 흥밋거리를 찾으려는 언론에 쉽게 끌려가서는 안 된다.

한편 발해의 영토가 흑룡강 일대나 러시아의 연해주 지역에 걸쳐 넓게 펼쳐져 있었기 때문에 기후가 너무 한랭하여 국가가 제대로 발전하지 못한 채 나라가 멸망하지 않았는가 하는 의문을 가질 수도 있다. 실제로 일본의 역사책인 《유취국사(類聚國史)》에는 발해에 관해 "토지가 매우 차서 논농사에 마땅하지 않다"라고 적혀 있다. 이를 보면 약간의 가능성이 있는 것처럼 보인다.

과학이 발달하면서 오래된 나무의 나이를 분석한다든지, 화분(花粉)의 분석, 장시간에 걸쳐 씌어진 일기나 고문서를 분석하는 등 다양한 방법을 통해 과거 2,000년 동안의 기후 변동을 꽤 상세히 복원할 수 있는 일이 가능해졌다. 기후와 역사에 관한 지금까지의 연구에 따르면, 600~750년 동아시아는 한랭기로서 수나라가 망하고 당나라가, 우리나라에서는 고구려와 백제가 망하고 통일신라가 등장했다. 750년경에 기후는 온난화되어 '중세 온난기'라 불리는 고온기가 시작되었다. 이 시기에 당나라의 문화가 크게 발전하고(盛唐文化), 신라에서는 불국사와 석굴암

이 만들어지는 문화 발전기가, 발해와 일본 역시 문화의 발전이 이루어졌다. 그러다가 900~920년경 일시적으로 기후가 한랭화되어 당나라가 멸망하고 이어서 발해도 망했다는 것이다.

하지만 이런 사실에 관해서는 적당한 연구 방법을 찾기가 힘들다. 그리고 지금까지의 역사를 기후만 가지고 설명할 수도 없을 것이다. 기후가 한 국가나 문명의 발전에 커다란 영향을 주는 것은 사실이지만, 거란의 공격 앞에 한 달 반 만에 무너진 발해의 멸망 원인으로 기후 변화를 거론하기엔 아직 많은 한계가 있다.

발해의 불상과 돌사자상. 중세 온난기에는 발해를 비롯해 당나라, 신라, 일본 역시 찬란한 문화를 꽃피웠다.

이효형 부산대학교 사학과를 졸업하고 같은 대학에서 박사학위를 받았다. 부산대 사학과 강사를 거쳐 부산대 한국민족문화연구소 객원연구원으로 있다. 주요 논문으로 〈발해의 마지막 왕 대인선에 관한 제 문제의 검토〉, 〈발해 부흥국가와 고려의 발해 계승의식〉이 있고, 지은 책으로 《발해 유민사 연구》, 공동 저서로 《발해의 역사와 문화》, 《10세기 인물열전》, 《중국학계의 북방민족·국가연구》 등이 있다.

고구려의 시조 주몽이 쌓은 오
녀산성에서 바라본 비류수(현재
의 혼강). ⓒ김기동

"영순 초년(682년)에 (왕이)죽으니 위위경(당나라의 벼슬)을 추증하고 수도로 옮
기도록 명했다. 힐리의 무덤 왼쪽에 장사지내고 무덤 앞에 비를 세웠다."

연개소문의 쿠데타로 갑작스럽게 왕이 되었다가, 나라를 잃고 마지막 고구려왕이 된 보장
왕에 관한 최후의 기록은 이처럼 간단하다. 이보다 한 해 전인 개요 원년(681년), 보장왕이
말갈족과 연합해 은밀히 진행하던 고구려 복국운동이 당(唐)에 발각됐다. 당 조정에서는
바로 보장왕을 소환해 지금의 사천성 공협현인 공주로 귀양을 보냈다. 보장왕은 다음해
귀양지에서 눈을 감았다.

사료에는 간단하게만 나오지만, 공주로 유배된 후 얼마 지나지 않아 서거한 것을 보면 그
간의 고초가 어느 정도였는지, 또 그 속에는 얼마나 많은 이야기가 있었을지 미루어 짐작
할 수 있다. 대륙을 호령했던 대제국 고구려의 마지막 왕 보장왕을 둘러싼 역사의 행간에
는 과연 어떤 사연이 숨어 있을까?

영웅의 시대, 고구려의 부활을 꿈꾸다
역사의 주연이 된 보장왕

천하영웅의 시대에서 조연으로 남은 임금

사람들은 보장왕(寶藏王. ?~682) 을 어떻게 생각할까? 연개소문이
세운 왕이었기에 아마도 많은 사람들은 보장왕을 허수아비 왕, 우유
부단했던 왕으로 기억할 것이다. '역사 뒤집어 보기' 혹은 '역사 인
물 재평가하기'가 시대의 화두로 떠오른 요즘, 보장왕은 고구려 복
국 도모를 배경으로 한 사극에서 그 모습을 드러내기도 했다. 그동
안 연개소문에 가려 그늘 속에 있던 보장왕이 처음으로 부각된 순간
이다. 그러나 복국운동이 꽃을 피우기도 전에 당에 발각되었기 때문
에 보장왕은 여전히 역사의 조연으로 남아 있다. 보장왕은 어떤 왕
이었기에 늘 조연에만 머물고 있을까?

《삼국사기》 고구려본기 보장왕 즉위년조에는 이런 이야기가 나
온다.

보장왕은 이름이 장(혹은 보장이라고 하였다)이다. 나라를 잃었으므로 시호가 없다. 건무왕의 아우 대양왕의 아들이다. 건무왕 재위 25년에 (연)개소문이 왕을 죽이고 장을 세워 왕위를 잇게 했다.

여기서 '건무왕'은 고구려의 27대 왕인 영류왕을 말한다. 《삼국사기》보장왕 즉위년조에는 보장왕이 영류왕의 동생인 대양왕의 아들이고, 연개소문이 영류왕을 시해한 후 그를 왕위에 올렸다고 하는 내용만 나온다. 일반적으로 왕의 즉위년조 기사에는 그 왕의 성격이나 용모, 인품 등을 서술하게 마련인데도 보장왕에 대해서는 그런 내용이 전혀 없다.

쿠데타 세력이 세운 왕이기 때문에 왕에 대한 묘사가 이렇게 소홀한 것은 아니었다. 고구려의 재상인 명림답부가 차대왕을 시해한 후 새 왕으로 받들어 올린 신대왕의 경우에도 "용모와 자태가 뛰어나고 성품이 인자하고 너그러웠다"라고 기록되어 있다.

15대 미천왕은 국상(國相. 군대와 나라를 돌보는 으뜸 벼슬아치) 창조리가 중심이 되어 "어려서부터 교만하고 방탕하며 의심과 시기심이 많았다"는 평을 받은 봉상왕을 폐위하고 맞아들인 왕이었다. 미천왕에 대해서는 "용모는 비록 초췌하였으나 몸가짐이 보통사람과 달랐다"고 했다. 또한 "왕손께서는 행실이 검소하고 인자하여 사람들을 사랑하셨으므로 선왕의 업을 이을 수 있다"라고 하여 인품과 성격을 비교적 상세히 설명해 두었다.

이렇게 볼 때, 보장왕은 패망의 멍에를 쓴 마지막 왕이었기 때문

평남 남포의 쌍영총에서 출토된 말 탄 사람이 그려진 벽화편. 고구려인들은 어려서부터 말 타기와 활쏘기를 배웠다고 전하는데, 이를 통해 고구려인의 강건하고 영웅적인 기질의 생활상을 엿볼 수 있다. 국립중앙박물관 소장(중박 200807-211).

에 정당한 대접을 받지 못한 것 같다. 신라의 마지막 왕인 경순왕 역시 그런 기록이 없지만 백제 의자왕은 예외적으로 성격이나 성품, 그것도 마지막 왕이라고는 보기 힘들 정도의 호평이 많이 남아 있다. 의자왕은 "웅걸차고 용감하였으며 담력과 결단력이 있었다"고 전한다. 또 "어버이를 효성으로 섬기고 형제와는 우애가 있어서 당시에 해동증자라고 불렀다"는 내용까지 덧붙여 있다.

보장왕은 걸출한 영웅호걸들과 같은 시대에 살았다. 영류왕을 시해하고 권력을 독점한 연개소문은 역사적 평가가 극과 극으로 갈리는 인물이지만, 한 시대를 풍미하고 국제사회를 뒤흔든 대단한 인물이었음은 분명하다. 외교의 달인이자 역사의 승자인 신라의 김춘추와, 그 승리의 주역 김유신은 두말할 필요도 없는 영웅이다. 의자왕역시도 해동증자라고 칭송받을 만큼 뛰어난 인물이었다.

그 뿐만이 아니다. 당이 천하 통일을 이루는 데 지대한 공을 세웠고, 기나긴 중국 역사상에서도 제일로 손꼽히는 당 태종에, 마침내 고구려를 굴복시킨 당 고종, 사람 보는 눈이 무서울 정도로 뛰어났던 최초의 여황제 측천무후까지. 그야말로 천하영웅의 시대 속에서 보장왕의 입지는 너무나 미약했다.

연개소문, 쿠데타로 정권을 장악하다

영류왕 25년인 642년 고구려의 평양성 안팎에서는 참상이 벌어졌다. 국왕을 비롯한 귀족 100여 명이 연개소문에 의해 참혹하게 살해당한 것이다. 《삼국사기》 연개소문 열전에는 당시의 상황이 이렇게 적혀있다.

소문이 자기 부(部)의 군사를 모두 소집하여 장차 열병할 것처럼 하여 술과 음식을 성(城) 남쪽에 성대히 차려놓고 여러 대신을 불러 함께 보자고 청했다. 손님들이 이르자 모두 죽였는데 무릇 그 수가 100여 명에 달했다. 이어서 궁궐로 달려 들어가 왕을 죽이고, (그 시

신을) 여러 토막으로 잘라 도랑에 버렸다. 왕의 동생의 아들 장(藏)을 왕으로 세우고 스스로 막리지가 되었다. 그 관직은 당나라의 병부상서 겸 중서령의 관직과 같았다. 이에 원근에 호령하여 나라 일을 마음대로 하였는데 매우 위엄이 있었다.

연개소문의 아버지는 동부대인이었고 대대로였다. 대대로가 사망하자 사람들은 연개소문의 성격이 잔인하고 포악하여 그 자리를 잇지 못하게 했다. 연개소문은 머리를 숙이고 그 직을 맡겨달라고 간청했다. 그러면서 만약 옳지 못한 일이 생기면 그때 내쳐도 후회하지 않을 것이라고까지 했다. 그러자 마음이 약해진 사람들이 불쌍히 여겨 아버지의 관직을 계승할 수 있도록 허락했다.

그러나 대대로 자리에 오르고 난 뒤 연개소문의 태도가 달라져 걱정했던 대로 흉악하고 잔인한 짓을 많이 했다. 이에 왕과 여러 대신들이 연개소문을 제거하기로 몰래 의논을 했는데, 그것이 그만 사전에 누설되어 버렸다. 이렇게 되자 연개소문으로서도 가만히 앉아서 당할 수만은 없었기 때문에 먼저 선수를 쳐 자신을 죽이려고 하는 영류왕과 대신들을 모두 처치해 버렸다.

연개소문이 구체적으로 어떤 흉악하고 잔인한 짓을 했는지는 사료에 나오지 않는다. 《삼국사기》 연개소문 열전에는 "말을 타거나 내릴 때마다 항상 귀족의 장수를 땅에 엎드리게 하여 그 등을 밟고 디뎠으며, 나갈 때는 반드시 군대를 풀어서 앞에 인도하는 자가 긴 소리로 외치면 사람들이 모두 달아나 도망쳐 구덩이나 골짜기를 가

기성전도(箕城全圖)는 평양 성내를 그린 그림지도로 18세기 조선 중기의 화가 이징이 그렸다고 전한다. 평양성의
북성과 내성, 외성이 뚜렷하게 나타나 있다. 서울대학교 규장각 소장.

리지 않았다"는 내용만 나온다. 하지만 이는 참살 사건 이후 나오는 기사이므로, 보장왕을 세운 뒤 전권을 휘두를 때의 일이라고 볼 수 있을 뿐 그 전에도 그랬는지는 알 수 없다. 이런 간략한 사료만 보아서는 연개소문이 국왕을 포함해 100여 명이나 되는 사람들을 참살한 배경을 정확히 알기 어렵다.

이때 피살된 영류왕은 평양성을 기습하려는 수나라의 별동대를 물리쳐 나라를 백척간두의 위험에서 구해냈던 영웅이었다. 연개소문에 비해 결코 밀릴 것 없는 대단한 인물이었다. 영류왕이 연개소문을 제거하려 했던 이유는 단순히 연개소문이 흉악하고 잔인하다는 이유가 아니라, 서로 물러설 수 없는 정치적 사정이 있었던 것 같다. 일설에서는 당나라와의 관계를 두고 전쟁을 주장하는 강경파인 연개소문 측과 현실 안정을 추구하는 온건파 영류왕 측의 충돌이었다고 보기도 한다.

그러나 연개소문은 보장왕을 왕위에 앉힌 다음해인 643년 정월에 바로 당에 사신을 보내 조공을 했고, 3월에도 사신을 보내 도사(道士. 도교를 믿고 수행하는 사람)와 경전을 청하는 등 당과의 관계를 원만하게 하고자 노력했다. 따라서 연개소문을 대당강경파, 영류왕을 온건파로 단순하게 구분하는 것은 타당치 않다.

연개소문이 영류왕을 시해한 사건으로 고구려는 호시탐탐 침공을 노리고 있던 당에게 빌미를 잡히고 만다. 당에서는 왕을 시해한 패륜아인 연개소문을 응징한다는 명분으로 고구려를 침공하려 했다. 연개소문으로서는 권력을 내놓고 물러나지 않는 한 전쟁을 피할 방법이 없었다. 결국 나라의 안전이 우선이냐, 자신의 권력 유지가 더 우선이냐의 갈림길에서 연개소문은 후자를 택한다.

연개소문의 쿠데타는 한 사람의 운명도 완전히 바꾸었다. 왕위 계 승권과 거리가 멀었던 왕자 장이 뜻밖에 연개소문에 의해 국왕의 자 리에 오른 것이다. 즉위 당시 보장왕의 나이를 정확히 알 길은 없다. 다만 재위 기간이 642년부터 668년까지 26년이나 됐고, 뒤에 말갈 과 연대하여 복국운동을 시도했던 것을 보면 즉위 당시 그리 많은 나이는 아니었던 것 같다. 연개소문이 다루기 쉬운 어린 왕을 세웠 을 것임도 어렵지 않게 추측해 볼 수 있다.

도교를 도입한 연개소문

보장왕이 당에 항복했을 때, 당나라는 스스로 나라 일을 다스리지 못한 왕이라 하여 벌하지 않고 벼슬을 내렸다. 《삼국사기》 열전에도 연개소문이 나라 일을 마음대로 했다고 기록되어 있다. 〈고구려본 기〉를 보아도 보장왕이 직접 행했다고 볼 수 있는 일은 몇 되지 않 는다. 구체적으로 왕이 거론된 기사는 도교 관련 내용, 당에 항복하 는 기사, 복국을 도모하다가 발각된 기사와 사망 기사밖에 없다. 이 중에서 도교 진흥 건도 연개소문의 의지가 관철된 것이라고 보는 견 해가 지배적이다. 그렇다면 보장왕은 왕으로서 고구려 존립 당시 한 일이 전혀 없었던 것일까? 보장왕은 그러한 자신의 처지에 순응하 면서 지낼 정도로 원래 성격이 소극적이고 우유부단한 사람이었을까? 왕으로서 자신의 역할을 찾기 위해 노력한 부분은 없었을까?

《삼국사기》에 나오는 다음 기사를 보면, 도교와 관련해서만은 보
장왕의 의지가 강하게 표출되었던 것 같다.

2년(643년) 3월에 소문이 왕에게 고하였다. "삼교는 비유하면 솥
의 발과 같아서 하나라도 없어서는 안 되는 것입니다. 지금 유교와
불교는 모두 흥한데 도교는 아직 성하지 않으니, 이른바 천하의 도
술(道術)을 갖추었다고 할 수 있습니다. 엎드려 청하건대 당나라에
사신을 보내 도교를 들여와 나라 사람들을 가르치십시오." 대왕은
매우 지당하다고 여겨서 (당나라에) 글을 올려서 청하니 태종이 도
사 숙달(叔達) 등 여덟 명을 보내고 겸하여 노자도덕경(老子道德經)
을 보내주었다.

《삼국유사》〈보장봉로 보덕이암〉에도 비슷한 내용이 나온다.

보장왕이 즉위함에 이르러 역시 삼교를 함께 흥하게 하고자 하였
다. 이때의 총애받던 재상 개소문은 왕에게 유교와 불교는 나란히
융성하지만 도교는 성하지 못하니 당에 특사를 보내 도교를 들여오
자고 설득하였다. 이때 보덕화상이 반룡사에 머무르고 있었는데, 좌
도가 정도와 짝을 이루어 국운이 위태로워 질 것을 걱정하며 여러
번 간하였으나 받아들여지지 않았다. 이에 신통한 힘으로 방장(方
丈)을 날려(보덕화상이 자신이 머물던 방을 통째로 날려 완산주로 옮겨갔

다고 하는 의미) 남쪽 완산주(전주) 고대산으로 옮겨 사니 바로 영휘
원년(650년) 경술년 6월의 일이다. 얼마 후 나라가 망하였다.

왕과 연개소문이 도교를 진흥시키려고 하자, 불교가 쇠퇴할 것을
걱정한 고구려의 승려 보덕화상이 지금의 전주인 완산주 고대산으
로 갔고, 얼마 후 고구려가 망했다고 되어 있다. 도교 진흥을 고구려
멸망 원인의 하나로 보고 있는 것이다.

이런 사료들을 보면, 당에 도사와 경전을 요청하는 국사를 보내자
고 청한 사람은 분명히 연개소문이었다는 것을 알 수 있다. 연개소
문은 왜 도교 경전과 도사를 보내줄 것을 당에 요청하려 했을까? 이
에 대해 일반적으로 대당외교의 일환으로 파악한다. 당에 우호적인
태도를 보이고 환심을 사서 자신에 대한 비난과 침략 의지를 약화시
키자는 의도가 있었다고 보는 것이다. 새로운 종교를 도입하여 나라
간에 우호를 다진 사례는 이미 선대에 있었다. 소수림왕은 전진(前
秦)에서 불교 경전과 승려를 받아들여 이불란사와 성문사를 세워 불
교를 융성시키면서 전진과 사이좋게 지냈다. 이처럼 연개소문도 도
교 도입을 통해 당과 평화를 유지하고자 했다.

학계에서는 고구려의 대표적인 문화유산인 고분벽화의 소재가 말
기에 이르러 사신도 중심으로 바뀐 원인으로 도교의 영향을 든다.
용맹하고 진취적이던 고구려 귀족들의 성향이 도교가 도입되면서
현실 도피적으로 바뀌었다고 보았다. 고분벽화는 4세기 중엽부터 5
세기 중엽까지 생활풍속도가, 5세기 중엽부터 6세기 중엽까지는 생

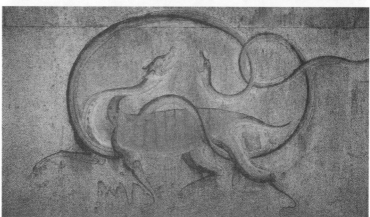

부인이 가마를 타고 가는 것을 그린 덕흥리 고분의 벽화(위). 5세기 초반에는 이렇게 생활풍속도가 주류를 이루었다. 6세기 후반에서 7세기 초에 그려진 것으로 추정되는 강서대묘의 벽화 현무도에서 '현무(玄武)'는 도교에서 물의 신이면서 방위로서 북쪽을 지칭한다(아래, 국립중앙박물관 소장, 중박 200807-211). 이처럼 도교의 도입 이후 고분벽화는 사신도 위주로 바뀐다.

활풍속도와 사신도가 함께 나타나다가 6세기 중엽부터 7세기 중엽에는 사신도 위주로 바뀐다. 여기서 사신은 죽음의 세계를 지키는 신을 뜻하는 것으로 동쪽을 지키는 청룡, 서쪽을 지키는 백호, 북쪽을 지키는 현무, 남쪽을 지키는 주작을 가리킨다. 무덤의 동서남북 벽면에 사신을 그리는 것은 도교와 관계가 있다.

도교는 신선의 세계를 동경하므로 세속의 일에 연연하거나 집착하지 않는 성향이 있다. 이런 점에서 귀족들이 현실 정치나 권력에 관심을 덜 갖게 하기 위해서 연개소문이 도교를 받아들였다고 보기도 한다. 과연 도교의 도입으로 고구려인들의 의식이 변했는지 확실치는 않지만, 말기에 가서 고구려 사회의 분위기가 이전과 달라진 것은 분명하다. 야성적이면서 강건하던 지배층들의 행동 방식이 유약하게 변화했던 것이다.

보장왕은 왜 도교 진흥에 적극적 역할을 했을까?

도교 진흥과 관련한 학계의 이런 논의들은 결국 연개소문이라는 인물로 귀착된다. 그러나 보장왕 대의 다른 기사들을 보면 도교와 관련된 보장왕의 역할이 많이 나온다. 도교를 도입하자는 제의는 연개소문이 했지만, 도교 진흥책의 추진 과정에서는 보장왕의 의지가 많이 들어갔다고 볼 수 있는 근거도 바로 여기에 있다. 《삼국유사》에는 도교 진흥 관련 기사의 제목 자체를 "보장왕이 도교를 신봉하니 보덕이 암자를 옮겼다"라고 했다. 보덕은 고구려의 승려로 도교가 도입되면서 불교가 쇠퇴하자 백제로 망명했던 인물이다. 또한 이런 기록도 나온다.

왕은 기뻐서 불사(佛寺)를 도관(道館)으로 삼고 도사(道士)를 높여 유사(儒士)의 위에 두었다. 도사들은 나라 안의 이름난 산천을 짓누르고 다녔다. 옛 평양성의 지세는 초승달 모양이었는데, 도사들이 주술로 남하의 용을 부려 성을 더 쌓게 하여 보름달 모양으로 만들고 용언성이라 이름을 붙였다. 참서(讖書)를 지어 용언도라 하고, 또 '천년보장도'라고도 했다. 혹은 신령스런 바윗돌을 뚫어 깨트리라고 했다.

보장왕이 도교를 진흥시키기 위해 절을 빼앗아 도관으로 삼고 도사를 유사보다 우대했다는 내용이다. 이 사료에 의하면 국왕과 연개소문의 전폭적인 지지를 업고 도사들은 여러 가지 일을 벌였다. 평양성 모양이 초승달이었는데 그것을 고쳐 보름달 모양으로 만들고, 참서(미래에 관한 주술적 예언서)를 지어 퍼트리기도 했다. 또 고구려 건국시조인 동명성왕이 말을 타고 상제를 만나러갔다는 전설이 있어 고구려인들이 신성하게 여기고 있던 바윗돌을 깨트리기도 했다. 도사들은 불교와 유교뿐 아니라 전승 신앙까지도 모두 부정하고 도교 세상을 만들려고 했던 것이다.

여기에서 의문이 하나 생긴다. 보장왕 재위 시절에 있었던 많은 사건 가운데 왜 하필 많은 반발을 살 수 있는 도교 진흥 건에서만 왕

백암성의 치(雉). 백암성은 중국의 동북 지방에 있는 성으로 지리적으로 고구려와 당나라의 국경지대인 요하(遼河) 유역에 위치해 있어 적들의 침입이 잦았다. 고구려는 '들판에 곡식 한 톨 남기지 않고 성 안으로 들어가 싸우는' 청야수성전(清野守城戰)을 잘 펼쳤는데, 원정군은 이 전략에 곤혹을 치르기 일쑤였다.

의 역할이 두드러질까? 나라 안의 일들을 대부분 좌지우지하던 연개소문이 왜 도교를 도입하는 일에서는 보장왕을 앞세웠을까 하는 것이다.

　우선, 연개소문 자신은 국정의 대부분을 전담하고, 제사를 포함한 종교 분야는 보장왕이 관장하도록 했던 것이라 추측해 볼 수 있다.

200

특히 도교 진흥 건으로 당에 사신을 보낼 때, 당에서 자신을 꺼려하는 것을 아는 연개소문으로서는 보장왕에게 이 일을 미룰 수밖에 없었을 것이다. 여기에 도교 진흥으로 인해 상대적으로 박탈감을 느끼게 되는 불교계나 유교계의 반발이나, 평양성 개축을 위해 노역에 동원되는 백성들의 불만 등을 보장왕에게 떠넘길 수 있어 연개소문으로서는 일석이조의 효과를 볼 수 있었다.

이렇게만 본다면 보장왕은 결국 연개소문에게 이용만 당한 것이 된다. 하지만 위에서 살펴보았듯이 《삼국유사》에 기록된 보장왕이 도교를 진흥시키려 했던 내용을 조금 더 보장왕의 입장이 되어 주체적인 입장으로 해석해보면 자신의 입지를 확고히 하기위해 도교 진흥에 적극적으로 개입했다고 볼 여지는 있다.

만약 이런 이해가 옳다면, 우리는 이 사건을 통해 보장왕 개인의 성격을 엿볼 수 있다. 보장왕은 어쩔 수 없는 배경으로 허수아비 왕이 되어 26년간 재임했지만, 나름대로 국사를 직접 주관하고자 하는 의지를 가지고 있었다고 볼 수 있기 때문이다. 이를 통해 보장왕은 소극적이고 우유부단한 인물이 아니라, 국정 운영에 적극적이었고 후에 요동으로 가 복국운동을 직접 주도한 것을 보아도 그렇게 볼 수 있는 근거는 충분하다.

보장왕이 살았던 세상
북방에는 유목왕조인 유연, 그 아래에는 중국의 북조와 남조, 요동과 한반도에는 고구려를 중심으로 한 세력권으로 크게 나눠져 세력 균형을 이루고 있던 동북아시아의 정세가 변화되기 시작한 것은 6세기 말 무렵부터였다. 수가 남조의 진을 쳐 중원을 통일하고, 유연을 대신한 돌궐까지 굴복시킴으로써 오랫동안 유지되어 오던 동북아시아 일대의 세력 균형이 깨져버렸다. 수나라는 명실상부하게 천하를 아우르기 위해 고구려를 굴복시키려고 했지만, 고구려의 저력을 꺾지 못하고 오히려 내분에 휩싸여 멸망하고 말았다. 수를 이어 다시 천하를 통일한 당은 처음부터 바로 고구려와의 전쟁으로 돌입하지는 않았다.

그러나 당도 역시 중화 중심의 세계를 꿈꾸었으므로 중원왕조인 수에 저항한 고구려를 그대로 둘 생각은 없었다. 고구려와의 관계를 분명히 하지 않으면, 주변에 있는 유목왕조나 신라, 백제 등과의 관계에도 차질이 생겨 당 황제를 중심으로 한 천하를 명실상부하게 완성할 수 없기 때문이다. 하지만 수나라의 실패에서 보듯 고구려 정복은 결코 쉽지 않은 일이었다. 당나라 국내 사정도 살펴야 하고, 서변과 북변 지역의 안정도 굳건히 해야 되었기 때문이다.

각지에서 군사를 차출해서 고구려를 치러 가는 원정은 먼 여정이기 때문에 식량 보급과 무기 공급이 원활히 이루어져야 한다. "요동도는 멀어서 군량을 옮기는 것이 어렵고, 동이(東夷)는 성을 잘 지키므로 쉽게 함락시킬 수 없습니다"라고 의주자사였던 정천숙이 당 태종에게 했다는 말에 이런 점이 압축되어 있다. 당의 대신들도 지적했듯이 고구려는 산성을 튼튼히 잘 쌓았으므로, 적이 들어오면 논밭과 들을 모두 불태우고 산성으로 들어가 굳게 지키는 청야수성책을 즐겨 사용했다. 이는 장기전을 각오해야하는 것이므로 멀리서 온 원정군은 곤욕을 치르기가 일쑤였다. 결국 이런저런 이유로 당은 고구려를 쉽게 공격하지 못했다. 이에 당에서는 백제나 신라에서 고구려를 공격해달라고 요청했음에도 불구하고 세 나라에 각각 사신을 보내 서로 사이좋게 지내라고 달랬다.

그런데 이런 상황을 바꾸어줄 변수가 생겼다. 연개소문의 정변과 신라의 대당 원병 요청이 그것이다. 연개소문의 정변은 고구려 말 정치적 혼란의 끝자락에 해당되는 것이었다. 6세기부터 이미 안장왕과 안원왕의 시해사건이 발생하는 등 정쟁이 이어졌고, 환도성에서 반란이 일어나는 등 분열의 조짐도 나타났다. 이러한 문제를 귀족연립체제의 정립으로 겨우 봉합하고 넘어왔으나, 이제는 국제 정세의 변화에서 오는 외부로부터의 압박이 고구려를 위협하기 시작했다.

연개소문의 정변은 이런 상황 속에서 발생했다. 이는 연개소문 개인의 생존 문제에 국한된 것이 아니라 당시 고구려 조정 내 귀족 세력 대부분이 연관되어 있었고, 또한 중앙정치 세력이 지방관으로 파견된 상황에서 지방과도 연결되어 있는 문제였다. 따라서 연개소문의 정변을 둘러싼 정치적 파란은 지방에까지 영향을 미쳤다. 안시성 성주가 연개소문의 정변 시 끝내 굴복하지 않았다고 하는데, 이는 중앙과 지방의 정치 세력이 밀접하게 연관되어 있다는 것을 잘 보여준다. 지방 세력의 동요와 분열은 도교 융성책과 관련한 불교 억압으로 더욱 가속화됐다. 보덕이 고구려의 환란을 예고하면서 이탈한 것은 그것을 대변한다. 아무리 성을 견고히 쌓고 수성전 경험이 많다고 해도 내부 구성원이 분열하면 아무 소용이 없다.

치열하게 전개된 삼국의 각축전

한편 한반도 안에서는 고구려와 백제, 신라가 각축전을 벌였다. 백제는 어렵게 되찾았던 한강 하류 유역을 빼앗고, 성왕을 죽인 신라를 용서하지 않았다. 이전에는 고구려에 대해 '속민(屬民)'이니, '형제국'이니 하던 신라가 죽령 이북의 땅을 모두 차지하고 동해안 지역에서도 황초령 일대까지 밀고 올라오자 고구려에서도 이를 좌시할 수 없었다. 이에 오랫동안 상극 관계였던 고구려와 백제가 손을 잡았다. 특히 백제의 공격은 거셌다. 백제는 집요하게 신라를 압박한 끝에 대야성을 함락시키면서 신라를 목전에서 위협했다. 이 전쟁에서 김춘추의 딸과 사위가 목숨을 잃었다.

이러한 백제의 공세를 저지하기 위해 김춘추는 직접 고구려로 가 군사원조를 요청했다. 하지만 고구려는 백제와 이미 교감을 하고 있었으므로, 신라의 청을 들어줄 이유가 없었다. 이에 연개소문은 군사원조를 받고 싶으면 신라가 고구려로부터 빼앗아 간 땅을 먼저 내놓으라는, 김춘추로서는 들어줄 수 없는 요구 조건을 내세웠다. 결국 협상은 이루어지지 않았고 김춘추는 목숨까지 위태로운 상태에서 겨우 고구려를 탈출해 신라로 돌아올 수 있었다. 정사에는 나오

안시성으로 유력하게 추측되는 중국 요녕성 해성시 팔리진에 있는 영성자성(英城子城). 고구려가 당 태종 이세민에게 치욕적인 패배를 안겨준 장소로, 당시 안시성의 성주가 양만춘이었다고 야사에 기록되어 있다. ⓒ 김기동

지 않지만 야사에서는 이때 고구려인 선도해가 김춘추에게 귀토설화를 들려주어 달아날 수 있었다고 전한다. 이제 신라가 선택할 수 있는 길은 당과 결탁하는 것뿐이었다. 결론부터 말하자면 이렇게 하여 이루어진 나당연합으로 당은 최대 난제였던 식량보급 문제를 해결하게 되었다.

645년에 당 태종은 "국왕을 시해하고 이웃 나라와 전쟁을 일삼는 연개소문을 응징한다"는 명분을 내세우며, 고구려를 침공했다. 강회와 영협의 군사 4만 명과 장안 및 낙양에서 모집한 군사 3천 명, 전함 500척으로 이루어진 수군은 내주에서 바다를 건너 평양성으로 향했다. 보병과 기병 6만 명과 난주·하주 2주의 항복한 오랑캐들로 구성된 육군은 요동으로 쳐들어왔다. 당 태종이 직접 전투를 지휘하기도 했던 육군은 요하의 중진인 개모성, 비사성, 요동성, 백암성을 차례로 함락시키고 안시성으로 진격했다. 연개소문은 북부욕살 고연수와 남부욕살 고혜진에게 총 군사 15만 명을 내주어 안시성을 구원하게 했다. 그러나 두 사람은 당의 기만책에 휘말려 상당수의 병력을 잃고 당 태종에게 항복하고 말았다.

안시성은 당군에 포위되었지만, 성주의 지휘 아래 전체 성민이 일치단결하여 끝까지 싸웠다. 야사에는 이때 안시성 성주의 이름이 양만춘이었다고 나온다. 당군이 안시성에 발이 묶인 채 한 발자국도 진전을 못하고 있는 가운데 수군은 연개소문이 이끄는 부대에 격퇴당했고, 날씨가 추워지기 시작했다. 당군으로서는 어쩔 수 없이 퇴각을 해야 했는데, 퇴로에서도 동사자가 속출하는 등 곤욕을 치렀다. 당 태종은 뒤에도 몇 차례 군사를 보내 고구려를 공격했지만 고구려인들의 완강한 저항에 부딪혀 성과를 보지 못하고 사망했다. 649년 4월의 일이다.

이후 고구려와 백제는 신라를 계속 공격했다. 고구려와 백제의 결탁으로 두 나라의 협공을 받게 된 신라로서는 선택의 여지가 없었다. 김춘추는 결국 당으로 건너가 원군을 요청했다. 당으로서는 계산을 해보아야 되는 상황이므로 처음에는 선뜻 받아들이지 않았다. 그러면서 "너희 나라는 여왕이 자리에 있기 때문에 이웃나라들이 업신여겨서 자꾸 침략을 해오니, 내가 친척 한 명을 왕으로 보내주면 어떠냐?"라든가, "우리의 군복을 빌려줄 테니 너희 병사에게 입혀 진영 앞에 세워라. 그러면 대국의 군대가 온 줄 알고 고구려나 백제가 함부로 공격하지 않을 것이다"라는 등 신라를 놀리는 듯한 발언을 하기도 했다. 그러나 장기전 돌입 시의 병참보급 문제를 해결할 수 있는 유일한 길이 신라와 손을 잡는 것임을 당에서도 알았기 때문에 결국 신라의 제의를 받아들인다.

고구려, 백제, 신라, 당의 군사들은 이후에도 크고 작은 전투를 치렀으나 한동안 성과가 없었다. 이에 당과 신라는 백제를 먼저 멸망시키고, 뒤에 고구려를 치는 것으로 작전을 바꾸었고, 결국 660년에 백제는 나당연합군의 공세 앞에 더는 버티지 못하고 멸망하고 말았다.

백제의 멸망으로 고구려는 당과 신라의 공격을 홀로 감당하게 됐다. 여기에 더 큰 결정적인 사태가 발생했다. 연개소문이 사망하고 막리지 자리를 이어받은 아들 남생, 남산, 남건 형제가 주변 사람들의 이간질에 넘어가 골육상쟁을 벌이게 된 것이다. 막리지로 즉위한 남생이 지방을 순시하러 간 사이 평양성을 지키고 있던 남건과 남산에게 누가 '남생이 권력을 혼자 독차지하려고 남건·남산 형제를 없애려고 한다'고 이간질을 했다. 한편 남생에게도 그가 평양성을 비운 틈을 타 동생들이 권력을 차지하려 한다고 했다. 남생은 정황

태왕릉이라 불리는 고구려의 옛 수도였던 국내성(중국 길림성 집안시)에 있는 고구려의 적석무덤. '태왕릉'이라는 명칭은 이 무덤에서 나온 벽돌에 새겨진 글자에서 유래했는데, 학자들은 광개토태왕릉으로 추정하고 있다. 고구려 최대의 영토를 확장한 정복 군주인 광개토태왕이 당나라에 항복한 고구려 후손들을 보았다면 어떤 생각을 했을까.

을 파악하고자 부하를 평양성으로 보냈고, 이로 인해 남생이 자신들을 제거하려고 한다는 것을 더욱 확신하게 된 남건 등이 평양성에 남아 있던 남생의 아들과 부하를 죽였다. 그러자 남생은 고구려의 두 번째 수도였던 국내성(지금의 중국 길림성 집안시)으로 가서 대책을 강구했다. 이때 남생을 따라갔던 아들 헌성이 당으로 가 원조를 청하자고 건의했다. 연남생은 아들 헌성과 고현을 비롯한 부하들을 이끌고 당으로 투항했고, 당나라 군대의 길잡이가 되어 고구려로 쳐들어온다.

멸망 후 진정한 왕이 된 비운의 왕

나라의 사정과 지리를 모두 파악하고 있는 최고 통치권자가 적군이 되어 쳐들어오는 상황에서 고구려는 더 버틸 재간이 없었다. 결국 평양성은 함락되었고 고구려는 당에 항복했다. 동북아시아 일대에서 독자적 천하를 구축하고 있던 대국 고구려가 멸망하는 순간이었다.

그런데 이와 같이 오랫동안 대국인 당과 상대하여 싸우고 신라, 백제와 각축전을 벌이는 과정에서 보장왕의 모습은 어디에서도 발견되지 않는다. 보장왕의 모습은 평양성 함락을 목전에 둔 시점에서야 나타난다.

보장왕 하 27년(668년) 가을 9월에 이적이 평양을 함락시켰다. ……글필하력이 먼저 군사를 이끌고 평양성 밑에 이르니 이적의 군대가 뒤를 이어 와서 한 달이 넘도록 평양을 포위하였다. 보장왕은 연남산을 보내 수령 98명을 거느리고 흰 기를 들고 이적에게 나아가 항복하니 이적이 예로써 접대하였다. 연남건은 오히려 문을 닫고 항거하여 지켰다. ……남건은 스스로 찔렀으나 죽지 않았다. 왕과 남건 등을 사로잡았다.

당군에 포위된 가운데 한 달 이상 시간이 흐르자 초조해진 고구려 진영에서 내부 분열이 일어난 것이다. 남건은 끝까지 항거할 것을 주장했고 보장왕과 남산은 항복하는 길을 택했다. 항복 장면에서 보장왕은 백제의 의자왕과는 차이를 보였다. 의자왕은 패장으로서 무릎을 꿇고 술을 따르는 등 수모를 겪었지만, 당은 보장왕에 대해서 예를 갖추었다고 한다. 아마도 백제에 비해 고구려는 당나라에게 더 큰 존재였기 때문이었는지도 모른다.

이미 내부에 항복을 청한 부류가 있었으므로, 이제 항쟁은 어려워졌다. 668년 9월 남건의 항거에도 별 소용 없이 결국 평양성은 함락됐고, 보장왕과 남건 등은 포로 신세로 전락했다. 그리고 다음 달에 당의 적장 이적이 보장왕 이하 고구려 포로들을 이끌고 당으로 가, 먼저 태종의 릉인 소릉(昭陵)에 바쳤다. 그런 다음 다시 군대의 위용을 갖추고 개선가를 연주하면서 수도 장안으로 들어가 승리를 고하고 잡아 온 포로들을 대묘(大廟)에 바쳤다.

당 고종의 처분은 12월에 내려졌다. 고종은 함원전에서 고구려 포로들을 받았다. 그리고 보장왕에 대해서는 왕이 정사를 직접 관장하지 않았다고 하여 용서하고, 사평태상백 원외동정으로 삼았다. 보장왕과 함께 항복한 연남산은 사재소경을 삼고, 평양성 함락 시 당에 협조했던 중 신성에게는 은청광록대부 직을 내렸다. 그리고 고구려 멸망에 가장 크게 일조한 연남생은 우위대장군으로 삼았다. 끝까지 저항했던 연남건은 검주로 귀양을 보냈다.

고구려의 마지막 왕인 보장왕은 항복 장면에서야 이름 그대로 고구려왕으로서의 역할을 하며 당의 조상들에게 전리품으로서 바쳐지는 수모를 당했다. 즉위 이후부터 줄곧 당과의 전쟁으로 불안한 나날을 보냈고, 연개소문의 그늘에 가려 제대로 된 왕권을 행사하지 못했던 보장왕은 망국의 왕이 되어서야 왕으로서의 역할을 충실히 담당하는 비운의 왕이 된 것이다.

보장왕의 이야기가 여기에서 끝난다면 그는 역사상 가장 별 볼일 없는 왕이 되었을 것이다. 그러나 이야기는 지금부터다. 보장왕은 인생 마지막에서 자신의 명예를 살리는 일을 했다. 고구려 복국 도모가 그것이다.

멀고 먼 고구려 완전 정복

보장왕과 남산을 비롯한 지배층들이 항복했지만 당이 고구려를 완전히 정복하는 길은 멀고도 험난했다. 668년 나당연합군에 의해 평양성이 함락된 후에도 고구려 지역의 주요 성들 가운데 상당수는 여전히 당나라군에 맞서 저항했다. 당나라 장수 이적의 보고에 의하면 669년에 이르기까지도 신성, 요동성, 안시성 등 11개의 큰 성이 아직 항복하지 않은 상태였고, 이미 점령했던 압록수 이북의 성 일곱 곳도 도망했다고 한다. 성을 버리고 '도망했다'는 것은 아마도 주민들이 성을 버리고 다른 곳으로 도망했다는 의미일 것이다. 이 해 2월에는 보장왕의 외손인 안승이 4천여 호를 이끌고 신라로 가버리기도 했다. 고구려인들의 상당수가 여전히 당의 지배를 거부하고 있었던 것이다.

이렇게 되자 당에서는 강경책으로 나왔다. 보장왕을 비롯한 상층 귀족과 부유하고 강한 자들을 대거 당 내지(內地)로 끌고 갔다.《자치통감》에 이런 상황이 잘 나타나 있다.

고려 호(戶) 3만 8천 2백 호를 강회 남쪽 및 산남 경서 여러 주의 빈 땅으로 옮기도록 명령을 내렸다. 빈약한 자들만 남아 안동(安東)을 지켰다.

또《구당서(舊唐書)》〈고종본기〉에도 이에 관한 기록이 나온다.

고려 호 2만 8천 2백과 수레 1천 8십 승(乘), 소 3천 3백두, 말 2천 9백 필, 낙타 60두를 옮겼다. 내지로 들어가기 위해 내주와 영주 두 주에서 배를 출발시켜 강회 이남 및 산남, 병주, 양주 이서 여러 주의 한가한 곳에 안치하였다.

그런데 두 사서의 기록에는 차이가 있다. 이주한 고구려인의 수가 다르고, 이 일이 일어난 달도 4월과 5월로 차이가 있다. 2만 8천 200호와 3만 8천 200호 가운데 어느 쪽이 맞는지는 확인할 길이 없다. 시기가 다른 것은 이주 명령을 내린 것이 4월이고, 직접 시행을 한 것이 한 달 뒤인 5월이었다고 볼 수 있다.

당은 668년 평양성 함락 후 고구려 땅을 나누어 9도독부 42주

212

고구려 부흥운동. 고구려인들을 중
국 내지로 강제 이주시킨 당나라의
정책에 반대하여 669년 검모잠을
중심으로 광범위한 고구려 유민들
의 저항운동이 일어났다. 유민들은
연개소문의 동생 연정토의 아들로
알려진 안승(安勝)을 왕으로 옹립하
면서 고구려 부흥을 꿈꾸었고, 한편
으로는 신라와의 연합도 꾀하였다.

100현을 두고 그 총괄기구로 안동도호부를 설치했다. 그리고 고구
려인 추장과 거수들 가운데 공이 있는 사람들을 뽑아 도독, 자사, 현
령으로 삼고 중국인 관리와 함께 지역을 통치하게 했다. 이는 당의
관리가 통치에 직접 참여하지 않고 그 지역민이 자치하도록 하는 전
형적인 기미정책보다 좀더 강한 지배책이었다.

황무지에 흩어진 고구려인들

당의 이러한 지배방식에 대해 고구려 유민들은 무력항쟁을 계속하거나, 다른 지역으로 집단이주하는 식으로 격렬하게 저항했다. 그러자 그 뿌리를 근본적으로 없애기 위해 지배층과 부유하고 강한 자들을 집단적으로 강제 이주시키는 정책을 쓴 것이다. 오랫동안 고구려와 전쟁을 치르며 그 군사적 능력과 지구력을 익히 알고 있던 당이었으므로, 고구려가 재기할 수 있는 바탕 자체를 없애기 위해 상층부의 상당수에 해당하는 2(3)만 8천 호를 당 내지로 끌고 가 여러 주의 황무지에 흩어버린 것이다. 당의 대신들은 고구려가 지금은 형세가 불리하여 항복했지만, 조금 있으면 다시 힘을 회복하고 당에 저항할 것이니 근본적인 대책이 필요하다고 주장했다. 그에 따라 고구려인들을 대거 중국 내지로 강제 이주를 시킨 것인데, 이것은 실제로 고구려 부흥운동에 막대한 지장을 주었다.

하지만 그럼에도 불구하고 고구려 본토에서는 검모잠을 중심으로 한 부흥운동이 일어나는 등 여전히 저항을 계속했다. 따라서 평양과 그 주변 일대에 대한 당의 통치는 처음부터 흔들렸고, 불안한 상태가 계속됐다. 더욱이 고구려 부흥운동과 신라의 대당투쟁이 서로 연결되면서 저항의 불길은 더 거세져 갔다. 이에 당황한 당에서는 평양의 안동도호부를 중심으로 실시하려 했던 애초의 통치 계획을 대폭 수정하지 않을 수 없었다. 그래서 나당전쟁이 끝난 후 당은 전쟁과정에서 일시적으로 옮겼던 안동도호부를 요동군 옛 성으로 완전히 옮기고, 이전부터 안동부에 재직해 왔던 중국인 관리를 모두 파직했다.

그래도 고구려 유민 사회가 안정되지 않자 당에서는 다시 새로운
계책을 내놓았다. 보장왕을 요동도독으로 삼고, 조선 왕에 봉한 뒤
요동으로 보내 고구려 유민들을 무마하게 했던 것이다. 일종의 괴뢰
국가를 세워주고 유민 통치를 원활하게 하려는 속셈이었다. 이때 당
내지로 옮겼던 유민들도 보장왕과 함께 돌려보냈다. 그러나 보장왕
에게 모든 권한을 다 주지는 않았다. 보장왕을 보내는 한편으로 확
실한 친당파이면서 지역 사정에도 밝은 연남생을 안동도호부에 보
내 보장왕을 감시하게 하는 등 경계를 늦추지 않았다. 하지만 적대
적인 당나라 관리를 철수시키고 고구려인들을 전면에 내세우는 등,
전에 비해서는 훨씬 부드러운 정책을 실시했다. 그 결과 요동지역
지배가 조금 안정되는 듯했고, 당의 정책은 성공하는 듯이 보였다.

보장왕, 고구려의 부활을 꿈꾸다

그런데 얼마 있지 않아 엄청난 사건이 발생했다. 보장왕이 말갈족
과 공모해 반당항쟁(反唐抗爭)과 복국운동을 도모한 것이 발각된 것
이다. 681년의 일이다. 당 조정에서는 어떻게 보장왕의 복국운동을
알아챘을까? 보장왕을 감시하기 위해 안동도호부에 파견한 남생이
그것을 밀고한 것은 아닐까? 다행히도 그런 것 같지는 않다. 남생은
이보다 앞선 679년 정월 29일에 안동부 관사에서 병으로 파란만장
하고 오욕스런 삶을 마감한 것이다.

보장왕과 함께 항복의 길을 택했던 연남산의 무덤(위). 연남산은 연개소문의 셋째 아들로 연개소문 사후 작은형 남건과 반란을 일으켜 큰형 연남생을 몰아내고 대권을 장악했다. 당나라에 항복 후 벼슬을 받았고 사망 후 하남성 낙양 북쪽에 묻혔다. 아래 사진은 좌측부터 연남생, 아들 연헌성, 손자 연비의 무덤이다.

보장왕은 복국운동이 발각된 후 바로 소환되어 공주로 유배되었고, 보장왕과 함께 요동으로 돌아왔던 유민들은 하남과 농우 방면으로 다시 끌려갔다. 지금의 중국 감숙성 일대에 해당하는 곳이다. 이 사건으로 요동의 안동성 근처에는 이제 정말로 가난하고 힘없는 자만 남게 되었고 그들 가운데 적지 않은 사람들은 다시 신라나 말갈, 돌궐 등지로 도망갔다. 사료에는 이때 사람들이 흩어지고 도망을 쳐 안동성 주변이 텅 비었다고 나온다.

그 뒤 696년에는 거란인 이진충의 반란을 틈타 고구려 유민을 이끌고 영주를 탈출한 대조영이 발해를 세우면서 요동지역에 대한 당의 통치는 더욱 어려워진다. 그래서 안동도호부 자체를 폐지하자는 논의도 나왔지만 그대로 두었다. 다만 698년에 안동도호부를 안동도독부로 격을 낮추었고, 다음해에 보장왕의 아들인 고덕무를 안동도독으로 파견했다. 그리고 704년에 안동도호부를 다시 설치했지만 그 이후의 치소(관청이 있는 곳)는 요서지역 안에서 유주, 평주, 영주 등으로 옮겨 다녔다. 이후에도 고구려의 옛 땅에 대한 당의 지배는 많은 시행착오를 겪으며 변화를 거듭했다. 안정적이고 확고한 통치가 별로 지속되지 않았다고 해도 지나치지 않을 정도였다.

한편 당으로 끌려간 사람들은 어떻게 되었을까? 당은 왕족과 친당파 귀족들, 그 외의 일부 유민만 상도(上都)인 장안과 동도인 낙양에 안치했다. 그리고 강제로 옮긴 유민 대다수를 변경 여러 주의 빈터에 분산, 배치했다. 당의 고구려인 집단 이주는 크게 세 차례에 걸쳐 시행되었다. 첫 번째는 645년 당 태종의 원정이 끝난 후, 두 번째는 평양성을 함락한 다음해인 669년, 세 번째는 보장왕의 복국기도가 발각된 681년에 각각 실시되었다. 세 번째 사민은 669년에 집단적으로 끌고 갔다가 677년에 보장왕과 함께 요동으로 귀환시켰던 그 사람들을 다시 옮긴 것이다. 이외에도 668년까지 치렀던 고구려와 당과의 여러 차례 전쟁 과정에서 발생한 포로 가운데 상당수도 당 내지로 끌려갔다.

이처럼 당은 고구려 유민의 대규모 집단 이주 정책을 수차례 실시했고, 또 유민 중에서도 부유하고 강한 상층 집단을 주로 이주시켰으므로 고구려가 재기하는 것을 막으려고 했던 본래의 목적을 충분히 달성할 수 있었다. 끊임없이 저항을 계속했음에도 불구하고 평양성 함락 후 30여 년 지나서야 겨우 고구려를 계승한 발해를 건국할 수 있었던 것, 그것도 고구려의 중심부가 아닌 동모산 일대를 근거로 건국된 것은 바로 당이 실시한 상층 지배층의 집단사민 정책이 매우 효과적이었다는 것을 증명한다.

우리 역사에서 잊혀진 말갈족

여기에서 의문이 생긴다. 왜 보장왕이 말갈과 연합해 복국을 도모했는가 하는 점이다. 말갈은 대조영을 받들어 발해를 세웠다. 그래서 흔히 발해의 지배층은 고구려족, 피지배층은 말갈족이라고 한다. 말갈족은 발해 멸망 이후에는 여진족이라 불렸다. 여진족은 금을 세웠고, 뒤에는 청을 건국했다. 그래서 고구려사와 발해사에서 말갈족을 보면 여러 가지로 혼동이 생긴다. 말갈은 여진이 되고, 여진이 금과 청을 세웠으므로 분명히 우리 민족은 아닌 것 같은데, 우리 민족의 역사 속에서 내부 구성원처럼 움직이고 있기 때문이다

말갈은 신라와의 전쟁에서 고구려군으로 싸웠고, 수·당과의 전쟁에서도 대군이 동원되었으며, 나라가 망한 이후에도 보장왕과 공모해서 복국운동을 일으켰다. 그리고 고구려 유민들과 함께 영주에서 탈출하여 마침내 고구려 계승을 표방하는 발해를 건국했다. 그러면 말갈은 우리 민족인가? 아닌가? 우리 민족이 아니라면 이들이 대다수의 피지배계층을 이루고 있는 발해의 역사는 한국사인가? 아닌가?

'말갈(靺鞨)'이란 종족 명칭은 남북조시대 말경에 역사상 처음 나타났고, 《수서(隋書)》에 처음으로 독립된 열전이 설정되었다. 말갈은 6~7세기 때 만주 일대에서 활약하며 그 존재를 뚜렷이 부각시켰는데, 그 종족 계통과 그 선대(先代)와의 계보 설정에서 논란이 상당하다.

말갈의 계보에 대해 중국 정사에서는 '고대의 숙신, 동한 때에 읍루, 위 대에 물길, 수당 대에 말갈이라 불렸고, 금(金)시기에는 여진(女眞)이라 칭했다고 되어 있다. 그러나 한편에서는 각 명칭 간에 언어적 관련성을 찾기 힘들다는 것과, 거주지역이 일치하지 않는다는 점 등을 들어 직접적인 계보 연결에 무리가 있다고 지적하기도 한다. 특히 숙신과 읍루 및 물길 사이에는 위치뿐 아니라 종족 계통에 대해서도 논란이 심해, 그 역사적 계보 설정에 의문을 더해 준다.

러시아 연해주 체르냐찌노의 발해 고분군. 왼쪽으로 말갈족의 무덤 양식인 흙무덤(토광묘) 떼가, 오른쪽으로 고구려의 무덤 양식인 돌무덤들이 보인다. 이를 통해 발해 백성들인 고구려인과 말갈인이 한데 어울려 살았음을 엿볼 수 있다. 사진제공 : 한국전통문화학교 정석배

　하지만 읍루, 물길, 말갈은 특징적인 문화 요소를 공유하고 있다. 천장에 뚫린 연기구멍으로 사다리를 통해 출입하는 깊고 큰 반지하식 수혈주거(竪穴住居)를 하는 것, 오줌으로 세수를 하는 풍습, 독이 발린 화살촉을 사용하는 습관 등은 확실히 주목되는 공통점이다. 뿐만 아니라 돼지를 많이 기르고 돼지기름, 돈피, 고기 등을 다양하게

이용하며 담비가죽이 특산물인 것에서도 일정한 연관성을 찾을 수 있다. 고대의 종족인 숙신도 동북 변경에 살았고 호시(楛矢)와 석노(石弩)를 사용하는 미개한 종족으로 기록되고 있으므로 이들과 동일 계통의 집단으로 중국사서에서는 간주해 왔다. 따라서 숙신-읍루-물길-말갈이란 전통적인 계보설정이 이루어진 것이다.

그러나 이들에게 공통적인 요소만 있는 것은 아니다. 장례풍습이나 복식 등에서는 상당한 차이가 있다. 하지만 그것은 정보의 차이나 역사 편찬자의 흥미의 차이, 더 나아가 민속·문화, 그것 자체의 시간적 변화에 의거한 것인지도 모른다. 여하튼 이들은 언어나 생계 수단, 의식주 관습 등 여러 면에서 고구려, 부여, 옥저, 삼한 등과는 다른 성격을 가진 존재들이었다.

그런데 고구려 역사에서는 이른 시기부터 숙신과 말갈이 나타난다. 특히 말갈은 수·당대에 이르러 활동이 두드러졌다. 말갈은 고구려 대에 고구려에 속해 있었다. 고구려에서는 말갈만으로 특수부대를 조직해 전쟁에 대규모로 투입했다.

말갈족은 부락 단위로 흩어져 살았으므로 같은 종족에 속한다고 해도 한 번도 통일된 적이 없었다. 이들 부락 가운데 수당 대에 가장 유명했던 것이 백산부, 속말부, 불열부, 호실부, 안거골부, 백돌부, 그리고 흑수부였다. 이 가운데 백산부와 속말부는 각각 백두산과 송화강 유역에 거주하던 말갈로서 일찍부터 고구려 영토 안에 들어왔고, 나머지 부들도 고구려 세력권이 넓어지면서 그 영향권 아래로 들어왔다.

백산말갈은 대부분 고구려군으로 편제되어 수·당의 침입에 맞서 싸웠다. 《구당서》〈말갈전〉에는 "백산부는 본디 고구려에 붙어 있었기 때문에 평양이 함락된 후 부하의 무리들이 많이 중국으로 들어갔다"라고 나온다. 백돌부와 안거골부, 호실부 등은 "고구려가 깨트려진 후 도망가고 흩어지고 미약해져 뒤에 그 소식이 들리지 않다가 발해 성립 후에 그 편호가 되었다"라고 나온다. 그러면서 "오직 흑수부만이 성하여 16부로 나누어졌다"고 한다. 속말말갈은 보장왕을 받들고 고구려 복국을 도모하다가 당에 발각되어 타격을 입었다. 즉 수·당대에 말갈은 흑룡강 부근에 거주하던 흑수말갈을 제외하고는 대부분 고구려인으로 살거나 고구려의 영향권 아래 있었던 것이다.

보장왕이 말갈과 복국을 모의한 이유

고구려 멸망기에 말갈이 당나라군과 끝까지 싸운 것은 이들도 고구려 백성들이었기 때문이었다. 보장왕이 요동으로 돌아와 고구려를 다시 일으키기 위해 말갈과 일을 도모했던 것은 바로 그들이 고구려 백성들이었기 때문이었다. 또 훗날 고구려 계승을 표방하는 발해 건국에 적극 참여한 것은 그들 스스로 고구려민이라는 인식을 갖고 있었기 때문이었다.

그러나 고구려사와 발해사에서 보여준 이러한 활동상에도 불구하고 말갈은 발해 이후 한국사에서 이탈되었다는 이유로 한국사에서 제대로 조명되지 못했다. 오늘날까지도 우리 한국인들의 의식 속에

고구려의 첫 도읍지였던 오녀산성(요령성 본계시 환인현) 동남쪽 장대에서 바라본 비류수. 비류수(혼강)는 고구려 숨결을 품에 안고 과거에서 현재까지 여전히 굽이굽이 돌며 흐르고 있다. ©김기동

깊이 각인되어 있는 단일민족이란 개념은 종족과 개념 혼동을 일으키면서, 한국사 속의 말갈, 고구려사 속의 말갈에 대한 올바른 이해를 불가능하게 했다고 할 수 있다. 여진족 단계에 가서는 우리 민족과 다른 길을 갔지만, 고구려와 발해 시기까지는 말갈족도 당연히 우리 민족사 안에 포함해서 보아야 한다. 그래야만 고구려사와 발해사에서의 말갈족의 성격을 정확히 파악할 수 있고, 그래야만 말갈족

을 우리와 관계없는 이민족이라고 보면서 발해사를 우리 역사라고
주장하는 모순을 극복할 수 있다.

역사의 조연에서 당당한 주연으로

보장왕 사망 당시 당의 수도는 장안, 지금의 중국 섬서성 서안시
다. 보장왕은 공주에서 죽었으나 황제의 명령으로 수도 장안으로 옮
겨져, 당에 항복한 돌궐 가한 힐리의 무덤 왼쪽에 묻혔다. 길림성의
한 학자가 서안시 외곽 파하구 고채촌에 보장왕의 무덤이 있다고 하
여 관심을 끈 적이 있다. 2006년 여름, 보장왕의 무덤이라고 거론되
는 곳을 답사했다. 벽돌공장이 바로 앞에 있어 미세한 입자의 모래
먼지가 걸을 때마다 노랗게 피어올랐다.

봉분과 무덤방이 거의 다 깎이고 패여 그것이 정말 무덤이었는지
조차 의심스러울 정도였다. 사료에는 무덤 앞에 비석을 세웠다고 나
오지만, 지금은 흔적도 남아 있지 않다. 장안이나 낙양에서 고구려
유민들의 묘지석이 여러 개 발견됐고, 묘지명도 다수 알려졌지만 보
장왕의 것은 아직까지 전혀 나오지 않았다. 결국 이곳도 보장왕의
무덤이라고 볼 수 있는 결정적인 증거는 없는 셈이다. 하지만 1960
년대에 이 주변을 발굴 조사할 때 참여했다고 주장하는 현지 주민은
이곳이 보장왕의 무덤이라고 단언을 했다. 만약 그의 증언이 옳다면
보장왕의 유택은 너무나 스산하다고밖에 표현할 길이 없다.

재위 기간 동안 줄곧 연개소문의 그늘에 가려 있던 보장왕은 결국

패망국의 왕이란 오명을 썼다. 보장왕은 인생의 끝자락에서 처음으로 스스로 고구려 역사의 주연이 되어 복국을 도모하고자 했지만, 그것도 사전에 발각되어 실패하고 말았다. 유배지에서 죽음을 맞이한 후에도 당 황제의 위업을 보여주는 증거물로서 그와 똑같이 당에 항복한 돌궐의 힐리 가한과 나란히 묻히는 비운의 왕이 되었다. 그러나 비록 실패하긴 했지만, 나라를 되살리려는 보장왕의 노력은 고구려의 자존심과 함께 자신의 명예도 끝내 유지했다. 보장왕은 역사의 조연에서 당당한 주연이 된 것이다.

고구려왕의 이름은 어떻게 지어졌을까?

고구려 27대왕인 영류왕의 이름은 건무(建武), 또는 성(成)이라 한다. 다른 왕의 경우, 왕의 서거를 알리는 기사 뒤에 왕호를 '무슨 무슨 왕이라 했다'라고 밝힌다. 왕이 사망한 후 차기 왕이 즉위해 전왕의 시호를 정하기 때문이다. 하지만 보장왕은 마지막 왕이기 때문에 시호가 없었다.

그런데 영류왕 본기에 왕호를 무엇으로 했다는 내용이 나오지 않기 때문에 '영류왕' 또한 시호가 아니라 이름이라고 보는 학자도 있다. 보장왕 즉위년조에 영류왕을 '건무왕'이라고 적어놓은 것도 의아하다. 이에 따라 영류왕은 연개소문에게 시해됐기에 묘호(廟號)가 없었으며, 후에 능묘가 있는 곳 이름을 따서 '영류왕'이라고 했다는 견해도 나왔다. 영류산에 묻었기 때문에 영류왕이라고 불렀다는 것이다.

물론 고구려의 경우 왕이 묻힌 곳, 즉 장지명을 왕호로 하는 경우가 많았다. 모본왕, 고국천왕, 산상왕, 동천왕, 중천왕, 서천왕, 미천왕, 고국원왕, 소수림왕 등이 그렇다. 광개토왕은 《삼국사기》에는 '광개토왕'이란 왕호로 돼 있지만, 광개토대왕비에는 '국강상광개토경평안호태왕(國罡上廣開土境平安好太王)'이라고 나온다. '나라의 언덕 위에 묻히신, 땅을 널리 열었고, 백성들을 평화롭고 안정되게 만들어주신 좋은 태왕'이란 뜻이다. 광개토왕의 시호에는 묻힌 곳뿐 아니라 업적, 존칭, 미칭이 다 들어 있는 것이다. 지금은 관련 기록이 남아 있지 않기에 간결한 왕호만 남아 있지만, 광개토왕비에 남은 전체 이름을 보면 다른 왕들도 이런 식으로 시호를 지었을 가능성이 있다.

그러나 현재 사서에 남아 있는 시호로만 보면, 광개토왕 대부터는 시호에 변화가 생긴다. 왕의 업적이나 특징으로 시호를 지은 것이다. 광개토왕, 장수왕, 문자왕이 그렇다. 광개토왕은 이름 그대로 땅을 넓게 연 왕이었고, 장수왕은 업적도 많이 남겼지만 특히 장수했다는 점이 두드러졌다. 문자명왕 대에는 이전에 비해 문치적인 면이 강했던 것 같다. 사실 문자왕 대에 이르면 건강하고 야성적인 성격이었던 고구려 문화가 매우 우아하고 세련되게 변해 간다.

그러다가 안원왕, 양원왕, 평원왕 대에는 다시 묻힌 곳을 표시하는 왕호로 돌아갔다. 편안한 언덕, 볕 좋은 언덕, 평평한 언덕에 묻힌 왕이라는 식이다. 따라서 영류왕은 시해되었으므로 왕호가 없었고, 뒤에 묻힌 산 이름을 따서 영류왕이라고 했다는 견해가 꼭 옳다고 할 수는 없을 것 같다.

중국 길림성 집안에 있는 장군총. 광개토왕의 무덤이냐, 장수왕의 무덤이냐를 놓고 의견이 분분하지만 고분의 유품이 모두 도굴당한 상황에서 그것을 판단하기는 어렵다. 장수왕은 업적도 많이 남겼지만, 특히 오래 살았다는 이유로 '장수왕' 이라는 왕호가 붙었다.

김현숙 경북대학교에서 박사학위를 받았고 현재 동북아역사재단 연구위원 재직 중이다. 고구려연구재단 연구위원 역임했고, 서울교대에서 학생들을 가르치고 있다. 지은 책으로 《고구려 영역지배 방식》, 공동 저서로는 《다시 보는 고구려사》, 《고구려 문명기행》, 《고구려의 역사와 문화》 등이 있다.

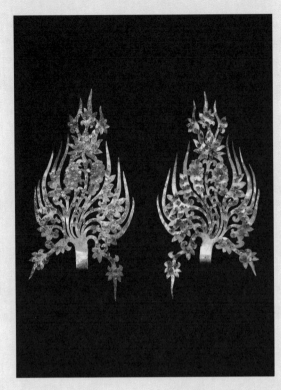

공주 무령왕릉에서 출토된 왕의 금제관장식.

백제의 마지막 왕, 의자왕은 우리의 예상과는 달리 망국의 책임을 지고 당나라로 압송된 지 며칠 만에 갑자기 사망한다. 당나라 고종은 의자왕에게 금자광록대부 위위경이라는 벼슬을 내리고, 특별히 예전 신하들이 조문하는 것을 허락한다.

그러나 의자왕은 오나라의 패주였던 손호와 남북조 시대 진나라의 마지막 왕 진숙보와 나란히 묻힌다. 나라를 망친 군주들과 함께 묻혔으니, 의자왕은 죽어서도 망국의 군주라는 불명예와 후세 사람들의 비난을 끝까지 짊어질 수밖에 없었다.

백제 말기의 향락과 사치, 삼천궁녀로 왜곡된 낙화암 전설 등을 통해 의자왕은 점점 부정적인 이미지로 굳어졌다. 외교전에 능했고 효와 도덕을 강조해 한때 '해동의 증자'로 불렸던 의자왕의 실제 모습은 어땠을까?

저문 백마강에 오명을 씻고
삼천궁녀의 전설에 묻힌 의자왕

치욕이 대물림되다

서기 660년 7월 12일, 소정방이 이끄는 당나라 13만 대군과 김유신이 이끄는 신라군 5만은 백제의 도읍지인 부여를 함락시키기 위한 대규모 협동작전을 펼친다. 백제에서는 상좌평을 시켜 많은 음식을 보내고, 왕의 서자인 부여궁이 친히 좌평 여섯과 함께 나와 죄를 청했지만 소정방은 이를 모두 거절한다.

7월 13일, 더는 물러설 곳이 없음을 알게 된 의자왕(義慈王. ?~660)은 몇몇 측근과 함께 몰래 사비성을 빠져나와 웅진성으로 도주한다. 그때가 음력으로 13일이니 밤에는 달이 무척 밝았을 테고 적에게 발각되지 않기 위해 육로보다는 수로를 이용해서 도망쳤을 것이다. 지금도 부여의 부소산성과 공주의 공산성이 물길로 연결되어 있는 것을 보면 당시에도 수로를 이용했을 가능성이 크다. 의자왕은 나당

수북정에서 바라본 백마강과 부소산. 백마강은 금강 중·하류의 다른 이름이다. 보통 부소산 아래에서 규암면 수북정이 있는 곳까지를 말하며 백제 당시에는 '사비하'라 불렸다.

연합군이 수도 사비성을 포위해 오자 일단 부소산성으로 몸을 피한 다음 어둠을 틈타 공주의 공산성으로 피신한 것 같다. 이때 의자왕을 따르던 후궁들 중 몇은 죽음을 면치 못할 것을 알고 낙화암에서 몸을 던졌을지도 모를 일이다.

　의자왕이 태자 효를 데리고 웅진성으로 피난을 가자 사비성은 완전히 구심력을 잃어버린다. 게다가 태자 효의 아들인 문사가 자신을 따르던 무리를 데리고 성 밖으로 나가버리는 일까지 벌어진다. 이러한 지배층의 이탈은 백제 군사들의 사기를 크게 떨어뜨렸고, 민심의 동요를 더욱 부채질했다. 결국 의자왕의 아들 부여융은 대좌평 사택천복 등과 함께 성문을 열고 나와 나당연합군에게 항복하고 말았다.

훗날 신라의 문무왕이 되는 법민은 의자왕의 아들 부여융을 말 앞에 꿇어앉히고 얼굴에 침을 뱉으며 꾸짖었다. "예전에 네 아비가 나의 누이를 죽여서 옥중에 파묻은 일이 있다. 그 일로 나는 20년 동안 마음이 아팠다. 오늘 네 목숨은 내 손에 달렸다." 부여융은 땅에 엎드려 아무런 말이 없었다고 한다.

옛날 부여융의 선조인 개로왕이 고구려의 공격을 받아 한성이 함락되었을 때도 이와 비슷한 일이 있었다. 개로왕이 포위망을 뚫고 몰래 도망가다가 생포되었는데 그때 고구려 장수가 개로왕의 얼굴을 향해 세 번 침을 뱉고는 살해한 것이다. 백제 멸망의 순간, 다시한번 그때의 치욕을 후손도 겪게 된 것이다.

사비성 함락 이후 닷새가 지난 7월 18일에는 공주에 피신해 있던 의자왕이 태자 효와 웅진방령을 거느리고 웅진성에서 나와 항복을 한다. 의자왕이 웅진성에서 끝까지 저항하지 못한 것은, 웅진방령인 이식이 사비성이 함락되자 대세를 돌이킬 수 없다고 판단하고 나당연합군에 항복했기 때문이다. 의자왕은 변변한 저항도 못해 보고 나당연합군에 항복하는 비운을 맞이했다.

의자왕이 항복했다는 소식을 들은 신라 무열왕은 직접 부여로 가서 소정방과 함께 의자왕의 항복 의례를 받는다. 그때가 8월 2일의 일이니 《삼국사기》는 당시의 모습을 다음과 같이 기록한다.

왕이 크게 잔치를 베풀고 장사들을 위로할 새, 왕과 소정방 및 여러 장군들은 당상에 앉고 의자왕과 그 아들 부여융은 당하에 앉혀서 혹은 의자로 하여금 술잔을 치게 하니, 여러 신하들이 목이 메어 울지 아니하는 자가 없었다.

싸움에는 승패가 있고 승자와 패자의 처지는 이처럼 하늘과 땅 차이가 나게 마련이다. 그 후 당나라 장군 소정방은 부장 유인원에게 군대 1만으로 사비성을 지키게 하고는 의자왕 등 여러 왕자와 귀족 1만 2천여 명을 당나라 수도 장안으로 압송했다. 당나라에 압송된 의자왕은 11월 1일에 태자 융 등 왕자 13명, 대좌평 사택천복, 국변성 이하 37명 등 모두 50여 명과 함께 당나라 황제 고종을 알현했는데, 당 고종은 그들을 보고 꾸짖기만 하고 용서했다고 한다.

승자의 역사에 묻힌 의자왕

당나라로 간 의자왕이 얼마 후 갑자기 사망한 이유가 무엇인지는 알 길이 없다. 의자왕이 독살될 만한 특별한 이유가 없기 때문에 아마도 노환이나 여행의 피로, 나라를 망쳤다는 자괴감 등이 그 사인이 되었던 것 같다. 《삼국유사》에 "(당 고종이) 손호와 진숙보의 무덤 옆에 장사지내게 하고 모두 비를 세워 주었다"라고 한 것으로 보아 의자왕도 낙양의 망산에 묻혔을 가능성이 크다.

의자왕은 사망 후 줄곧 패망한 왕조의 마지막 임금이라는 가혹한

중국 낙양 북망산 모습. 낙양 북망산은 사람이 죽으면 묻히는 곳으로 인식되던 곳이다. 망산은 실제 '산'이라기보다는 구릉이 있는 넓은 들판에 가깝다. 저 넓은 옥수수 밭 사이에 의자왕의 무덤이 있을 것이다.

역사의 평가를 받아 왔다. 백제 멸망의 책임이 모두 의자왕에게 지워졌고, 부정적으로 왜곡되어 후세 사람들의 입에 오르내렸다.

지금도 의자왕은 많은 사람들에게 백제를 망친 군주로 기억된다. 그러나 의자왕은 어려서 부모에 대한 효심이 지극하고 형제와의 우애가 돈독하여 '해동의 증자'로 칭송되기도 했다. 왕으로 즉위한 후에는 왕권을 강화하고 신라와의 전쟁에서 주도권을 확보하는 등 백제의 어느 왕들보다 왕성한 정치·군사적인 활동을 했다. 보통 백제 멸망의 원인을 의자왕의 사치와 방종, 백제 귀족 사회의 분열, 빈번한 전쟁으로 인한 국력의 피폐 등으로 설명한다. 그중에서도 특히 의자왕의 사치와 방종은 삼천궁녀로 상징되어 수많은 사람들의 머릿속에 더욱 깊이 각인된 것이 사실이다.

하지만 의자왕의 폭정과 문란만을 백제 멸망의 이유로 내세우는 것은 역사적인 시각이 아니다. 역사학이라는 학문은 기본적으로 과거의 기록에 근거해서 당시의 시대상을 재구성한다. 그러나 남겨진 역사는 승자의 기록이라는 점을 생각해 볼 필요가 있다. 그렇기 때문에 현재 우리에게 남겨진 역사 기록을 대할 때는 반드시 사료 비판이 뒤따라야 한다. 또한 백제의 멸망 과정에 당이라는 커다란 제국이 깊숙이 개입되어 있었기 때문에 당시의 국제 정세에 대한 깊이 있는 이해도 있어야 한다.

해동 증자로 불린 태자 시절

의자왕은 무왕의 맏아들로 그의 출생 시기나 어머니가 누구인지에 대해서는 정확히 알려진 바가 없다. 다만 아들인 부여융이 615년에 출생했다는 묘지명의 기록이 있어 가장 이르게 잡아도 590년대 중반에서 600년 전후에 태어났을 것으로 생각된다. 그런데 의자왕의 어머니에 대해서 약간의 논란이 있다. 의자왕의 아버지 무왕은 서동으로 알려진 인물로 신라 진평왕의 딸 선화공주와 결혼한 사람이다. 그렇다면 의자왕은 무왕과 선화공주 사이에서 태어난 사람일까? 다른 반대 사료가 없는 이상 일단 믿어야 한다는 주장도 있지

만, 아무런 근거가 없기 때문에 모르는 상태로 두어야 한다는 견해
도 있다. 만약 의자왕의 어머니를 선화공주로 본다면, 당시 백제와
신라와의 관계가 끊임없는 전쟁 상태였기 때문에 의자왕은 귀족 세
력의 견제와 공격으로 왕권에 위협을 느꼈을 것이다.

의자왕은 632년에 태자로 책봉된다. 나이 마흔 정도가 되어서야
비로소 태자의 자리에 오른 의자왕의 태자 책봉 과정은 그리 순탄치
않았을 것이다. 그럼에도 불구하고 의자왕이 태자로 책봉되고 왕으
로 즉위할 수 있었던 것은 한없는 인내심과 노력이 있었기 때문이
다. 《삼국사기》〈백제본기〉에 이런 기록이 있다.

"의자왕은 무왕의 원자로 용감하고 담력과 결단성이 있었다. 무
왕 재위 33년(632년)에 태자에 책봉되었는데, 어버이 섬기기를 효도
로써 하고 형제간에 우애가 있어 당시에 해동 증자로 불렸다."

증자는 춘추시대 노나라 사람으로 공자의 제자다. 증자는 효(孝)
와 신(信)을 도덕 행위의 근본으로 이해했으며 《효경(孝經)》을 지은
사람이라는 주장도 있다.

이처럼 의자왕은 '해동의 증자'로까지 칭송되었고 또 아들의 이름
을 효(후에 태자가 됨)라고 지을 정도로 효 도덕을 강조한 인물이었다.
이는 의자왕의 유교 정치사상이 보다 강조되었음을 알려주는 것이
다. 의자왕의 이러한 유교 정치사상의 강조는 아버지인 무왕의 영향
이 컸던 것 같다. 무왕이 의자왕을 당나라에 보내 당의 국학에 입학

시켰던 것을 보면 무왕은 유학에 깊은 관심을 가지고 있었고, 그런 관심이 자연스럽게 의자왕에게도 영향을 미쳤을 것이다.

유교 사상을 활용해 왕권을 강화하다

의자왕은 약화된 왕권을 재확립하고자 유교 사상을 강조했다. 이는 당시의 귀족 중심 정치 운영체제와 마찰을 빚었다. 의자왕 2년에 일어난 한 사건은 왕권을 강화하려는 의자왕과 귀족 중심의 정치 운영을 그대로 유지하려는 세력 간의 갈등을 잘 보여준다.

백제 조문 사절의 종들이 말하기를 "……금년 정월에 왕의 어머니가 돌아가셨다. 또 동생 왕자의 아들 교기와 그 어머니의 여동생이 자식 네 사람과 내좌평 기미, 그리고 이름 높은 인사 40여 명이 섬으로 추방당했다"고 했다.

《일본서기》에 나오는 기록이다. 이를 통해 의자왕 2년(642년)에 동생 왕자의 아들 교기와 내좌평 기미를 비롯한 이름 높은 인사 40여 명이 섬으로 쫓겨났음을 확인할 수 있다. 여기서 '이름 높은 사람'은 바로 최고 귀족 회의체의 구성원으로서 정치 핵심에 관여하던 일부 귀족 세력을 말한다. 이 기록은 의자왕 즉위 초반에 백제 지배층 내에 한 차례의 커다란 정변이 있었음을 짐작할 수 있게 한다.

왕의 어머니가 돌아가신 사건을 계기로 발발한 이 정변에서 의자왕이 그 핵심 역할을 했다는 점이 주목된다. 앞서 말한 대로 왕의 어머니가 누구인지는 명확치 않지만 그 어머니는 무왕이 사망한 후 의자왕에게 압력을 가할 수 있는 유일한 사람이었다. 의자왕이 어머니가 죽은 뒤에 정변을 단행한 것은 어머니가 귀족회의체 구성원과 긴밀한 관계가 있었고, 자식들 또한 권력의 중추에 있었다고 예상할 수 있다. 그런 점에서 이 정변에서 숙청 대상이 된 사람들은 다름 아닌 무왕 대에 성장한 외척을 중심으로 한 귀족 세력이었을 것이다. 의자왕은 왕권 중심의 국정 운영체제를 재정립하고자 이들 외척 세력을 섬으로 추방했고, 이러한 의자왕 초년의 정치적 변혁은 일정한 성공을 거두었던 것 같다.

이후 의자왕은 당나라에 여러 차례 조공을 하며 공존 관계를 모색하고 왜와는 우호를 다지는 등 외교적인 측면에서도 활발한 활동을 전개한다. 특히 통치력을 발휘해 고구려와 화친하여 신라에 대한 군사적인 압박을 가했다. 그러한 의자왕의 활동에서 가장 두드러진 성과는 역시 신라에 대한 군사적 공격이었다.

의자왕, 신라를 압박하며 통치력을 발휘하다

의자왕은 정변을 단행한 직후 같은 해 7월, 친히 군사를 이끌고 신라를 공격해 미후성 등 40여 성을 함락시킨다. 또 8월에는 장군 윤충을 보내 신라의 대야성을 공격한다. 대야성은 지금의 경남 합천으로 한때 대가야의 중심지이자 백제와 신라가 서로 국경을 접하고

부여 금성산에서 바라본 시가지 모습. 백제의 마지막 도읍인 부여 시가지의 모습이다. 당시 부여 시내는 5부로 나뉘어져 1만여 가구가 거주했다고 한다.

있는 최전방 요충지였다. 신라 태종 김춘추는 사위 김품석을 보내 대야성을 지키게 했다. 백제의 장군 윤충이 군사 1만 명을 이끌고 대야성을 공격하니 성주 김품석이 처자와 함께 나와 항복했다. 윤충은 이들의 머리를 잘라 왕도인 사비 도성으로 보내는 한편 남녀 천여 명을 포로로 잡았다.

　이 사건이 바로 앞서 언급됐던 신라의 태자 법민이 부여융에게 굴욕을 주며 내뱉은 20여 년 전의 사건이다. 김품석의 아내가 김춘추의 딸이자 법민의 누이였기 때문에 커다란 원한으로 남아 있었던 것이다.

의자왕은 정변 후 백제 지배층의 내부적 혼란을 수습하기 위해서 국가적인 관심을 대외 전쟁으로 돌릴 필요가 있었다. 몸소 군사를 이끌고 전쟁에 나가 신라와의 전투에서 크게 승리했다. 이러한 군사적인 승리는 의자왕 통치 초반의 정치 안정에도 크게 기여했고, 그 후 통치력을 발휘하는 기반이 되었다.

한편, 의자왕 3년(643년)에는 고구려와 화친한 다음 당항성을 공격하여 신라가 당나라로 가는 길목을 차단시키고자 했다. 당항성은 지금의 경기도 화성시 남양면에 위치한 곳으로 신라와 당나라가 해로로 연결되는 중요한 요충지였다. 신라의 선덕여왕이 급히 당나라에 사신을 보내어 군사를 요청하자 의자왕은 군사를 거둔다. 또한 재위 15년인 655년에는 고구려, 말갈과 연합해 신라 북쪽 변경의 30여 성을 빼앗기도 한다. 이처럼 의자왕은 국제 관계의 흐름을 파악하여 백제의 영역과 국제적인 입지를 넓히는 등 대외적인 측면에서도 통치력을 발휘했다. 그러나 신라에 대한 지나친 압박은 오히려 신라의 친당 외교정책을 부추겨 결국 나당연합을 이루는 계기가 됐다. 그 결과 삼국과 적당한 거리를 두는 외교관계를 유지하던 당나라가 신라를 지원하는 방향으로 선회하게 된 것이다. 당나라의 이러한 태도 변화는 백제를 비롯한 고구려와 왜에게 커다란 위협이었다.

자국의 이익을 위한 삼국의 치열한 외교전이 전개되다

백제가 멸망하는 의자왕 대는 중국과 삼국, 일본 등 동아시아 국제 질서에 새로운 변화가 일어난 시기였다. 7세기 중엽 국제 관계의 변화를 이해하기 위해서는 그 이전에 형성되어 내려오던 한반도와 중국, 일본 사이의 국제 관계를 잠시 살펴볼 필요가 있다. 이러한 국제 관계에 대한 이해야말로 백제 멸망의 원인이나 의자왕 개인에 대한 올바른 평가에 필수적인 요소가 되기 때문이다.

백제 멸망 시까지 이어진 백제와 신라의 대립은 551년과 554년에 있었던 사건에서 시작된다. 551년 백제와 신라는 서로 힘을 합쳐 당시 고구려가 점유하고 있던 한강 유역을 공격해 이를 차지했다. 백제 성왕은 신라와의 동맹을 통해 오랫동안 염원해 오던 한강 유역을 차지할 수 있었는데, 백제는 한강 하류의 6군을 차지하고 신라는 한강 상류지역 10군을 소유하기로 사전에 협약했다. 그런데 553년 7월 신라는 백제가 점령하고 있던 한강 하류 유역을 기습적으로 탈취하는 사건이 벌어진다. 이에 격분한 백제 성왕은 554년 7월 가야군과 합세해 신라를 공격하지만 성왕이 관산성(지금의 충북 옥천) 전투에서 전사하고 만다. 동맹은 결렬되고 양국은 적대 관계로 변해 백제는 이후 신라를 한강 하류 유역의 회복을 위한 최대의 적으로 생각하며 수시로 공격한다. 특히 관산성 전투에서 백제 성왕이 죽은 사건은 위덕왕, 무왕, 의자왕 등 후대의 왕들에게 반드시 복수해야만 할 충격적인 사건으로 받아들여졌다. 한편 고구려는 지도층의 내분과 돌궐 등에 의한 서북부 국경 지대의 압박을 우선적으로 해결해야 했기 때문에 한강 유역을 포기할 수밖에 없었다.

이후 고구려, 백제, 신라 삼국은 서로 합종연횡하면서 자국의 이득을 극대화하기 위해 활발한 외교전을 전개한다. 삼국은 6세기 후반 이후가 되면 한반도의 문제를 중국에 의존해 해결하려는 경향이 보다 강해지는데, 특히 589년 수나라의 중국 통일과 618년 당나라의 성립 등 거대한 통일 제국의 출현은 한반도를 비롯한 동아시아 국제 관계에 가장 중요한 변수가 된다. 수나라의 통일은 국경을 접하고 있었던 고구려에게 가장 큰 영향을 미쳤다. 이에 고구려는 군량미를 준비하고 무기를 수리하면서 수나라의 침략에 대비한다.

백제도 이러한 변화된 상황에 새롭게 대처하기 위해 수나라에 사신을 보내 조공을 하고, 또 좌평을 보내 고구려의 토벌을 요청하기도 한다. 또한 고구려의 빈번한 공격으로 어려움을 겪고 있던 신라도 수나라에 대한 적극적인 외교를 전개한다. 신라 진평왕은 재위 30년(608년)에 원광법사에게 수나라에 군사를 요청하는 표를 쓰게 하고, 또 33년(611년)에는 왕이 직접 글을 써서 수나라에 사신을 보내기도 했다.

이처럼 백제와 신라는 서로 싸우면서도 고구려를 견제하기 위해 수나라에 사신을 파견했다. 특히 백제는 598년 수나라 문제에게 사신을 보내 수나라가 고구려를 공격하면 자신들이 안내를 맡겠다고 제안하기도 하고, 607년 수양제에게 고구려 토벌을 요청해 결국 허락을 받아내는가 하면, 611년에는 고구려를 공격할 시기까지 물으며 서로 돕기로 약속한다. 그러나 백제는 612년 수나라가 고구려를 공격할 때 "백제는 안으로 가만히 고구려와 통했다"는 기록이나 "백제는 말로는 수나라 군대를 돕는다고 하면서도 사실은 두 마음을 지니고 있었다"는 기록에서 보듯이 수나라와의 약속을 그대로 이행한 것이 아니라 자국의 이익을 계산하면서 나름대로 독자적인 행보를 취하고 있었다.

요동치는 국제 정세 속에서

이처럼 삼국은 수나라의 등장 이후 변화된 상황에 다양하게 대처하고 있는 가운데 마침내 수나라는 고구려의 공격을 단행한다. 그러나 수는 무리하게 고구려를 공격하다가 얼마 가지 않아 멸망하고, 뒤이어 당이 중국을 통일한다. 당은 630년에 동돌궐을 와해시켜 북방을 안정시킨 다음 고구려에 대한 강경책을 본격적으로 실시한다. 고구려는 이미 수나라 때부터 경계의 대상이었고, 또 당에 필적할 만한 국력을 가진 나라였기 때문이다. 이에 고구려는 당에 유화적인 외교정책을 쓰면서 다른 한편으로 장성을 축조하는 등 대비책을 강구한다. 당나라는 640년 고창국을 멸망시키고 안서도호부를 설치한 다음부터 고구려에 대한 정벌 의도를 더욱 강하게 드러낸다. 그리하여 당 태종은 645년과 647년, 648년 세 차례에 걸쳐 고구려 정벌을 위한 요동 출정을 감행했다.

신라를 압박해 대야성까지 함락시키며 신라의 수도인 경주로 공격할 수 있는 거점을 확보한 의자왕의 기세가 오르자, 신라의 선덕

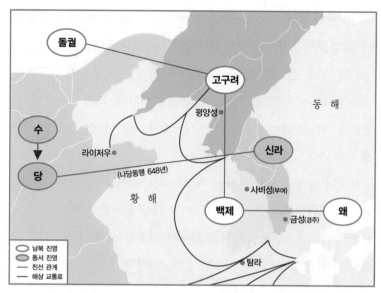

7세기 중엽 국제 정세 개념도. 650년 무렵 동아시아 세계는 고구려-백제-왜 연합과 신라-당의 연합이 대립하는 구도가 형성된다. 그 후 신라가 백제 · 고구려를 멸망시키고 당나라 군대가 한반도에서 물러나는 676년까지를 보통 통일 전쟁기라고 부른다.

여왕은 김춘추를 고구려에 보내 원군을 요청한다. 그러나 당시 고구려의 실권자인 연개소문은 신라가 553년에 점령한 한강 유역을 되돌려 줄 것을 조건으로 내걸었기 때문에 김춘추는 결국 뜻을 이루지 못하고 빈손으로 돌아온다. 신라는 647년에 김춘추를 왜로 보내 백제를 견제하기 위한 원병을 요청하지만 이 교섭도 이렇다 할 성과를 거두지 못한다.

고구려와 왜로부터 원군을 얻는데 실패한 김춘추는 648년 아들 문왕과 함께 당에 가서 당 태종에게 군사 원조를 요청하기에 이른다. 이 시기 고구려를 배후에서 견제해 줄 수 있는 세력을 모색 중이던 당 태종은 신라의 요청을 받아들이고 이로써 맺어진 것이 나당동맹이다. 이후 신라는 김춘추의 맏아들 법민을 당에 들여보내 숙위(宿衛. 외교의 한 방편으로 볼모로 보내던 관행)시키고, 독자적인 연호 사용을 중단하고 당의 연호를 쓰기 시작했다. 신라의 충실성을 보여주기 위해 관복도 당의 것으로 바꿨다.

상황이 이렇게 되자 백제는 의자왕 13년(653년)에 왜국과의 우호 관계를 재확인하고, 재위 15년(655년)에는 대사 달솔 여의수, 부사 은솔 조신인을 비롯한 100여 명을 왜에 사신으로 파견한다. 한편 왜는 백제와 긴밀한 관계를 가지면서 고구려와도 우호 관계를 다진다. 고구려가 656년에 대사 달사와 부사 이리지 등 총 81명을 왜에 사신으로 파견하자, 그 답례로 대사 가시와데노 오미 하쓰미[膳臣葉積] 등 대규모 사신단을 고구려에 파견한다. 왜가 고구려에 사신을 파견한 것은 백제-고구려의 군사 연합에 접근하기 위한 외교적인 움직임이었다. 이로써 650년대 동아시아 세계는 고구려-백제-왜로 연결되는 세력권과 신라-당의 연합이 대립하는 구도가 형성되기에 이른다.

요동 출정의 실패, 이어진 신라와의 동맹은 당나라로 하여금 고구려에 대한 공격 전략을 수정하게 한다. 당나라는 이제 대규모적인 단기전으로는 고구려를 공략할 수 없다는 것을 깨닫고 소규모 부대를 고구려의 변경 지역에 간헐적으로 투입하여 국력을 서서히 피폐하게 만드는 전술을 구사하기 시작한다. 또한 강력한 제2전선을 고구려 남부 국경지대에 구축해 그 방어력을 양분시키는 전술에 주목

한다. 당의 이러한 전술 변화는 640년 이후 백제의 빈번한 공격을 받아 온 신라도 바라는 바였다. 그리하여 660년, 당과 신라는 백제를 공격한다.

전쟁이 시작되다

660년 3월 백제 공격의 명을 받은 당나라 장군 소정방은 산동 반도의 내주(萊州)를 출발한다. 이에 신라의 태종 무열왕은 660년 5월 26일 김유신 등과 함께 군사를 거느리고 경주를 출발하여 6월 18일 경기도 이천의 남천정에 집결한다. 무열왕이 백제를 공격하기 전에 남천정으로 행차한 것은 백제군의 작전에 혼란을 주고 동시에 각 지역의 군사 동원 체제를 점검하기 위한 것이었다. 660년 6월 21일 당나라 군대가 마침내 덕물도(지금의 덕적도)에 도착한다. 당군이 덕물도에 도착했다는 보고를 받은 무열왕은 태자 법민을 보내 소정방을 맞이하여 군사 전략 협의를 시작한다. 이때 소정방과 법민은 7월 10일에 사비 남쪽에서 양군이 서로 만나 사비성을 합동으로 공격한다는 전략을 세운다. 이처럼 연합 작전의 기일이 정해지자 무열왕은 김유신에게 군사 5만을 주어 당나라군과 접선하게 했다.

나당 연합군이 육로와 해로를 통해 공격해 온다는 소식을 들은 의자왕은 신하들을 모아 놓고 대응책을 논의한다. 이때 논의된 내용은 크게 두 가지였다. 그 하나는 당군을 먼저 막을 것인가 신라군을 먼저 막을 것인가 하는 문제였고, 다른 하나는 당군과 신라군을 어디

부여 나성 모습. 부여 시가지의 외곽에는 도읍을 방어하기 위해 흙과 돌을 이용하여 쌓은 나성이 있다. 그 길이가 약 6.5킬로미터에 달하지만 아무리 튼튼하게 쌓은 성곽도 지도층의 내분 앞에서는 무용지물에 불과했다.

에서 막을 것인가 하는 문제였다. 어느 쪽 군대를 먼저 막을 것인가에 대해 좌평 의직은 당군이 멀리서 와서 피로해 사기가 꺾였을 것이므로 선제공격을 하면 신라군도 감히 진격하지 못할 것이라고 했다. 반면 달솔 상영은 멀리서 온 당나라 군대는 속전속결을 원하기 때문에 그 기세를 꺾기 어려우니 먼저 신라를 쳐서 그 기세를 꺾고 당군의 진격로를 막아 그 피로함을 기다리면 승리를 거둘 수 있다고 했다. 하지만 이들은 나당 연합군이 코앞까지 밀어닥친 현실을 외면하고 어느 쪽을 먼저 칠 것인가에 대한 논란만 했지 어디에서, 어떻게 막을 것인가에 대한 구체적인 전략은 내놓지 못하고 있었다.

의자왕에게는 당군을 어디에서 막고, 신라군을 어디에서 저지해야 하는지가 더욱 중요한 문제였다. 이 문제에서 흥수와 대신들 사이에 의견이 엇갈린다. 지방으로 귀양 가 있던 좌평 흥수는 왕의 부름을 받고 자신의 견해를 말했다.

"당나라 군대는 이미 수도 많고 군기도 엄하며 더구나 신라와 더불어 앞뒤로 서로 호응하는 형세를 이루고 있습니다. 만약 평지와 너른 들판에서 대적하면 승패를 알 수 없을 것입니다. 백강과 탄현은 우리나라의 요충지로서 한 사람이 창을 가지고 지키면 만 명도 당할 수 없는 곳입니다. 마땅히 용감한 병사들을 뽑아서 지키게 하여 당나라 군대가 백강에 들어오지 못하게 하고, 신라 군대는 탄현을 넘지 못하게 한 다음 대왕께서는 성을 굳게 닫고 지키면서 저들의 군량이 떨어지고 군사들이 피곤해지기를 기다린 연후에 힘을 떨쳐 치면 반드시 격파할 것입니다."

즉 흥수는 당나라 군사는 백강에 들어오지 못하게 하고, 신라 군사는 탄현을 통과하지 못하게 막아야 한다는 의견을 내 놓은 것이다. 이 견해는 옥사하면서 앞날을 예견하며 전략을 제시한 바 있는 성충의 견해와 거의 같았다.

5천이 5만을 대적하다

이에 대해 백제 조정의 대신들은 당나라 군사가 백강으로 들어오면 강을 따라 배가 나란히 가지 못하고 신라 군사도 탄현을 넘으면 좁은 길 때문에 말을 나란히 할 수 없다고 하면서 당군은 백강에 들어오게 하고, 신라군은 탄현을 넘게 하자고 제안했다. 대신들은 흥수의 견해가 옳았지만 정치적으로 그와 대립하는 입장에 있었기 때문에 이러한 주장을 펼쳤고, 마침내 의자왕도 대신들의 견해를 따른다. 그러나 의자왕과 신하들이 논의만 분분히 하는 동안 당군과 신라군은 이미 백강과 탄현을 통과해 버렸다. 이로써 백제는 전략다운 전략을 써볼 겨를도 없이 나당 연합군의 공격을 맞이하고 만다.

신라군과 당군이 탄현과 백강을 지났다는 소식을 들은 의자왕은 계백 장군으로 하여금 5천의 결사대를 거느리고 황산벌에 나가 신라군과 싸우게 했다. 계백은 황산벌로 나아가기 전에 "한 나라의 인력으로 나당의 많은 군사들을 맞이하니 나라의 존망을 알 수가 없다. 내 처자가 잡혀 노비가 될지도 모르니 살아서 욕을 보는 것보다 내 손에 죽는 것만 같지 못하다"고 말하고, 그 처자를 다 죽이고 비장한 각오로 전장에 나갔다.

또 여러 사람들과 맹세하며 "옛날 월나라 임금 구천은 5천 명으로 오나라의 7만 군사를 무찔렀다. 오늘은 모두 다 전장에 나아가 죽기

계백 장군과 5천 결사대 상징탑. 계백 장군은 5천 결사대를 이끌고 황산벌에서 신라 김유신의 5만 대군에 맞서 싸운 백제의 명장이다. 황산벌은 오늘날의 논산 훈련소가 있는 곳이다. 이곳에 신병 훈련소가 설립된 것은 계백과 5천 결사대의 호국정신을 계승하자는 의도가 깔려 있다.

를 각오하고 싸워 반드시 승리하여 국은에 보답하자"라고 말했다. 이에 계백과 5천 결사대가 신라의 5만 군사와 싸우니 한 명이 천 명의 적을 당해 내는 격이어서 신라병이 물러갔다고 한다. 이렇게 나아가고 물러서기를 네 차례나 했으나 계백과 5천 결사대는 결국 패하고 말았다. 신라군은 황산벌에서 백제군의 방어망을 격파하며 더욱 쉽게 수도인 사비성으로 진격할 수 있었다.

성충의 말을 듣지 않은 것을 후회하다

한편 소정방이 거느린 13만의 당나라 군대는 덕물도에 도착한 다음 서해안을 따라 내려가 지금의 금강 입구인 기벌포에 상륙을 시도했다. 소정방은 금강 입구에서 상륙작전을 펼쳤는데 1차 상륙부대는 자신이 지휘하고, 나머지는 군선을 타고 금강으로 들어오도록 했다. 소정방과 1차 상륙부대가 상륙한 강 하구는 개펄이라 발이 빠져 다닐 수가 없었다. 김유신은 버드나무로 엮은 자리를 깔아 나오게 하는 방책을 써 당군이 무사히 상륙할 수 있게 했다. 그리하여 백제군과 당군 사이에 전투가 벌어졌는데 《구당서》에는 이때의 전투가 다음과 같이 묘사돼 있다.

소정방이 동쪽 언덕으로 올라가 산에 진을 치고 백제군과 크게 싸웠다. 당의 수군은 돛을 달아 바다를 덮고 서로 연이어 이르렀다. 적군이 패배하여 죽은 자가 수천여 명이었고, 나머지 군사들은 달아났다. 당나라 수군은 조수를 만나 올라가는데 배가 꼬리를 이어 강으로 들어갔다.

이 기사는 소정방이 먼저 상륙하여 백제군과 대결하는 사이에 나머지 군선들이 뒤이어 금강으로 들어왔음을 알려준다. 때마침 조수가 밀려들어 당나라 군선들이 밀물을 타고 들어와 형세를 완전히 장악한 것이다. 이렇게 백제의 수군도 크게 패하고 말았다.

우리나라 고대의 전쟁은 주로 성곽을 중심으로 한 소규모 군대의 게릴라전이었다. 이처럼 수만 명이 동시에 한곳에 집중해 전쟁을 치른 경우는 많지 않았다. 그러한 경험이 없는 백제에게 15만 나당연합군이 동시에 협공을 가한다는 것은 그 자체로도 엄청난 충격이었을 것이다. 어쩌면 당나라 13만 대군이 바다를 건너왔다는 사실 자체만으로도 백제는 충격을 받았을 것이다. 나당연합군의 파죽지세에 밀려 결국 백제는 무너졌고 의자왕은 이때가 돼서야 "성충의 말을 듣지 않고 이에 이른 것을 후회한다"고 탄식했다고 한다. 그리고 이 한마디가 《삼국사기》에 전하는 유일한 의자왕의 육성이다.

의자왕, 외교전에서 패하다

그렇다면 백제가 갑자기 멸망한 원인은 어디에 있을까. 우선 대외적으로 국제 정세의 추이에 적응하지 못하고, 대내적으로 사치와 부패, 무능과 독재로 말미암아 민심이 이반한 것에서 찾을 수 있다. 대외적인 측면에서 650년 무렵 한반도를 중심으로 한 동아시아는 고구려-백제-왜로 연결되는 세력과 신라-당의 연합이 대립하는 구도였다. 그런데 신라와 당나라의 연합은 왕족이나 최고위층 인사를 파견하고 군사적인 연합 작전을 수행할 만큼 강고한 것이었다. 이에

부여 관북리 유적의 대형 건물터 모습. 사비 시기의 왕궁지로 추정되는 부여 관북리 유적에서는 동서 35미터, 남북 18미터 크기의 대형 건물터가 발견되었다. 부여 지역에서 이처럼 거대한 건물터가 발견된 사례가 없고 시기적으로 백제 말기에 해당되기 때문에 바로 이곳이 의자왕 때 수리했다는 태자궁이 아닐까 추정되기도 한다. 사진 제공 : 국립부여문화재연구소

반해 고구려-백제-왜 연합은 표면적으로는 연합의 형태를 띠면서도 군사적인 활동이 뒷받침되지 않은 정치·외교적인 결합이었다.

  이것은 660년 여름의 백제와 나당연합군의 전쟁이 발발했을 때 고구려나 왜의 어떠한 지원도 없었던 점에서 명확하게 드러난다. 당시 고구려는 연개소문을 중심으로 한 귀족연합정권이 유지되고 있었고 당나라와 국경을 접하고 있었기 때문에 백제를 돌볼 여력이 없었다. 바다 건너 왜는 아직 힘이 미약하고 너무 멀리 있었다. 그런 점에서 648년 백제가 당나라에 대한 조공을 끊어 버린 것은 백제로서는 두고두고 후회할 일이었다. 반면 신라는 더욱 더 당나라와 밀착되었고 결국 당나라의 군사적인 지원을 이끌어 낼 수 있었다.

백제 말기의 지배층들은 사치와 부패, 무능으로 정치적 한계가 드러나고 있었다. 그러한 전환점은 대체로 655년 전후한 시기부터 표면화됐다. 655년 2월에는 태자궁을 매우 화려하게 수리하고, 망해정을 궁전 남쪽에 세웠는데, 이는 의자왕의 사치스러운 모습을 보여주기도 하지만, 이러한 토목공사는 전제 왕권을 기반으로 한 사회에서 국왕의 통치 의지를 보여주는 방법으로 흔히 활용되는 것이기 때문에 왕권 강화와도 연결되는 측면이 있는 것이 사실이다. 그러나 당시의 급박하게 돌아가는 국제 정세 속에서 그러한 대규모 토목공사가 과연 적절한 것이었는지를 돌아보게 한다.

해동 증자에서 향락을 일삼는 왕으로

백제 말기의 사치 풍조와 무질서는 백제 왕실이 그 중심에 있었다. 의자왕의 음란과 향락은 여러 사료에서 확인된다. 《삼국사기》에는 "왕이 궁중의 여러 사람들과 더불어 주색에 빠져 정신이 빠질 정도로 즐기며 술 마시기를 그치지 않았다"고 적고 있다. 젊은 시절에 해동 증자로까지 칭송을 받던 의자왕이 어떻게 하여 이렇게 변했는지는 알 수 없지만 그의 이러한 행동이 국가 질서를 문란하게 한 것은 분명하다.

의자왕의 이러한 문란한 행동은 궁중 내부의 갈등과 부패를 불러일으켰을 것이다. 이와 관련하여 《일본서기》의 다음 기사가 주목된다.

'대당(大唐)'이라는 글씨가 있는 수막새. 백제 멸망 이후 당나라에서는 백제의 영토를 지배하기 위한 여러 가지 기관과 시설을 만들었다. '대당(大唐)'이라는 글씨가 새겨진 이 기와는 당나라 관청 건물에 사용된 것으로 일제 강점기의 조선총독부 건물을 떠올리게 한다.

"백제는 스스로 망했다. 군대부인 요녀(妖女)가 무도하여 국권을 제 마음대로 빼앗아 현량을 주살한 까닭에 이러한 화를 불렀다."

여기서 '요녀'는 의자왕의 둘째 왕비인 은고를 말한다. 은고는 향락에 빠진 왕을 배후에서 조종하여 농간을 하고, 나아가 정치에 간여하면서 이를 반대하는 신하들을 제거했다.

부여 정림사지 5층 석탑의 몸돌에 새겨진 "하물며 밖으로는 곧은 신하를 버리고 안으로는 요부를 믿어 형벌이 미치는 것은 오직 충량에게 있으며, 총애와 신임이 더해지는 것은 반드시 먼저 아첨꾼이었다"고 한 명문에서도 확인된다. 이처럼 의자왕은 그 말년에 주색에 빠져 정신을 잃을 정도로 술을 마시는 등 문란한 생활에 빠졌고, 그 틈을 타서 은고라는 요녀가 전횡을 일삼았던 것 같다.

이처럼 백제의 멸망은 의자왕 개인의 실정과 왕을 중심으로 지배층을 이루고 있던 귀족들의 문란에서 비롯되었다. 그리고 그 가장 큰 패착은 수·당 외교의 실패라는 대외정책의 실패다. 의자왕은 당나라의 13만 대군이 바다를 건너 쳐들어 올 것이라고는 상상도 못했던 것 같다. 백제는 고구려와 연합하면서, 이를 든든한 방패로 여겼던 것이다. 의자왕이 이러한 정책적인 판단을 내리게 된 것은 당시 최고 지배층 사이에 통용되고 있던 대외 인식이나 상대 국가에 대한 정보가 밑바탕이 되었을 것이다. 고구려-백제-왜로 연결되는 세력권과 신라-당의 연합이 대립하는 구도는 의자왕의 실정이 표면화되기 시작하는 655년 이전에 이미 형성되고 있었기 때문이다. 그런 점에서 백제의 멸망 원인에 대해 의자왕의 실정을 인정하더라도, 그것을 단순히 개인의 문제로 전가하는 것은 지나친 속단이다.

낙화암의 전설

의자왕과 관련된 전설 가운데 과장이 심해 역사적 사실과 가장 큰 괴리를 보여주는 것이 낙화암 전설이다. 현재 이와 관련한 가장 오래된 기록은 《삼국유사》의 다음 문장이다.

《백제고기》에 이렇게 말했다. 부여성 북쪽 모퉁이에 큰 바위가 있는데 밑으로 강을 굽어보고 있다. 서로 전해오는 말에 의자왕이 여러 후궁들과 함께 죽음을 면치 못할 것을 알고 서로 말하기를, 차라리 자진할지언정 다른 사람 손에는 죽을 수 없다고 하면서 서로 손을 이끌고 이곳에 와 강에 몸을 던졌다고 한다. 그래서 사람들은 '타사암(墮死巖. 떨어져 죽은 바위)'이라고 부른다고 한다. 이것은 속설이 잘못 전해진 것이다. 다만 궁녀들만이 떨어져 죽었을 뿐이다. 의자왕이 당나라에서 죽은 일은 당나라 사서에 분명한 기록이 있다.

이 내용은 역사적인 사실을 그대로 적은 것이 아니라 이미 어느 정도 전설화된 것을 적은 것이다. 일연의 논평대로 당나라에 잡혀간 의자왕이 '타사암'에서 투신했다고 전해진 것이 그 단적인 예다. 일연이 《삼국유사》에서 인용한 《백제고기》라는 책은 백제가 멸망한 뒤 일정한 시간이 지났을 때 당시까지 구전된 자료를 중심으로 백제의 역사를 기록한 책이다. 그것이 언제 작성되었는지 구체적인 시점을 알 수 없지만 낙화암 전설의 초기 모습을 보여준다는 점에서 중요한 의의가 있다. 이 단계에서 낙화암 전설은 의자왕이 궁녀들과 떨어질 수 없어 서로 손을 이끌고 강에 투신한 것으로 묘사된다. 궁녀들이 미화되지도 않았고 자진하여 장렬하게 죽은 것으로 표현되지도 않았으며, 그 죽음을 꽃의 아름다운 '낙화'로 비유하지도 않았다. 이러한 표현들은 《백제고기》의 기록이 백제 멸망 시기와 비교적 가까운 시기에 작성되었기 때문일 것이다.

백마강에서 본 낙화암 모습. 낙화암은 부여 부소산 서쪽 낭떠러지 바위를 말한다. 낙화암 꼭대기에는 백화정이라는 정자가 있는데, 궁녀들의 원혼을 달래기 위해서 1929년에 세웠다고 한다.

백거이의 시에서 나온 '삼천궁녀'

고려 말기를 지나면서 타사암은 '낙화암'으로 변모한다. 이는 궁녀의 존재가 종전에 비하여 좀더 미화된 표현으로 바뀐 것을 뜻한다. 시간이 흘러갈수록 역사적인 사실은 점점 잊혀 타사암은 그저 사람들의 구경거리로 변해갔다. 결정적인 역사적 비약은 조선 초기가 되어 '궁녀' 앞에 '삼천'이 붙으면서 이뤄진다. '삼천궁녀'라는 말은 15세기 후반부터 본격적으로 쓰이기 시작했는데 김흔의 '낙화암'이라는 시에는 "삼천궁녀가 강모래에 몸을 맡겨, 꽃 지고 옥 부서지듯 물 따라 떠내려갔네"라는 구절이 나온다.

여기서부터 등장하는 '삼천궁녀'라는 말은 아마도 당나라 시인 백거이(772~846)의 〈장한가(長恨歌)〉라는 시에서 차용했을 것이다. 〈장한가〉에 이런 부분이 있다.

"빼어난 후궁에 미인이 삼천 명이지만(後宮佳麗三千人), 삼천 명에 내릴 사랑을 그녀 혼자 받았네(三千寵愛在一身)"

"삼천궁녀의 기름진 얼굴(三千宮女胭脂面), 몇 차례 봄이 와도 눈물 자국이 없네(幾个春來无泪痕)"

이 시를 보면 '삼천궁녀'라는 단어가 명확히 확인된다. 이 시는 백거이가 궁녀들 속에서 환락에 젖어 국사를 그르친 당나라 현종을 비판한 시다. 백제 말기 의자왕의 행적은 양귀비에 빠져 방탕한 생활을 하던 당나라 현종과 유사한 점이 있다. 조선시대 사대부들은 바로 이 점에 착안하여 낙화암을 보고 〈장한가〉에서 이 구절을 가져와 읊조렸던 것 같다. 낙화암 주변의 빼어난 경치가 이런 표현을 더욱 실감나게 했을 것이고, 이후 '삼천궁녀'라는 단어는 여러 시인들이 거듭 사용하면서 고정된 시어가 되어 의자왕과 낙화암과의 관련성은 희미해졌다.

이 시어 때문에 조선시대 이래로 의자왕의 이미지는 점점 부정적으로 그려졌다. 오늘날 낙화암을 찾는 관광객들은 수려한 경관을 대하며 삼천궁녀를 상상하겠지만, 그 순간 의자왕은 향락에 빠져 나라를 망친 망국의 군주로서 끝없이 추락하고 있다는 점을 기억해야 한다.

뿔뿔이 흩어진 백제 유민들

660년 7월, 백제의 멸망은 매우 급작스러웠다. 나당연합군에 의한 백제의 멸망은 의자왕을 비롯한 당시의 지배층들에게 많은 곤욕과 치욕을 안겨 주었다. 그러나 한 나라의 멸망으로 가장 큰 상처와 아픔을 받는 사람은 바로 힘없는 백성들이다. 그렇다면 백제가 멸망한 다음 살아남은 백제의 유민들은 어떻게 됐을까.

백제 멸망 직후 백제 유민들의 동향은 크게 세 부류로 나뉜다. 첫째는 나당연합군과의 전투에서 포로가 되거나 투항한 경우다. 이들은 백제를 떠나 당나라와 신라로 끌려갔다. 이들 중 일부는 신라와 당나라에 의해 부흥운동을 진압하는 데 이용되기도 했다. 둘째는 백제의 멸망과 함께 고구려와 왜로 망명한 경우다. 이들은 전쟁을 피

동 해

황 해

흑치상지 ── ● 임존성(대흥)
　　　　　　　● 가림성(임천)
　　　　　주류성(한산) ●　● 우술성　○ 금성
복신·도침

● 백제 부흥 운동 근거지

백제 부흥운동 근거지. 흑치상지, 복신, 도침, 부여융이 백제 유민들과 함께 일으켰던 백제 부흥운동은 지도부의 분열로 인해 전후 4년 만에 좌절되고 만다.

해 고구려와 왜로 망명했지만 백제가 멸망한 사실을 알리고 구원을 요청하는 등 백제 부흥을 위한 외교적 노력을 기울였다. 셋째는 백제 고지에 남은 유민들이다. 이들은 당과 신라로 끌려가지 않은 일부 중앙귀족과 지방 장군들, 그리고 나당연합군에 패배해 달아났던 군병들과 대부분의 백제 유민들로서 부흥운동에 참여한다. 이들은 처음에는 산발적으로 나당연합군에 저항하면서 부흥운동을 전개하지만 점차 복신과 도침을 중심으로 하나의 세력을 형성한다.

금강 하구의 모습. 금강 하구에서 벌어진 백강구 전투는 백제와 왜, 신라와 당나라 등 네 나라가 참전하여 싸운 고대 동아시아 최대의 국제전이었다. 지금은 금강 하구언 둑이 강과 바다 사이의 물길을 막고 있다.

마침내 일어난 백제 부흥운동

백제 멸망 후 660년 7월부터 664년 3월까지 백제 유민들이 주체가 되어 나당연합군을 축출하고 백제 국가의 재건을 목표로 한 무장 투쟁이 일어났다. 이것이 바로 백제 부흥운동, 혹은 조국 회복운동으로 불리는 백제 유민들의 활동이다. 그중 가장 두드러진 활동을 한 사람으로는 흑치상지를 비롯해서 복신, 도침, 부여풍 등을 들 수 있다. 사비성이 함락된 직후 흑치상지는 부하 10여 명과 함께 지금의 예산인 임존성을 거점으로 10일 만에 3만의 병력을 모아 소정방이 보낸 당군을 격퇴하니 지방의 200여 성이 호응했다고 한다.

한편 복신은 승려 도침과 함께 무리를 거느리고 지금의 부안인 주류성을 거점으로 부흥운동을 전개한다. 복신은 왜에 사신을 보내 구원을 요청하는 동시에 당나라 유인원이 주둔한 사비성을 포위하여 공격을 가하는 등 당나라 군사들을 곤경에 빠뜨리기도 한다. 661년에는 왜국에 가 있던 의자왕의 아들 부여풍을 맞이해 왕으로 세우니 당시 백제의 서부와 북부 지방이 모두 이에 호응하여 큰 세력을 떨쳤다고 한다.

그러나 얼마 후 백제 부흥운동 군사는 내부에 갈등이 일어나 복신이 도침을 죽이고 그 무리를 병합해 병권을 장악한다. 다시 복신과 부여풍 사이에 알력이 생겨 부여풍이 복신을 죽이는 등 지도층의 내분이 격화되고, 이후 부여풍은 고구려와 왜국에 사신을 보내 구원을 청하는 한편 당군에 계속해서 저항하지만 문무왕이 직접 이끄는 신라군과 유인궤가 이끄는 당나라의 총공격을 받기에 이른다. 부여풍은 663년 지금의 금강 하구인 백강에서 왜국에서 보낸 구원군과 함께 싸우게 되니 이것이 바로 '백강구 전투' 혹은 '백촌강 전투'로 불리는 전쟁이다.

백강구 전투, 동아시아 외교의 기본 틀을 만들다

부여풍의 구원 요청을 받은 왜는 663년에 마침내 파병을 결정한

일본 큐슈에 있는 조선식 산성(오노조 성벽 모습). 백강구 패전 이후 일본에서는 당과 신라의 침략에 대비하여 산성을 쌓았다. 오노조(大野城)는 해발 410미터의 오노산에 있는 산성으로 백제의 산성 양식을 그대로 따르고 있다.

다. 이때 파견된 왜군은 전장군, 중장군, 후장군 등 지휘부를 구성한 장군 여섯 명과 군대 2만 7천 명으로 편성되었고 병력과 군수 물자를 수송하는 배가 1천여 척이나 되었다고 한다. 663년 8월 27일과 28일 양일에 걸쳐 백강구에서는 백제 부흥을 지원하기 위해 출병한 일본군과 구 백제 땅을 점령하고 있던 당군 사이에 해전이 벌어진다. 이때 백제 부흥군과 신라군은 양 연안에서 일본군과 당군을 엄호하고 있었다. 따라서 이 전투는 중국과 일본 사이에 일어난 최초의 전쟁이 되는 셈이다.

　네 차례 치러진 전투는 당나라의 일방적인 승리로 끝난다. 2만여 명의 군대를 이끄는 일본 장수들의 명칭이 철저한 상하 관계가 아닌 단순히 어떤 순서를 보여주는 듯한 '전·중·후' 장군이었다는 점에서 짐작할 수 있듯이, 백제에 파견된 일본의 구원병들은 그 편제가 대단히 저급했고 전투력도 약했을 것이다. 특히 백제의 수군을 궤멸시킨 위력을 가진 당나라 군대에 대적하기에는 그 힘이 턱없이 부족했다. 《일본서기》에는 당시 일본군의 파견된 군대 규모가 2만 7천 명이었다고 하며, 《삼국사기》에는 왜국의 병선이 천여 척이었다고 하고, 《구당서》에는 백강구에서 불태운 왜선이 400척이었다고 했으니 당시 해전의 규모가 어느 정도였는지 충분히 짐작할 수 있다.

그렇다면 왜국에서 이처럼 많은 군사를 파견한 이유는 무엇일까. 아마도 부흥 백제국이 멸망하면 나당연합군이 직접 왜를 공격할지도 모른다는 위기감 때문이었을 것이다. 663년 백강구 전투의 패배 이후 일본에서는 당과 신라의 동맹군이 일본 열도를 침공할 가능성을 크게 우려하여 서부 일본 각지에 백제 망명 귀족들을 활용하여 이른바 '조선식 산성'을 쌓는 등 방어책 수립에 골몰했던 점에서 이를 짐작할 수 있다.

백강구 전투는 임진왜란 이전에 동아시아 삼국이 한데 모여 전쟁을 치른 최초의 사건으로 삼국 간 통일전쟁 과정에 당과 일본이 개입함으로써 일어난 전쟁이었다. 일본은 한반도가 당의 영향 하에 들어가면 일본도 곧 그렇게 될 것이라 판단하여 전쟁에 참여했다. 백강구 전투에서 패배한 뒤 왜국은 오랜 적대 관계에 있던 신라와 다시 손을 잡고 당나라에 대항한다. 백강구 전투 결과 신라·당·왜

(일본)라는 오늘날 동아시아 세계의 기본 틀이 비로소 자리를 잡게 된 것이다. 그런 면에서 백강구 전투는 비록 백제의 요청에 왜가 군사적인 지원을 한 것이 계기가 되어 일어났지만, 결과적으로는 한·중·일이라는 전근대 동아시아 외교 관계의 기본 틀이 형성된 가장 중요한 사건이었다고 할 수 있다.

백제-왜 연합군과 당나라 수군이 백강구에서 큰 전투를 벌이는 동안 나당 육군은 주류성을 공격하여 20여 일 만에 이를 함락시킨다. 부여풍은 백강구 전투에서 패하자 고구려로 피신하고, 또 주류성도 함락되기에 이르니 대다수 성들은 항전을 포기하고 항복하고 만다. 다만 임존성의 지수신은 항복을 거부한 채 나당점령군에 대항을 하고 있었다. 이에 당나라 장군 유인궤는 당군에 항복한 흑치상지와 사타상여 등을 회유하여 임존성을 함락하는 선봉에 나서도록 했다. 이것을 본 임존성의 백제 부흥군은 사기가 크게 꺾여 동요하니 마침내 임존성도 함락되어 부흥 백제국도 몰락하고 말았다.

아, 정림사지 5층 석탑이여!

백제를 점령한 나당연합군은 점령 지역을 실질적으로 통치하기 위한 행정적·군사적 지배 정책을 실시하는 한편 여러 가지 전승 기념비와 상징물을 남겼다. 그 대표적인 것이 바로 정림사지 5층 석탑의 1층 탑 몸돌에 새겨진 비문이다. 이 석탑이 위치한 정림사지는 지리적으로 사비 도성의 한가운데 위치해 있다. 정림사지가 국왕이 거주하는 도성의 중심지에 있다는 사실을 통해 이곳이 매우 중요한 사찰이었음을 짐작할 수 있다. 그런 점에서 정림사지의 한가운데 위치한 5층 석탑은 백제 국가의 중심을 상징하는 기준점과 같은 역할을 했던 것으로 보인다.

바로 그 석탑의 1층 탑 몸돌에 소정방이 백제를 멸망시킨 전승 기념문이 새겨져 있다. "대당평백제국비명(大唐平百濟國碑銘)"으로 시작하는 비문의 첫 머리는 '당나라가 백제국을 평정한 비문'이라는 뜻이다. 비문에는 제목에서 짐작할 수 있는 것처럼 당나라 고종이 신라의 무열왕과 힘을 합쳐 백제를 쳐서 사비성을 함락시킨 것을 기념하고 찬양하는 내용들이 적혀 있다. 소정방은 정림사지 5층 석탑이 갖는 상징성을 알고서 의도적으로 그런 내용을 이곳에 새겨 넣었다. 그런데 조선시대에 편찬된 《동국여지승람》이나 《부여군현지》는 5층 석탑을 모두 '평제탑'이라 부르고 있다. 일제강점기의 식민사학자들도 이를 이어받아 평제탑이라고 불렀으며 해방 이후의 교과서들도 한동안 이를 따랐다.

그러나 1942년 이 절터에 대한 발굴 조사에서 고려시대의 명문기와가 발견되면서 이 절이 '정림사'라는 것이 밝혀졌다. 당시 발굴된 고려시대의 기와편에는 "대평 8년(1028) 무진년에 정림사의 대장전에 사용되는 기와"라는 내용의 명문이 찍혀 있었다. 이를 통해 고려시대에 이 절터가 '정림사'라고 불렸음을 명확하게 알 수 있다. 그런데 문제는 고려시대의 정림사가 백제 때에도 똑 같은 이름으로 불렸을까 하는 데 있다.

부여 정림사지 5층 석탑과 탑 몸돌에 새겨진 전승 기념문 탁본. 부여 정림사지의 5층 석탑은 한동인 '평제탑' 으로 불렸다. 그 이유는 1층 탑 몸돌에 '위대한 당나라(大唐)가 백제국을 평정(平百濟國)하고 기념으로 탑에 새긴 글(碑銘)' 이라는 뜻의 '대당평백제국비명(大唐平百濟國碑銘)' 이 새겨진 소정방의 전승 기념문이 있기 때문이다.

이때 주목되는 점은 백제 사비시기에 중국과 일본에도 정림사라는 절이 있었다는 사실이다. 백제와 활발하게 교류하던 남조의 수도 건강에는 정림사라는 절이 있어 유명한 고승과 문인들이 오랫동안 머물렀다고 기록에 남아 있다. 일본의 아스카 지역에도 정림사라는 절터가 오늘날까지 남아 있어 목탑지와 소조상, 수막새 등이 발견되었다. 당시 중국 남조와 백제, 일본 아스카 지역은 매우 활발한 문화 교류를 행했기 때문에 이들 세 나라에 모두 정림사라는 절이 공존했을 가능성이 크다. 익산 미륵사지나 부여 왕흥사지도 고려시대의 명문기와를 통해 백제 당시의 절 이름이 밝혀진 사례가 있다. 따라서 '정림사지'라는 고려시대의 절 이름을 사비 시기까지 소급시켜 보는 것도 충분히 가능하다.

정림사지 5층 석탑을 백제를 평정했다는 뜻인 '평제탑'이라 불러 온 것은 분명 잘못된 일이다. 조그만 기와편을 통해 제 이름을 찾은 정림사지 5층 석탑은 백제 멸망 이후 파괴되고 변질된 당시의 문화상을 복원하는 중요한 근거가 되었다. 오늘날 우리에게 너무나 익숙한 '정림사지 5층 석탑'이라는 명칭은 결코 저절로 주어진 것이 아니라 고고학자들을 비롯한 많은 사람들이 노력하고 발굴한 결과라는 점은 의미가 깊다.

부여에 있는 의자왕의 가묘

백제 멸망 이후 의자왕은 중국의 장안으로 끌려가 얼마 지나지 않

부여 정림사지에서 출토된 고려시대의 명문기와. 부여 정림사지에서 발견된 글씨가 새겨진 기와편이다. 바로 이 조그만 기와편을 통해 이곳이 '정림사'로 불렸음을 알게 되었으니 과거의 유물은 결코 작은 것 하나라도 소홀히 다뤄서는 안 될 것이다.

아 사망했고 낙양의 망산에 묻혔다. 그런데 2000년 가을 충남 부여의 능산리 고분군에 의자왕과 아들 부여융의 가묘와 제단이 만들어진 일이 있었다. 이 사업을 주도한 부여군은 중국 낙양시와 자매결연을 하여 다음 1995년부터 의자왕 무덤 찾기 사업을 진행했다고 한다. 하지만 수 년 동안의 노력이 아무런 결실을 맺지 못하자 의자왕의 묘로 추정되는 곳의 흙(영토)을 기증받아 가묘를 만들었다. 현재 부여 능산리 왕릉군의 한 귀퉁이에 있는 의자왕의 가묘와 제단은 그렇게 만들어졌다.

부여군은 이것이 '백제 역사 찾기'의 하나로서 백제 역사 재조명 작업의 일환이라고 설명하지만, 사비 시기의 여러 왕과 왕비 등이

부여 능산리 왕릉군에 있는 의자왕과 부여융의 가묘. 2000년 9월 30일 백제 문화제 기간 중에 부여 능산리 왕릉군에 만들어진 의자왕과 부여융의 가묘와 제단 모습이다. 바로 옆에 자리한 사비 시기의 왕릉을 볼 때와는 전혀 다른 처연함이 느껴진다.

묻혀 있는 능산리 왕릉군에 낙양의 북망산에서 가져온 몇 줌의 흙으로 가묘를 만든 것은 어딘지 어색하고 억지라는 생각이 든다. 백마강이 굽어보이는 명승지인 낙화암, 특히 의자왕과 삼천궁녀의 전설이 깃든 부소산의 낙화암 지구와 봉분 말고는 볼 것이 없다고 판단한 자치단체에서 그런 사업을 벌인 것 같다.

270

이처럼 의자왕에 대한 정당한 평가는 뒷전으로 밀리고, 의자왕은 여전히 망국의 군주이자 여색을 밝힌 호색한이라는 불명예를 쓰고 있다. 의자왕은 살아생전 감내해야 했던 애환만큼이나 죽어서도 편하게 잠들지 못하는 운명을 아직도 짊어지고 있는지도 모르겠다.

흑치상지의 묘가 낙양의 망산에 있는 까닭은?

1929년 10월 중국 하남성 낙양의 망산에서 흑치상지와 아들 흑치준 묘지석이 함께 발견됐다. 현재 남경박물원에 소장돼 있는 이 묘지를 통해 흑치상지의 기구한 삶과 백제 멸망 이후의 활동을 보다 상세히 알 수 있게 되었다. 역사 기록과 묘지를 종합해 보면 흑치상지는 백제 멸망 이후 부여융과 함께 당나라로 들어가서 장수가 되었음을 알 수 있다. 흑치상지는 서역에서 토번과 돌궐이 공격해 오자 이를 물리쳐 큰 공을 세웠다. 흑치상지의 묘지명에는 "오랑캐의 티끌이 깨끗하게 치워지니 변방의 말이 살찌고, 중원의 달이 훤하게 비치게 되니 하늘의 여우 기운이 사라졌다. 전쟁터에 출정하면 칭송이 뒤따랐고, 전쟁터에서 개선하면 노래가 절로 나왔다"라고 새겨져 있다.

흑치상지는 이후 측천무후에 반기를 든 서경업의 반란을 평정하는 데 일조하는 등 당나라에서 위세와 명성을 크게 떨친다. 그러한 이유로 《구당서》와 《신당서》에 흑치상지 열전이 들어갈 수 있었다. 그러나 돌궐 토벌의 실패와 주흥이라는 혹리의 모함을 받아 투옥되어 689년 10월, 60세에 숨을 거둔다. 흑치상지의 묘지명에는 자신의 죽음에 대해 "영예와 굴욕은 반드시 있게 마련이고 삶과 죽음은 타고난 것인데, 어차피 귀착하는 바가 동일하다면 어찌 부인의 손 안에서 목숨을 바치겠는가"라고 읊고 있다.

흑치상지는 젊어서 의자왕을 모시는 백제의 관료였지만 나당 연합군의 공격으로 백제가 망하자 당군에 항복한다. 그 후 소정방의 횡포가 심해지자 임존성을 근거로 부흥운동을 일으키지만 다시 유인궤에게 항복하여 당나라로 들어간다. 이후 당나라 벼슬을 받고 부여융과 함께 백제의 웅진성으로 돌아오기도 하지만 얼마 지나지 않아 또다시 당나라로 돌아간다. 그 후 당나라 장수로 활동하면서 서역의 토번과 돌궐의 군대를 물리치지만 결국 모함을 받아 숨을 거둔다. 낙양 북망산에서 발견된 흑치상지의 묘지를 통해 백제라는 한 나라의 멸망기를 살았던 인간의 삶과 애환을 되새겨 볼 수 있다.

흑치상지 묘비명. 당나라에서 많은 공을 세웠지만 모함을 받아 낙양의 북망산에 묻히게 된 흑치상지의 묘비명은 1,604자로 되어 있다. 당(唐)나라 포로로 잡혀간 백제의 부여융도 669자의 묘비명을 남겼다.

이병호 서울대 국사학과 박사과정을 수료했고, 국립중앙박물관 학예연구관으로 재직 중이다. 주요 논문으로 〈부여 능산리 출토 목간의 성격〉, 〈부여 정림사지의 창건배경과 도성 내 위상〉 등이 있고, 공동저서로 《백제와 금강》, 《즐거운 역사체험, 어린이박물관》 등이 있다.

평양시 낙랑토성에서 발견된 낙랑시대의 와당.

고대 중국은 중국적 세계질서를 유지하려 했다. 한나라는 주변 제후국들에게 중국이 설정한 지배 체제에 따를 것을 요구했고 약속을 어기면 이는 중국 중심의 질서를 어지럽히는 것으로 판단해 곧바로 제제 조치를 취했다.

위만조선의 우거왕은 중간 무역의 이익을 독점하기 위해 한강 이남에 있는 진국(辰國) 등 여러 나라가 한(漢)과 직접 통교하는 것을 금지했다. 이는 한나라와 위만이 맺은 약속을 어긴 것으로 한나라 정부를 자극했고, 곧바로 한나라에서는 사신 섭하를 보내 약속을 어긴 조선에 대해 잘못을 물었다. 그러자 조선은 섭하의 행동에 불만을 품고 자객을 보내 섭하를 살해했다. 이것이 발단이 되어 한나라와 위만조선은 전쟁을 벌이게 된다.

우거왕이 한나라와의 약조를 이행하지 않고 사신을 죽였을 때 한나라의 대응은 예견된 것이었다. 그럼에도 불구하고 우거왕이 독자적으로 힘을 키운 데에는 한나라의 대응을 두려워하지 않을 정도의 자신감이 있었기 때문이다. 한나라 역시 우거왕 재위 시의 위만조선이 매우 위협적이었기 때문에 그 세력을 제거하고자 했다. 과연 우거왕 재위 당시의 고조선 사회는 어느 정도의 사회 통합력을 유지하고 있었을까?

첫 왕조의 마지막 왕
최초의 국가 고조선의 마지막을 살다 간 우거왕

한나라의 사신 섭하, 조선으로 파견되다

기원전 109년 한나라는 사신 섭하를 고조선에 파견했다. 섭하를 파견한 가장 중요한 이유는 이전에 한나라와 고조선이 맺었던 '화친(和親)' 약속을 지키라는 명령을 전달하기 위해서였다. 나아가 주변 나라들을 관리하는 임무를 잘 수행하라는 다짐을 받기 위한 것이기도 했다. 우거가 왕위에 오르면서 약속을 어기고 한나라의 뜻대로 움직이자 않자, 한 무제는 섭하를 파견해 우거의 그런 행동을 질책하고자 한 것이다.

고조선과 한나라 간 화친 관계는 위만이 정권을 세우면서 시작된다. 정권을 차지한 위만은 새로운 왕조를 유지하기 위해 중국에서 이주해 온 세력과 토착 고조선 사람 모두를 관리로 임명했다. 이로써 두 세력 사이에 있을 수 있는 갈등과 대립을 줄이고 정치의 안정을 꾀했다. 그리고 '병위재물(兵威財物)'로 표현되는 중국의 철기문화를 재빨리 받아들여 군사력을 키웠다.

위만 왕조는 이전 고조선 사회의 지배 체제를 그대로 계승해 국호도 여전히 '조선(朝鮮)'이라 칭하고 국가 체제를 강화하기 위해 노력했다. 위만은 중국으로부터 받아들인 병위재물을 가지고 주변 지역을 정복했고, 우거왕(右渠王. ?~기원전 108년)대에 이르러서는 강력한 국력과 한(漢)나라 땅에서 멀리 떨어진 지리적 조건을 바탕으로 한나라의 조서를 거부하고 독자적으로 주변 읍락 집단과 소국들을 통제하기에 이른다.

(왕위가) 아들에게 이어지고 손자인 우거에 이르렀는데 ……진번 및 곁의 여러 나라가 글을 올려 천자를 뵙고자 했으나 또한 가로막고 통하지 못하게 했다. 한은 사신 섭하를 파견하여 우거를 회유하고자 했으나 끝내 기꺼이 조서를 받들려고 하지 않았다.

〈사기(史記)〉 권115 〈조선열전〉 제55

여러 지역 집단과 계층으로 구성된 고조선 사회는 계속되는 중국의 동진 세력과 대립하면서 점차 우거왕을 정점으로 전 지역을 포괄하는 지배 체제를 정비하고 중앙정부의 통제력을 강화해 나갔다.

일찍이 우거의 할아버지인 위만은 왕조를 개창한 후 요동태수를 통해 형식적으로는 한에 조공(朝貢)을 바치되 실제로는 자주국으로서의 지위를 인정받는 이른바 '외신(外臣)'의 관계를 맺었다.

마침 효제와 혜제 때를 맞이하여 천하가 처음으로 안정되었는데, 요동태수가 위만과 약속하여 위만을 외신으로 삼고 그로 하여금 장새 바깥의 만이(蠻夷)들이 변방에서 노략질하지 않도록 살펴보게 했다.

_{《사기》 권115 〈조선열전〉 제55}

이 기록에 의하면 위만에게 부여된 한의 '외신' 지위는 주변 만이 족이 중국 변경을 침입하는 것을 방어하고, 만이의 군장이 천자를 알현하는, 즉 '입견천자(入見天子)'하는 것을 차단하지 않고 도와주는 역할이었다. 이를 조건으로 '외신' 지위에 봉해지고 한으로부터 각종 철기와 철제 무기를 공급받았다.

위만조선의 성장 바탕이 된 철기문화

중국이 한나라로 통일돼 안정을 되찾아 가자, 위만은 주변 종족들이 중국의 국경을 침범하지 못하게 하고 또 중국과 교통하는 것을 막지 않는다는 조건으로 한나라와 화평한 관계를 맺었다. 한나라는 위만조선을 우리 민족을 대표하는 나라로 인정해 권위를 부여하고 물자를 지원하겠다고 약속했다.

덕분에 위만조선은 중국에서 흘러들어온 사람들과 함께 전래된 중국 문물을 수용하고, 한나라의 위세와 물자 지원을 활용해 군사력을 강화했다. 게다가 한반도 남부에 생겨난 여러 작은 나라가 한나라와 교역하는 것을 통제하면서 중간에서 중계무역의 이익을 챙겼다.

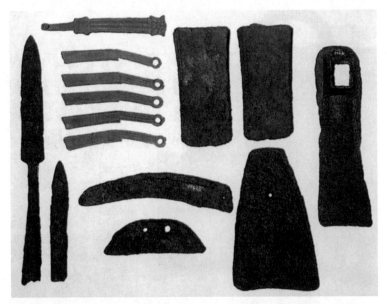

평북 위원군 용연동에서 출토된 철제 농기구. 괭이와 창, 쇠도끼, 반달칼, 낫 등이 출토되었다. 왼쪽 위에 있는 것이 명도전(明刀錢)인데, 명도전은 중국 북쪽의 연(燕)나라에서 만든 금속 화폐로 연나라와의 교역 관계를 보여주는 증거물이다. 국립중앙박물관 소장.

점차 위만조선은 경제적으로나 군사적으로 상당한 수준에 이르렀고, 그 과정은 자세히 알 수 없지만 더욱 강해진 국력을 바탕으로 이웃한 동옥저와 임둔, 진번 같은 부족 집단을 정복하여 사방 수천 리에 이르는 영토를 가진 정복 국가가 되었다.

당시 중국 중심의 세계질서에서 볼 때, '외신(外臣)'이란 지위는 '내신(內臣)'과 대칭되는 개념으로, 비록 형식상·명분상으로는 한 황제의 교화를 입는다 해도 일반 법률의 제정은 물론 문화·관습의 전반에 걸쳐 독자의 특색을 갖는 것이었다.

278

이러한 외신의 역할은 위만에게만 주어진 것은 아니었고 한나라 남쪽의 남월(南越. 지금 베트남의 전신) 등 주변 제후국에게도 비슷하게 주어졌다. 남월의 건국자 조타나 위만 등은 한나라와 제후 관계를 맺는 대가로 우세한 병기와 재물을 얻어내어 주위의 소국 정복에 나섰다.

위만은 병위재물을 얻어 그 이웃한 소읍을 침략했다. 진번·임둔이 모두 와서 복속하니 땅이 사방 수천 리가 되었다.

《사기》 권115 〈조선열전〉 제55

《사기》에 위만이 한의 외신이 되어 공급받았다고 하는 병위재물은 공식적인 관계를 통한 교역품을 의미하며, 그 중 병위(兵威)는 철제의 무기를 가리키는 것으로 보아도 무방할 듯하다. 위만은 중국으로부터 받은 병위재물 등을 바탕으로 많은 철제 농기구와 무기를 만들어 생산력을 높이고 군사력 증강을 통해 주변 소국에 대한 무력정복을 시작했다. 이는 위만조선의 지배 집단이 이미 한의 철제무기를 세력 팽창의 배경으로 활용하고 있었다는 것을 뜻한다.

고조선은 이웃한 진번, 임둔, 동옥저 등지에서 나오는 풍부한 물자를 확보하고 그것을 바탕으로 사회를 유지했다. 또한 철기문화를 바탕으로 주변 세력을 복속시키고 속민(屬民) 집단으로 편제하여 안정된 수취기반을 확대해 가는 데 주력했다.

한나라 문제(기원전 179~157년) 초에 장군 진무 등이 조선과 남월이 병력을 갖추어 중국을 엿보고 있으니 이를 치자고 요청한 기록이 있다. 이는 당시 남월이나 위만조선이 발달된 철기문화와 철제 무기를 바탕으로 한반도 서북 지방에서 요동 방면으로 진출을 꾀하고 있었음을 알 수 있다.

고조선은 주변 지역을 정복하여 그 지역의 수장을 통해 지역을 통제하는 한편 물자를 공납받아 정치적 통합의 밑거름으로 활용했다. 고조선 왕실에서는 정복한 지역에 그 지역 대인(大人)들을 지배자로 앉히고, 그들에게 일정 시기에 공납을 받고 다시 일정한 물품을 왕실에서 내려주는 사여·증여 형식을 통해 통제력을 강화해 나갔다. 대부분의 중앙 관료들은 사방 천 리 영역 내에 있는 여러 소국들을 통제하고 그 소국들이 중국과 하던 무역을 독점함으로써 고조선 왕실의 왕권이나 지배력을 강화하는 데 힘을 기울였다. 이처럼 당시 고조선 왕실의 권한은 상당히 강하게 확립되어 있었다.

위만 왕조 성립 이전까지 한반도 서북 지방에서 요동 지역에 걸쳐 느슨하게 형성된 초기 조선 연맹체는 위만의 등장과 함께 압록강 유역을 북쪽 경계로 하여 동으로는 동해안까지 남으로는 황해도에 이르는 지역에 걸쳐 새로운 연맹체를 형성하고 이후 더욱 집권력과 통치력을 강화해 나갔다.

강력해진 위만조선, 한과 결별하다

위만 왕조는 위만이 처음 집권했을 때와 달리 독자적으로 성장한 손자 우거왕 대에 이르면서 한나라의 대응이나 주변 정세가 변화하기 시작한다. 이미 한나라와 공식적인 외교 관계는 지속되지 않았다. 이런 한나라와 고조선 간 교류의 단절은 중계 무역의 이익을 독점하고자 하는 실질적인 이해관계에서 비롯되었다. 우거왕은 한나라와의 좋은 관계를 거부했는데, 이는 위만 왕조가 이미 철제 무기 제작 기술을 습득했고 기술 또한 일정 수준에 도달했기 때문에 가능한 일이었다.

조선은 강력한 군사력을 바탕으로 주위의 여러 변방 소국들이 한나라와 교역하는 것을 매개하면서 중계무역의 이익을 독점하고자 했다. 다른 주변국의 조공 길도 막혔다. 이러한 위만조선의 행동에 대해 한나라는 압력을 넣었지만, 이에 우거왕은 단호히 거부하면서도 한편으로는 북쪽의 흉노와 군사적 제휴를 모색했다. '우거가 흉노의 왕(선우)의 왼팔이 되었다'는 문헌상 기록으로 보아 조선과 흉노가 매우 밀접한 관계를 맺었음을 알 수 있다.

고조선은 이처럼 우거왕 때 이미 독자적으로 국가를 유지하고 주변 지역을 정복할 정도로 성장해 나갔다. 이제 한나라와의 약속을 지킬 의무나 이유가 없었다. 반면 한나라 무제는 중국에서 처음으로 천자만이 사용할 수 있는 연호(年號)를 제정하면서, 천하의 중심에 자신과 중국이 있다고 생각했다. 그런데 주변 이민족들이 조공을 거부하고 스스로를 황제라고 일컬으며 자주를 선언하자 크게 자존심이 상했다. 결국 이러한 고조선의 움직임을 차단하고자 한나라에서는 섭하를 황제의 사신으로 조선 땅에 보냈던 것이다.

평안북도 서남부를 흘러 영변, 정주, 안주를 지나 서해로 흘러드는 청천강. 한나라의 사신 섭하가 청천강 부근에서 계책을 써서 위만조선의 신하 장을 살해하고 우거왕이 보복하면서 두 나라 간의 전쟁이 시작되었다. ⓒ김해화

　섭하는 우거왕을 만나 천자의 명을 내세우며 '외신'으로서의 임무를 잘 수행해 줄 것을 요구했다. 한 무제가 섭하를 보낸 다른 이유는 흉노와 손을 잡으려는 우거의 움직임을 차단하고자 한 것이었다. 그러나 우거는 한나라의 요구를 거부했다.

　섭하는 우거왕을 쉽게 설득할 수 없다고 판단했다. 회유를 포기한 섭하가 돌아갈 때 우거왕은 신하 비왕 장(長)을 딸려 정중히 전송했다. 이때 섭하는 계책을 써 국경(청천강 또는 압록강)에 이르러 돌아가려는 장을 찔러 죽였다. 섭하는 재빨리 요동의 요새 안으로 달려 들어가 천자에게 조선의 장수를 죽였다며 공을 자랑하는 글을 올렸다. 한 무제는 이러한 섭하의 보고를 받고 비록 임무를 완수하지는 못했지만 고조선의 장수를 죽인 것에 대한 공로를 인정해 '요동군동부도위(遼東郡東部都尉)'라는 벼슬을 내렸다. 그것은 바로 고조선을 마주 보는 요동 땅의 군사 책임자 자리였다.

조선의 우거왕은 사신을 접대하기 위해 따라나선 사람을 죽인 섭하를 그냥 두지 않았다. 우거왕은 군사를 동원해 기습 공격을 감행했고 조선의 군사들이 요동으로 쳐 들어가 섭하를 단칼에 죽였다. 이 사건은 한 무제의 자존심을 건드려 분노를 폭발시켰다. 천자의 사신을 죽인 것은 천하의 중심임을 자처하던 한나라 무제에 대한 반역을 의미했다. 한 무제로서는 천자가 지배하는 세계질서를 흔드는 사건을 그냥 넘어갈 수 없었다.

한 무제에게는 위청이나 곽거병 같은 뛰어난 장수들이 있었는데, 이들은 십여 차례나 원정을 다닌 끝에 기원전 119년 북쪽의 흉노를 공격해서 승리했다. 그 뒤에 무제의 군사들은 남월로 발길을 돌려 남월을 짓밟고 아홉 군을 두었다.

이제 맨 마지막으로 남은 지역은 동쪽의 고조선이었다. 한 무제는 이전에 외신으로서의 약속에 대한 배신을 응징하고, 숙적인 흉노와 위만조선의 연결을 끊어 동북아시아 지역을 석권하고자 전쟁을 일으켰다.

시작된 전쟁, 조선의 운명

한나라와 흉노, 위만조선 간에 전개된 정치적 긴장 관계가 가장 첨예하게 대립되던 시기에 고조선 마지막 왕 우거가 있었다. 우거는 섭하가 들고 온 한나라의 조서를 거부하고 그마저 자객을 보내 죽였다.

섭하의 죽음을 빌미로 한나라 무제는 정벌군을 조직했다. 기원전 109년 가을, 육지와 바다 양쪽에서 5만이 넘는 한나라 군대가 대대적으로 고조선을 공격했다. 남월을 침략한 지 2년 뒤였다. 무제는 주로 죄인으로 군대를 편성해 수륙 양면 작전을 구사했다. 결국 많은 정치적 부담 속에서 벌어진 전쟁에서 우거와 고조선 왕조는 최후를 맞이하고 만다.

한나라의 누선장군 양복(楊僕)은 7천 명에 이르는 수군 병력을 이끌고 산둥 반도에서 고조선의 수도 왕검성(王儉城)을 향했고, 흉노를 정벌한 공이 있는 좌장군 순체는 5만 육군을 이끌고 공격에 나섰다. 두 장군은 일단 대동강 입구에서 만나기로 약속했다. 순체의 육군 선발대가 먼저 공격에 나섰으나 험준한 지형을 이용하여 미리 잠복하고 있던 고조선 군사들은 이들을 공격하여 패주시켰다. 순체가 이끄는 군사들은 곳곳에서 조선의 복병을 만나 전진하기가 매우 힘들었다. 순체는 힘들게 청천강까지 내려와 성급하게 왕검성을 공격했으나 패수(浿水) 서쪽에 배치된 고조선 방위군의 완강한 저항을 받았다.

양복의 수군 선발대 7천 명은 먼저 바다를 건너 왕검성에 이르렀다. 우거왕은 성을 굳게 지키고 있다가 적의 군사가 적다는 사실을 보고받고 곧바로 성을 나와 양복이 이끄는 수군을 공격했다. 불의의 공격을 받은 한의 수군은 뿔뿔이 흩어져 달아났다. 양복도 혼자 산 속으로 달아나 10여 일이나 숨어 지냈다.

전황이 불리해지자 한 무제는 위산(衛山)을 사신으로 보내 협상하려 했다. 한편 고조선에서도 잠시 여유를 얻기 위해 거짓으로 위산에게 항복하는 척하며 우거왕은 위산에게 이렇게 말했다.

항복하기를 원했으나 순체와 양복 두 장군이 신을 속이고 죽일까 두려워 항복하지 못했습니다. 이제 중국 천자의 믿을만한 절부(節符)를 보았으니 항복하기를 청합니다. 태자를 들여보내 천자에게 사죄하고 말 5천 필을 바치고 군량미를 공급하겠습니다.

《사기》 권115 〈조선열전〉 제55

우거왕은 태자에게 말 5천 필과 양식을 가지고 한나라 군대에 가서 사죄하도록 했다. 전쟁을 종식시키고자 하는 대가로 주는 물건이기에 많은 양이 동원되었을 것이지만 말 5천 필이라는 수치는 지금 계산해도 상당한 양에 달한다. 이는 우거왕 당시 고조선 사회에 상당히 많은 말이 여러 용도로 사용되고 있었다는 증거다.

태자가 이끄는 고조선 사람 만여 명이 군량미와 무기를 가지고 막 패수를 건너려고 할 때, 한의 사신 위산과 순체는 그들이 변을 일으킬까 두려워 고조선 태자에게 "이미 항복했으니 사람들에게 병기를 버리라고 명하시오"라고 말했다. 그러나 고조선의 태자도 역시 위

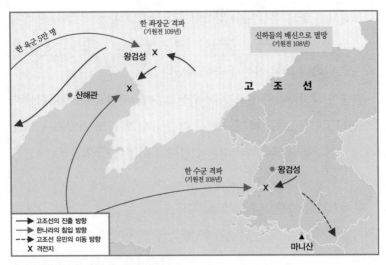

한나라와 고조선의 전쟁(왕검성의 위치는 추정임).

산과 순체가 자기를 속이고 죽일까 의심하여 결국 패수를 건너지 않고, 사람들을 이끌고 되돌아가 협상은 결렬되고 말았다. 위산이 한나라 황제에게 돌아가 이러한 사실을 보고하자, 황제는 화가 나 위산의 목을 베어 버렸다.

그 뒤 간신히 왕검성 부근까지 쳐들어온 순체의 육군과 양복의 수군은 왕검성을 포위했으나, 고조선의 완강한 저항 앞에 별반 성과를 얻지 못했다. 게다가 한나라 군대의 두 지휘관 순체와 양복의 사이가 나빠지기 시작했다. 좌장군 순체는 한에서 다시 파견된 사신 공손수(公孫遂)와 상의하여 양복을 잡아 가두고, 군대를 합쳐 새로운 기세로 맹렬히 왕검성을 공격했다.

첫머리에 크게 진 적이 있는데다가 고조선의 항전이 완강하여 시간을 오래 끌게 되자, 한나라는 정면 대결을 하면서 동시에 고조선의 지배층을 매수·분열시키는 방법을 택했다. 장기전에는 내부의 적이 더 무섭다는 말이 있다.

왕검성 안에서는 너무 오랫 동안 포위당한 채 있게 되자, 화친을 주장하는 세력과 결사 항전을 주장하는 세력이 갈려 갈등이 팽팽했다. 처음 누선장군 양복에게 항복하려고 했던 고조선의 대신들은 누선장군이 갇히고 좌장군이 계속 공격해 오자, 맞서 싸우기 두려워 항복하고자 했다. 그러나 우거왕은 끝내 항복하려 하지 않았다.

계속 싸울 것을 주장하는 우거왕을 따르면 살아남기가 어렵다고 판단한 상 노인과 상 한음, 니계라는 지방 출신인 상 참, 장군 왕겹 등은 결국 한나라 군대에 항복했다. 그중 노인은 항복하러 가는 도중에 죽었으나, 상 참은 사람을 보내 우거왕을 살해하고 결국 한나라에 투항했다.

우거왕이 살해되고 왕자인 장까지 투항했으나 왕검성은 아직 함락되지 않았다. 고조선의 대신 성기가 성 안의 백성을 지휘하여 끝까지 항전했기 때문이다. 성기의 저항은 만만치 않았으나 장과 노인의 아들 최가 백성을 선동하여 성기를 살해하고 말았다. 성기를 도와주는 조선 대신들이 한두 명만 더 있었어도 왕검성의 운명이 달라졌을지도 모른다. 결국 왕검성은 함락되고 고조선은 멸망했다. 기원전 108년 여름의 일이다.

조선이 가장 강성했던 시기의 왕, 우거

처음 위만이 위만 왕조를 세웠을 때는 한나라의 '외신' 지위로서 주변 나라들을 잘 살피는 역할을 충실히 이행했다. 주변 나라에서 한나라에 조공을 보내거나 교역을 할 때 중간에서 잘 안배를 하는 역할을 위만이 담당했던 것이다. 그러나 왕위가 아들에서 손자 우거에 이르면서 위만조선의 국력은 급속도로 성장한다. 급기야 우거가 통치하던 시기에 오면 위만조선은 이전 한나라와의 약속을 파기하고 자국의 이익과 국력 증강에만 전념한다. 게다가 한나라에게 평성의 치욕(한 고조가 흉노를 공격하다가 평성에서 두 해 동안 포위당했던 일)을 안겨준 초원 지역의 절대 강자 흉노와 우거가 친밀한 관계를 맺자 한나라는 긴장하지 않을 수 없었다.

앞서 살펴본 것처럼 기원전 109년 한 무제의 대대적인 조선 침략이 단행되었고, 이때 우리 역사상 첫 왕조인 고조선의 마지막 왕으로 고조선과 운명을 함께한 이가 바로 우거다. 우거는 고조선의 최전성기에 왕위에 올라 중국의 요구에 굴하지 않고 독자적으로 고조선왕조를 이끌었던 왕이다.

우거는 우리 역사에서 주목해 볼 만한 인물이다. 하지만 한나라와의 전쟁 과정을 기록한 내용에서만 단편적으로 언급되고 있어 그 생애는 물론 우거 당시의 역사상을 정확히 그려내기란 여간 어려운 작업이 아니다. 그동안은 우거에 대해 고조선의 멸망과 관련하여 단편적인 언급만 이루어져 왔다.

위만의 손자 우거왕은 처음 할아버지였던 위만의 약속과 달리 한

나라의 망명자들을 유인해 나라의 힘을 키웠는데, 그 숫자가 대단히 많았다. 이는 어찌 보면 할아버지의 정책을 답습한 것일 수도 있다.

'우거'라는 왕 이름은 중국식이 아니다. 우거의 어원을 따져 분석해 보면 이 말은 씨족의 생활 공동체 혹은 생활 공동체 연합의 우두머리 직책, 또는 사람의 뜻을 지닌 보통명사로 사용되었다는 것을 알 수 있다.

종래에는 우거를 단순히 위만의 손자로만 보아 왔으나, 최근의 언어학적 연구에서 '우거(右渠)'를 어원적으로 분석해 고조선시대에 우거는 '씨족의 생활 공동체 혹은 생활 공동체의 연합체의 우두머리'라는 뜻을 지닌 보통명사로 사용되고 있었으며 그 형태는 '우ㅅ(/UTKʌ/)'라는 세 개의 구성 형태소로 이루어져 있다고 보는 견해가 제기돼 설득력을 얻고 있다.

우거는 한마디로 '단군(檀君)'처럼 별도의 왕 칭호 없이 우두머리, 또는 지배자라는 일반 보통명사를 왕의 칭호로 불렀던 것이라 볼 수 있다.

우거는 위만의 손자로서, 위만 왕조를 정식으로 계승한 인물이다. 위만 왕조에는 세 명의 왕이 있었는데 마지막 왕이 우거였다. 대체로 기원전 2세기 말경에 왕위에 오른 우거는 선왕의 업적을 이어 고조선을 일정한 국가 단계로 발전시켰다.

우거가 왕위에 있을 때는 고조선 후기 단계인 위만조선이 가장 강성했던 시기였다. 한편 한나라 북방에는 유목민족인 흉노족 또한 여전히 강성했는데, 우거는 흉노족과 연합하여 세력을 키워나가 사방

오르도스식 동검. 한반도와 북쪽 지역에서 비파형 동검이 사용되던 시기에 중국의 황하 유역과 현재의 내몽골 자치구의 중남부에 있는 오르도스 지역에서는 다른 동검 문화가 존재했다. 위쪽 오른쪽 사진에서 중간에 있는 검은 비파형 동검이다. 아래 왼쪽 사진은 허리띠 고리로 사용된 오르도스식 청동기.

수 천리의 국가 형태를 유지하고 있었다.

우거왕은 한의 천자를 알현하지 않았을 뿐만 아니라 주변의 작은 나라들이 글을 올려 천자에 알현하고자 하는 것도 막았다. 때문에 주변의 작은 나라들은 조선의 압박을 심하게 받아 천자에게 고자질 했을 것이다.

우거가 통치하던 시기의 기록을 보면 위만이 전혀 등장하지 않는다. 이는 우거 재위 시에는 위만이 왕위에서 물러났을 뿐만 아니라 이미 사망했을 가능성이 높다는 것을 말한다. 따라서 우거의 생애나 집안과 관련된 이야기를 더 그려내기 위해서는 먼저 위만이 세운 위만조선의 역사를 살펴볼 필요가 있다. 고대 왕조는 왕조를 세운 한 인물의 왕실 집안 역사로도 볼 수 있기 때문이다.

고조선? 기자조선? 위만조선?

위만조선을 들여다보기 전에, 먼저 우리가 들어왔던 '고조선', '기자조선', '위만조선'이라는 명칭부터 정리해 보자.

청동기 문화가 발전하면서 만주 남쪽 지방과 한반도의 여러 지역에 부족이 출현했다. 이들 가운데 세력이 강한 부족이 주변의 여러 부족 사회를 통합하여 점차 권력을 키워 나갔고, 그 중 가장 먼저 나라로 발전한 집단이 고조선(古朝鮮)이다. 고조선은 우리 겨레의 첫 번째 나라라고 할 수 있다.

고조선은 말 그대로 '옛 조선'을 가리킨다. 그냥 '조선'이라 하면 태조 이성계가 세우고 일제 강점기 전까지 500년 동안 이어졌던 조선왕조와 헷갈리기 때문에, 그 전에 있었던 '조선'이라는 의미에서 '고조선'이라 부른다.

'고조선'이란 표현은 고려시대에 일연이 지은 《삼국유사》에 처음 나온다. 《삼국유사》에서는 옛 조선의 역사를 단군이 세운 조선(고조선)과 위만이 세운 조선(위만조선)을 구분했다. 위만이 세운 위만조선보다 옛날에 세워진 조선을 고조선이라 불렀던 것이다. 위만이 왕위를 빼앗기 전의 조선만을 고조선이라 하고, 기원전 2세기 무렵에 세워진 위만조선을 다른 나라로 보는 학자도 있다.

고조선 사람들의 활동 모습은 오늘날의 중국 동북부 지방에서 청동기 문화가 한창 발전하던 기원전 7세기 무렵부터 역사에 보인다. '조선'이라는 이름이 처음 나오는 곳은 중국의 《관자》라는 책인데 이 책은 기원전 7~6세기 무렵의 사정을 전한다. 더 믿을 만한 것은 《전국책》과 《사기》의 기록이다. 모두 중국 책인데, 이들 기록을 보면 기원전 4~3세기 무렵에 조선이란 나라의 지배자가 스스로 왕이라 하며, 상당한 세력을 이루어 중국의 연나라와 누가 힘이 센가를 다투었다고 한다. 이 기록을 보면 고조선은 적어도 기원전 4세기 이전, 더 올라가면 기원전 7~6세기 무렵부터 분명히 존재했던 나라임에 틀림없다.

따라서 '고조선'이라고 하면 기원전 7세기 무렵부터 기록에 나타나기 시작해 기원전 108년 한나라에게 멸망할 때까지 존속한 나라를 가리킨다. 고조선은 쇠로 만든 도구, 곧 철기를 사용하면서 나라의 모습이 크게 변했기 때문에 청동기를 주로 사용했던 때를 전기 고조선, 철기를 주로 사용했던 때를 후기 고조선으로 나눈다. 청동기시대 고조선에는 흔히 우리가 알고 있는 단군조선과 기자조선이 있고, 철기시대 고조선이 바로 위만조선이다.

기자는 동쪽으로 가지 않았다

일연이 쓴 《삼국유사》에서는 단군이 기자에게 왕위를 물려주고 산신이 되었다고 한다. 단군조선을 이은 사람이 기자라는 것이다. 아직까지는 많은 학자들이 기자가 단군조선의 뒤를 이어 고조선을 이끌었다고 본다.

기자가 '동쪽으로 가서 왕이 되었다'고 전해지는 이야기는 한나라 때(기원전 206년~서기 220년)의 중국 책인 《상서》에 처음 나온다. 사마천이 쓴 《사기》에도 비슷한 내용이 실렸는데, 줄거리는 대강 이렇다.

은나라 말엽에 '기자'라는 현명한 사람이 있었는데 걸주의 포악한 정치를 말리다가 감옥에 들어가게 되었다. 이윽고 포악한 걸주를 물리친 무왕이 주나라를 세워 왕위에 오른 뒤 기자를 감옥에서 풀어 주자, 기자는 곧바로 조선 땅으로 도망쳤다. 나중에 이를 알게 된 무왕은 기자를 조선 왕으로 임명했다. 그러자 기자는 조선의 제도와 문화가 발전하도록 이끌었고, '범금 8조'라는 법률을 정해서 조선 사람들에게 그것을 지키도록 가르쳤다. 뒷날에 기자는 무왕을 찾아가서 '홍범구주'라는 법을 전해 주고 통치의 기본 규범으로 삼도록 권유했다. 기원전 194년에 위만이 쫓아낸 조선의 준왕은 기자의 후예라고 한다.

'홍범구주(洪範九疇)'란 기자가 주나라 무왕의 물음에 응답한 것으로, 천하를 다스리는 아홉 가지 커다란 법을 말한다. 사람의 행동 규범과 해야 할 일, 정치의 도덕 같은 내용을 담았다. 우리 조상들 가운데 고려시대와 조선시대의 유학자들은 기자가 고조선에 와서 왕이 되었다는 주장을 그대로 믿었다. 기자를 우리나라에 예의범절을

평양에 있는 단군과 동명왕을 모신 숭령전(崇靈殿). 고려왕조 때부터 제사를 지내기 시작해 조선왕조에 들어와서 특히 국가적 차원에서 단군을 민족의 시조신으로 봉안했다. 특히 기자가 조선의 왕으로 임명된 것에 자부심을 느껴 이미 고려 충숙왕 대에는 왕명으로 기자를 모신 숭인전을 세우기도 했다.

가르친 성현으로 숭배하면서, 우리나라가 기자의 가르침을 받은 문화 국가임을 자랑으로 여겼다. 중국의 문명을 존경하던 사람들은 기자가 조선의 왕으로 임명되었다는 사실에, 조선이 중국과 동등한 문명을 가졌다는 자부심을 가졌던 것이다. 그래서 평양에 기자에게 제사하는 사당인 숭인전(崇仁殿)을 세워 기자를 기리기도 했다.

최근의 기자 전설에는 고조선의 준왕이 기자의 후예라고 나오는데, 준왕은 위만에게 쫓겨 남쪽으로 내려가 한(삼한)을 세웠다. 그리고 준왕의 후손 중에 우량, 우성, 우평 형제가 있었는데, 이들이 각각 선우씨, 기씨, 한씨의 시조가 되었다고 한다. 이처럼 우리 조상들은 대개 기자가 단군을 이어 고조선 왕조를 이끌었다고 믿었던 것 같다. 그 사실을 입증해 주듯, 최근 중국 요녕성 서부의 객좌현(喀左縣) 대릉하(大凌河) 강 유역의 북동촌(北洞村) 고산(孤山)에서 '기후(箕侯)'라는 글자가 쓰인 상나라 시대의 청동 제사 용기가 나왔다.

'기후'란 '기자 제후'라는 뜻이다. 이것 말고도 대릉하 유역에서는 상·주 시대의 청동 제사 그릇이 많이 출토되었는데, 이 그릇들은 요녕성 서쪽의 객좌현 일대가 기자조선과 관계있는 땅임을 증명하는 것이라고 한다. 그러나 중국의 고대 문헌을 보면, 기자는 실제 상나라 끝 무렵에 살았던 인물로서 중국 상나라 황제 밑에서 일하다가 주나라 무왕이 상나라를 치고 일어서자 무왕 밑에서 일했고, 중국 땅에서 죽었으며 그의 무덤은 중국 양국 몽현이란 곳에 있다고 한다. 기자가 조선 땅에 왔다는 주장을 믿기 어려운 까닭이 또 있다. 만일 기자와 그를 따르는 상나라 사람들이 우리 땅에 왔다면 그들이 사용하던 청동 제품 등 당시의 중국 물건들이 우리 땅에서 발견되어야 하는데 전혀 안 나온다는 점이다. 이것은 기자가 대동강 유역에 오지 않았다는 증거다.

그리고 상식적으로 생각해서, 중국 요녕성 지방은 청동기 시대에 매우 황량하던 지방으로 왕래하기가 힘들고 쉽지 않았는데, 기자가 자기를 감옥에서 풀어 준 무왕을 버리고 굳이 힘들게 조선 땅으로 올 이유가 있었을까 의심스럽다.

청동기 명문을 보아서 기자를 대표로 하는 주민 집단의 존재는 인정할 수 있어도 요서 대릉하 유역이 기자조선이었다는 논리는 성립하기 어렵다. 기자조선과 관련하여 언급되는 고죽(孤竹)이나 기자집단(箕子集團), 영지(令支) 등은 대개 상(商)의 유이민(流移民)이 중심이 된 집단들이었지만, 결국은 토착 융적(戎狄. 중국에서 서쪽 오랑캐와 북쪽 오랑캐를 아울러 이르던 말) 문화에 흡수되어 존재했던 것이다.

따라서 복생의 《상서대전》에 처음으로 등장하는 "주 무왕이 은

하가점(夏家店) 하층 문화권에서 출토된 북방 청동기. 요서 지역의 청동기문화는 일반적으로 내몽고 적봉시(赤峰市) 하가점 유적의 생활 문화층을 기준으로 '하가점 상·하층문화'라고 부른다.

(殷)을 이기자 기자가 북쪽으로 향해 조선으로 갔다"는 고사는 바로 기자조선의 존재를 입증하는 것이라기보다는 이 광대한 지역에 기후(箕侯)가 존재했고, 또 '상조(商朝)'와 밀접한 관계가 있었기 때문에 등장한 것으로 볼 수 있다.

원래 중국에서는 넓은 땅 이곳저곳에 작은 나라가 여럿 일어서서 서로 어깨를 겨루곤 했는데, 기원전 3세기에 진나라의 뒤를 이어 한나라가 매우 힘세고 큰 나라로 성장하자, 중국 사람들은 스스로를 세상의 중심이라고 생각했다. 기자조선 이야기는 동쪽의 미개한 고조선이 중국 사람의 가르침을 받아 문명사회로 나갈 수 있었다는, 중국 사람들의 자부심을 표현한 것으로 봐야 한다. 한마디로 기자가 동쪽으로 왔다는 주장은 중국 한나라의 역사가들이 만들어 낸 허구라 할 수 있다.

위만은 도대체 누구인가?

위만이 위만 왕조를 세운 시기는 전체 고조선의 역사에서 후기에 해당한다. 따라서 위만조선은 '후기 고조선'이라 부르는 것이 더 적절할 것 같다. 고조선은 처음 국가를 세운 청동기 시대부터 후기 단계의 위만 왕조에 이르기까지, 최고 우두머리인 왕을 정점으로 해서 그 아래에 지방의 우두머리들이 중앙 관료나 지방 지배층으로 군림하면서 층층이 여러 등급으로 나뉘어 지배하는 국가 형태를 띠었다.

기원전 3세기 이후부터 고조선의 왕권은 매우 안정되었다. 부왕(준왕의 아버지)에서 준왕으로 왕권이 계승되고, 위만 왕조에 와서도 위만이 아들(이름은 알려지지 않았다)에게, 그 아들은 다시 우거에게 왕권을 넘겨 3대에 이르기까지 부자(父子) 간에 왕위를 세습했다. 왕권이 아버지에서 아들에게 계속 이어지는 것은 고대 국가를 세우고 그 왕권이 어느 정도 강할 때나 가능한 일이다. 이러한 사실로 유추해 보면 위만조선의 왕권은 매우 강했고 국가 형태 역시 고대 국가로서 그 틀을 갖추었다고 볼 수 있다.

위만 왕조는 기원전 194년 무렵 중국 전국시대 연(燕)나라 사람 위만이 고조선 준왕의 왕위를 탈취하면서 성립했다. 고조선과 관련하여 가장 자세한 기록인 《사기》〈조선열전〉에 따르면 위만은 고조선의 서쪽 변방에서 세력을 키워 준왕(準王)을 몰아내고 새로운 왕조를 열었다고 한다.

우거의 할아버지가 되는 위만의 출생지는 정확하지 않다. 다만《사기》〈조선열전〉의 기록을 보면 중국 연나라 사람으로 현재의 북경에 위치한 연나라 왕 노관의 밑에서 일하다가 고조선에 망명했다고 한다.

우리 학계에서는 위만의 출신 지역을 조선 땅으로 보아 위만을 조선 사람으로 보는 학자도 있다. 특히 북한의 역사학자들은 사마천이 일부러 위만이 중국 사람임을 강조하기 위해 위(衛)씨 성을 붙였다고 보고, 위만은 '위만(衛滿)' 대신 그냥 '만(滿)'이라고 불러야 한다고 주장하기도 한다.

도대체 위만은 어떤 인물이기에 그의 국적이 문제가 되고 있는가. 다음은 위만에 관해 비교적 상세하게 서술하고 있는 사마천의 《사기》에 기록된 내용이다.

조선왕 위만(衛滿)은 옛날 연나라 사람이다. ……(한나라가 일어난 뒤에) 연왕 노관이 (한나라를 배반하고) 흉노로 들어가자 부관으로 있던 위만도 망명했다. 무리 천여 명을 모아 북상투에 오랑캐의 복장을 하고서 동쪽으로 도망했다. ……차츰 진번과 조선의 오랑캐 및 옛 연(燕) · 제(齊) 지역의 망명자를 복속시켜 거느리고 왕이 되었으며, 왕검성에 도읍을 정했다. 그때가 마침 혜제(惠帝. 기원전 194~180년) 때로서 천하가 처음으로 국경 밖의 오랑캐를 지켜 변경을 침략하지 못하게 하는 한편, 오랑캐의 군장(君長)들이 천자를 뵙고자 하면 막지 않도록 했다. 이로써 위만은 군사적 위세와 재물을 얻게 되어 주변 지역을 침략하여 항복시키니, 진번과 임둔도 모두 와서 복속하여 그 영역이 사방 수천 리가 되었다.

《사기》 권115 〈조선열전〉 제55

위 내용에 따르면, 위만은 연나라 사람으로 연나라 왕 노관의 부장(副將)으로 있었다. 말하자면 연나라의 제2인자로 군림하고 있던 인물이었다. 그러던 중 여후(呂后) 시기에 이르러 노관 왕이 자신의 자리가 위험하다고 판단하고 흉노(匈奴) 땅으로 망명하자, 위만도 그냥 남을지 함께 망명할지 선택의 기로에 놓인다. 결국 위만은 노관을 따라가는 비교적 쉬운 길을 버리고 독자 세력을 이끌고 망명의 길을 택한다.

위만은 자신을 따르는 세력과 함께 연 땅을 나와 조선 땅으로 들어와 패수와 왕검성 사이의 지역에 웅거했다. 위만 세력이 웅거한 패수와 왕검성 사이는 바로 한반도 서북 지방을 중심으로 압록강 유역에 걸친 지역이다.

이러한 기록을 보면 우거의 몸속에 일찍부터 중국 연나라 사람의 피가 흘렀던 것은 분명하다. 다만 이미 할아버지 대부터 중국에서 떨어져 나와 고조선 사회를 이끌어갔기 때문에 우거는 고조선 사람이라고 불러야 마땅하다.

한반도 서북 지방에는 이미 기원전 4~3세기(전국시대 후반)부터 하북 · 산동 방면의 중국인들이 이주했고, 기원전 3세기 후반에 이르면 이미 중국인 이주민에 의한 정치 세력이 등장했음을 확인할 수 있다.

《후한서(後漢書)》 권76 〈왕경전(王景傳)〉에 의하면, 후한 초기에 낙랑군 출신의 수리가로서 본국에서 크게 활약하던 왕경의 8세조 되는 왕중(王仲)이 제왕 유흥거의 반란(기원전 177년)에 연좌될 것을 두려워하여 본거지인 산동지방의 낭야에서 뱃길로 평양 부근의 낙랑 산중으로 흘러 들어와 대대로 살았다고 한다. 왕중 외에도 많은 세력 집단들이 고조선 땅으로 흘러 들어왔는데 그 수가 수만을 헤아렸다고 하니, 한 대의 수치 개념으로 보아도 수만의 숫자는 상당히 많은 수임에 틀림없다. 이처럼 위만조선 당시 바다를 건너 조선 땅으로 건너온 여타의 중국인 이주민들 역시 같은 의미에서 고조선 사람이라 불러 마땅하다.

이러한 역사적 움직임을 기반으로 기원전 2세기 초에는 이 지방에 독립정권이 발생하게 되었으니, 이 정권이 바로 요동 방면에서 서북한 지역으로 망명해 온 위만에 의해 수립된 위만조선이다.

우거는 위만조선의 세 번째 왕이자 마지막 왕이다. 따라서 우거는 중국 연나라에서 망명한 유이민 위만의 핏줄로서 고조선 토착인 출신은 아니나 새로운 왕조 위만조선의 적장자로서 왕위에 오른 인물이었다. 그리고 위만 이래의 고조선 사회를 더욱 부흥시켰으나, 당시 한나라의 중국 중심의 국제 질서를 유지하기 위한 전쟁에서 고조선과 운명을 함께했다.

위만, 새로운 땅으로 가다

위만이 고조선으로 망명한 때는 한(漢) 고조 유방이 항우를 물리치고 천하를 통일한 뒤 얼마 지나지 않아서였다. 통일 후 유방은 휘하의 장군들을 지방의 제후로 임명했는데, 그때 연왕(燕王)에 임명된 노관은 유방과 같은 고향 사람으로서 유씨 성이 아니면서도 제후에 봉해진 몇 안 되는 사람의 하나였다. 그런데 한나라가 국가 체제를 정비해 가던 중에, 지금의 북경 일대를 다스리던 연나라 왕 노관은 부하와 주민들을 이끌고 북방의 흉노국으로 도망가 버린다. 과연노관에게 어떠한 사정이 있었기에 왕 자리를 버리고 흉노 땅으로 떠나게 된 것일까?

한나라 초기 정권의 안정을 위해 유방은 한신 등 이성제후(異姓諸侯)를 제거하기 시작했다. 유방은 한나라를 세우는데 일등공신이었던 한신도 제거했는데, 한신은 죽으면서 '토사구팽(兎死狗烹)'이라는 유명한 말을 남겼다. 노관이 유방과 죽마고우라는 점 때문에 연나라왕 노릇을 했지만 유방이 언제 자신을 내칠지 몰라 걱정했다. 그러던 중 노관은 유방의 지시를 받고 한나라에 맞서 일어난 반역자들을토벌하면서 반역자들과 짜고 싸움을 오래 끌었다. 이 사실은 곧바로탄로났고, 유방이 노관을 문책하려 하자 그는 군사력이 강력한 흉노땅으로 도망쳤던 것이다.

위만이 모시던 상관인 노관이 왕조 교체기의 혼란기에 오랑캐인흉노 땅으로 달아나자 위만 역시 선택의 기로에서 독자의 길을 택한다. 노관을 따라가면 관리로서 생활에 어려움은 없겠지만 이(異)종족과 함께 이동 생활을 하며 타지에서 생활한다는 것이 그리 편하지만은 않으리라 판단했을 것이다. 결국 위만은 중국 동북지방 가운데중국과 고조선의 경계 지대에 자신의 세력을 이끌고 거주하게 된다.

중국 세력의 동부와 고조선 서부 사이의 공백지대는 진나라 때는

연진장성 주변에서 출토된 와당.

'공지(空地)'로 분류되어 관리의 손길이 미치지 않았다. 대개 요새와 보루가 설치된 지역에는 사람의 흔적이 별로 없었다. 사료에서는 진(秦)·한(漢)나라와 고조선의 경계 지역을 "진고공지(秦故空地) 상하장(上下障)"이라 표기하고 있다. 《사기》에는 위만이 요동장새를 나와 패수를 건너 진고공지에 살았다고 기록되어 있다. 이 지역은 지리적으로 진한(秦漢)과 고조선 사이의 중간 지대였다.

위만이 처음 거주했던 진고공지는 연(燕)·진(秦) 장성(長城)이 끝나는 지점의 동쪽 땅이 될 것이다. 문헌 기록상 연북장성은 "조양에서 양평에 이른다(自造陽至襄平)"고 하는데, 오늘날 하북성 회래에서 요녕성 요양에 이른다.

현재 남아 있는 장성 유적을 돌아보면, 요서(遼西) 지역의 경우 연북장성은 두 갈래의 흐름이 있다. 한 줄기는 서쪽으로부터 흥화에서 시작하여 동쪽으로 고원을 지나 다륜, 풍령, 위장, 객라심, 적봉, 건평, 오한, 나만, 고륜, 부신, 창무, 법고, 본계, 관전을 지나 용강 지역에서 그친다. 그보다 밑에 위치하고 있는 다른 한 줄기는 내몽고자치구 회덕현에서 동쪽으로 향하여 객라심기와 적봉시 남부를 거쳐 노합하를 넘어 요녕성 건평현 북쪽과 내몽고자치구 오한기 남부를 통과하여 요녕성 북표시에 들어간다. 이들 남북 장성 사이의 거리는 40~50킬로미터에 달한다.

이 두 갈래의 장성 중 명확하게 흔적을 확인할 수 있는 것은 남쪽의 고원에서 북표에 이르는 장성이다. 북쪽에 위치한 또 다른 장성은 대개 오늘날의 의무려산을 넘지 못하고 요하 근방에서는 그 흔적을 찾아볼 수 없다. 중국학계에서 추측하고 있는 연북장성은 부신(阜新)의 북쪽으로부터 나온 후에 창무, 법고를 지나 개원에 이른다. 이후 장새(鄣塞), 즉 연·진의 요새(초소)는 동남쪽으로 무순의 동쪽을 지나 본계의 동쪽을 거쳐 관전의 북쪽에 이르며, 최종적으로는 압록강을 넘어 한반도 북부 용강에 이른다고 한다. 이러한 주장을 믿는다면 아마 요하 이동 지역에는 본격적인 장성이 설치되었다기보다는 전진 기지의 성격을 띤 장새가 설치되었던 것이라 생각된다.

중국에서 연북장성을 쌓은 것은 동호 등 여러 북방 유목 종족의 남하와 소요를 방어하는 데 1차적인 목적이 있었다. 장성 설치로 그 이남 지역에 대한 연의 통치력을 유지할 수 있었고, 이는 연의 지배

체제를 견고하게 하는 큰 힘이 되었다. 또한 장성을 지은 것은 사병과 유이민의 이동을 초래했고, 그에 따라 중국 문화가 중국 북방 지역으로 전파되면서 장성 지역의 경제와 문화가 개발되었다. 또한 중국 변경과 내지 사이의 교통 왕래를 원활하게 하는 데도 적극적인 작용을 했다.

문화적 점이지대 '진고공지'에 세운 위만조선

중국 역사를 통해 볼 때 춘추시대 전기까지는 아직 일국의 지배권이 미치는 들판의 끝에는 산림계곡 등 천연의 경계를 이용한 지역이 타국과의 경계로 설정되었다. 하지만 춘추시대까지는 속읍(屬邑)에 대한 영유권만을 확보할 뿐, 아직 영토 의식은 뚜렷하지 않았다. 따라서 변방의 경계 지역에 설치된 요새나 보루, 관문을 잘 관리하지 않았을 뿐 아니라, 심지어 일국의 속읍이 타국을 초월하여 존재할 정도로 국경 개념이 명확하지 않았다. 따라서 국과 국 사이에는 어느 쪽에도 속하지 않는 일종의 공백지대가 존재했고, 이 같은 틈새 땅이 읍(邑)을 이탈한 소농민에 의해 개발되어 취락이 형성되면서 그에 대한 영유권을 둘러싸고 국가 간에 분쟁이 일어나기도 했다.

고조선 사회에도 위만이 집권하던 시기처럼 국가체제가 갖추어지지 않았던 때는 '진고공지'와 같은 일종의 공백지대가 문화적 점이지대로 존재했던 것 같다. 이곳에서 다른 국가의 주민들이나 유망민은 자유롭게 거주하며 세력을 키웠다. 중국 세력의 동부와 고조선

평양 낙랑토성. 고조선 왕검성 위에 세워진 낙랑군의 중심 토성으로 여겨진다(위). 아래 왼쪽 사진은 낙랑토성에서 출토된 낙랑시대의 와당이다. 여기서 와당은 기와 한쪽 끝에 둥글게 모양을 낸 부분을 가리킨다. 아래 오른쪽 사진은 평양시 낙랑구 토성동 45호 무덤에서 나온 고조선 시대의 동전.

서부 사이의 공백지대는 진나라 때는 '공지'로 분류되어 관리의 손길이 미치지 않았다. 바로 이 지역에 기원전 2세기 말경에 '위만'이 들어와 살면서 이른바 '위만조선'을 세웠다.

위만이 처음 거주했던 진고공지 지역은 대체로 천산산맥 동쪽에서 청천강 일대에 이르는 너른 지역을 포괄했던 것으로 보인다. 서쪽으로는 요동반도를 종으로 흘러내리는 천산산맥이 자연 경계가 되었고, 아래로는 청천강을 넘지는 않았을 것이다.

위만은 주로 압록강 유역 일대에서 청천강 유역에 살고 있던 유이민과 토착민을 포섭하면서 세력을 키워갔다. 그리고 이 과정에서 토착민이나 연 · 제에서 온 망명자를 복속시키고 남방으로 진출하여 왕검성(현재 평양)을 근거지로 하여 나라를 세웠다.

위만이 복속시킨 망명자는 대개 연(燕)이 요령 지역에 영향력을 미치고 있던 전국시대 후반의 관리(官吏)나 이주자를 포함한 것이 틀림없을 것이다. 진(秦)이 서북한 지역에 대한 직접 지배를 중지하자 위만은 스스로 정치 세력을 형성하고 힘을 키워, 토착민에 대하여도 지배의 손길을 뻗쳤던 것이다.

진고공지 지역에 망명한 위만은 준왕의 신임과 총애를 받아 박사(博士)직에 임명되었다. 그리고 백리의 땅을 받아 고조선의 서쪽을 수비하는 임무까지 맡았다. 아마도 이때 위만은 '진고공지'에 거주하는 중국 유망민 세력을 통솔하는 책임을 부여받은 듯하다. 그리고 언젠가 주변에 살고 있는 오랑캐 집단도 관리하는 임무를 부여받았기에, 한 무제에게 외신(外臣)으로 임명되었던 것이다. 위만은 차츰

306

유이민을 끌어 모아 세력을 키웠고, 기원전 194년경에 한이 침공해 오자 수도를 방어해야 한다는 구실을 내세워 군사를 이끌고 들어와 정권을 탈취했다.

위만은 고조선의 서쪽 변경 지대에서 살면서 계속해서 이주해 오 는 중국 사람들을 모아 정착하게 해주고, 또 그 일대에 사는 고조선 주민들을 잘 다스려서 신망이 높아졌다. 어느 정도 힘이 커지자 위 만은 왕위를 차지해 국가를 경영할 생각을 갖는다. 기원전 194년 무 렵 드디어 위만은 자신을 따르는 주민과 관리들의 힘을 빌려 고조선 의 준왕을 몰아내고 정권을 잡았다.

먼저 위만은 준왕에게 한나라의 군대가 열 군데로 나뉘어 쳐들어 온다고 거짓 보고를 했다. 그리고는 자기가 고조선의 도성인 왕검성 을 지키는 데 힘이 되고 싶다면서 군대를 이끌고 도성으로 들어갈 수 있도록 왕의 허락을 받아 낸 뒤 왕검성을 차지해 버렸다. 이렇게 해서 위만이 이끄는 새로운 고조선 왕조가 탄생했다.

왕위를 빼앗긴 준왕은 할 수 없이 자신을 따르는 신하들과 일부 백성을 데리고 한강 이남으로 내려갔다. 그리고 그 곳에 정착하여, 한왕(韓王)이라 칭했다. 이때부터 '한(韓)'이라는 종족 이름과 나라 이름을 사용하며 삼한(三韓) 시대를 새로이 열었다. 우리 역사에서 한(韓) 왕조(王朝)는 준왕이 그 문을 연 것이다.

위만조선, 중계무역으로 힘을 기르다

위만이 이주민이나 토착민을 세력하에 두고 위만조선을 세웠던 시기는 전한(前漢) 혜제(惠帝) 때, 즉 기원전 190년대의 일이다. 위만과 그 자손은 단지 평양을 중심으로 하는 한반도 서북 지방만이 아니고 남방이나 동방으로 세력을 확장하여 진번(眞番)과 임둔(臨屯)도 지배하에 두었다. 그리고 그 이북에 위치한 동옥저(東沃沮)도 한때 고조선 세력의 지배를 받았다. 이처럼 고조선은 후기 단계에 오면 주변 지역에 대한 정복을 통해 지배 체제를 확립한 후, 복속한 여러 부족이나 주변 지역에 위치했던 여러 나라[衆國]가 요동 지역의 중국 군현과 직접 조공하고 교역하는 것을 금했다. 이러한 위만조선의 활동을 학자들은 중계무역의 한 형태로 이해하고 있다.

정복 지역에서 나오는 여러 생산품과 원료는 고조선이 국가로 성장하는 데 불가결한 전제였다. 고조선은 주변 지역을 정복하여 그 지역의 수장을 통해 지역을 통제하고 물자를 공납받아 정치적 통합을 유지하는 물질적 자료로 활용했다. 따라서 고조선 사회의 정치적 통합 규모는 공납과 고조선에서 내려주는 사여·증여 형식을 통해 규정되었다. 그리고 남쪽의 진국(辰國) 등 주변 소국들이 중국으로 교역하는 것을 중간에서 중계하면서 이득을 챙겼다.

고조선은 전성 시기에 사방 천여 리 영역 내에 있는 여러 소국들을 통제하고 그 소국들이 중국과 하던 무역을 독점함으로써 고조선 왕실의 왕권이나 지배력을 강화해 나갔다. 그만큼 당시 고조선 왕실의 권한은 상당히 강하게 확립되어 있었다. 이것이 바탕이 되어 우거 왕조는 한나라의 조서를 거부하고 독자 노선을 걷게 된다.

중국에 대한 위만조선의 당당한 태도는 무엇보다 자국의 실력에

기원전 8~7세기 요서 지방 주민 집단으로 추정되는 산융족(山戎族)을 요서 영성 소흑석구에서 출토된 유적으로 복원해 놓은 모습.

의지하는 것이겠지만, 한편으로는 당시 북아시아에서 강대한 정치 세력을 형성했던 흉노제국과 연결될 수 있는 가능성이 또 하나의 힘으로 작용했다고도 볼 수 있다. 《사기》〈흉노열전〉에 보면 고조선이 흉노의 왼팔이 되었다는 기록이 보인다. 이는 고조선과 흉노 사이에 매우 밀접한 관계가 형성되어 있었다는 뜻으로도 해석이 가능하다.

이러한 자신감을 바탕으로 위만조선은 수도인 왕검성을 중심으로 독자적인 문화도 탄생시켰다. 귀족이나 왕이 죽으면 움무덤(토광묘)

이나 나무곽무덤(목곽묘)을 쓰고, 고조선만의 독특한 세형(한국식)동
검문화를 창조했다.

반면 위만조선의 지배층에는 이주해 온 중국인이 많았다. 위만 자
신이 연나라 사람이었고, 위만을 따라온 사람 대부분도 연나라 사람
이었다. 그리고 진고공지에 거주하면서 위만의 지배하로 복속시킨
주민 가운데는 유이민 세력이 많았다. 이들은 위만 왕조에 살면서
자연스럽게 중원 문화를 바탕으로 하면서 지역성을 가진 문화로 발
전시켰다.

중국 전국시대 문화 혹은 진·한 초의 문화는 중국 중심 지역 문
화에서 벗어나 한반도와 요동 지역에서 자립적인 발전을 시작하여
후에 독자적인 지역문화를 형성했다. 고조선 토착민 사이에서도 점
점 중국의 선진 문명사회와 접촉하면서 새로운 문화를 누리게 되었
다. 이러한 변화 발전의 모습은 남만주 지역에서 한반도 서북 지방
에 걸쳐 이전의 돌무덤 대신 새로운 단계의 무덤으로 움무덤이 집중
발견되는 점에서도 알 수 있다. 이들 움무덤은 분명 토착민 유력자
들이나 그 가족의 무덤이었다.

유이민과 토착민들의 연맹국가 위만조선

그렇다면 이들 유이민들은 토착 고조선인들과 어떠한 관계를 가
지고 존재했던 것일까. 이 점은 후기 고조선의 국가적 발전과정을
보면 쉽게 알 수 있다.

위만과 그를 따라온 유이민 천여 명은 이미 중국적 세계질서를 거부한 세력으로, 고조선이라는 체제 안에 흡수되어 국가 발전의 원동력으로 작용하고 있었다. 한마디로 우거가 왕위에 있던 고조선 후기 단계에는 토착 고조선 계통 주민 집단과 중국 유이민 계통 집단이 함께 참여하여 국가를 운영해 나갔다. 그리고 중국 이주민 가운데 권력자의 수는 그다지 많지 않았을 것이다. 때문에 이주민 집단이 토착민 사회를 전면적으로 지배했다고 보기는 어렵다.

위만조선은 단순한 식민지 정권이 아니라, 그 정권의 조직이 매우 복잡했다. 고조선의 관료인 '니계상(泥谿相)'을 예로 들면, 니계상에서 '니계(泥谿)'가 무엇을 의미하는지는 분명치 않지만 중국의 지명이 아닌 것은 분명하다. 혹자는 '니계'가 나중에 '예(濊)'로 불렸다고 보기도 한다. 따라서 이것은 분명 한어(漢語)가 아닌 토착어를 한자로 쓴 것이라 보아도 틀림이 없다. 일인학자 미카미 츠기오[三上次男]는 '니계'가 조선의 토착 읍락 집단일 가능성이 높다고 보았다. 즉 니계상은 토착어의 형용사를 '상' 관직명 앞에 붙인 토착민이라고 볼 수 있다. 니계상이 다른 상과 달리 특별히 출신 명을 관직명 앞에 붙이고 있는 것은 출신 지역에 기반을 두고서 중앙 정계의 고위 관료로 활동했음을 말해 주는 것이라고 할 수 있다. 반대로 특정 지역을 관직명 앞에 붙이지 않은 관료, 즉 그냥 '상'이라고만 칭한 관료의 경우는 이 지역 사회와 연관이 없거나 이미 연관을 떠난 인물이라고 생각할 수 있다.

이때 '니계'는 고조선에 속한 하나의 읍락 집단으로 보는 것이 합리적이다. 니계와 같은 읍락 집단을 문헌에서는 소읍(小邑)이라 표기했다. 이것만 보아도 고조선 후기 단계에는 읍락 집단이나 속국의 존재를 인정하고, 그것의 일부를 포함하여 완만하게 연결된 연맹국가를 이끌었다고 볼 수 있다.

우거가 왕위에 있을 당시의 고조선은 왕 우거를 포함해 한족 유이민을 하나의 단위로 한 세력 집단과 한편에서는 토착사회 여러 읍락 집단들이 연맹하여 구성했음을 알 수 있다. 결국 고조선의 수도 왕검성이 위치한 대동강 유역에서는 위만 이전부터 정치력이 성장하여 하나의 우세 지역집단이 영도 세력으로 등장하는 소국(=소읍) 연맹이 형성되었다고 생각되며, 이러한 토착사회의 기반 위에 한족의 유이민이 이주하면서 위만 왕조를 발전시켰던 것이다.

위만조선 이후 한반도에 부는 새로운 바람

우리 역사상 첫 국가 고조선은 내부 관료 집단이 자신의 안위만을 추구하고 왕조를 유지하고자 하는 노력을 게을리 하면서 허무하게 멸망하고 말았다. 다만 고조선 사회 이래 이어져 내려오던 독자적 역사 경험은 이후 주변에서 일어나는 고구려와 삼한의 역사로 이어진다.

사마천은 《사기》에서 고조선과 한나라의 전쟁에 대하여 다음과 같이 평가를 했다.

쇠뇌(弩). 쇠뇌란 방아쇠를 당겨서 화살을 쏘는 기계식 활을 말하는데 고조선의 주력 무기 중 하나였다.

우거는 견고함을 믿다가 나라를 잃었으며, 섭하는 공을 속이다가 빌미를 만들었다. 누선은 장수감이 못되어서 난을 맞이해 죄에 걸렸으며 변방의 실패를 후회하다가 도리어 의심을 받았다. 순체는 공로를 다투다가 공손수와 함께 주살되었다. 결국 양군(육군과 수군)이 모두 욕을 당하고, 장수로서 공을 세워 나중에 열후(列侯)에 봉해진 자가 없었다.

〈사기〉 〈조선열전〉

사마천은 고조선이 멸망하기는 했지만 한나라가 그리 잘 싸우지 못했음을 인정했다. 고조선의 군사력은 충분히 한나라 군대의 공격을 막아낼 수 있었지만 우거왕의 과신과 한나라에 대한 대비를 하지 못해 결국 멸망했다고 말한다.

여타 고대 왕조의 멸망을 보면 대개 국력이 약해서라기보다는 내부의 불화나 통치자들의 문란한 생활이 문제시된다. 고조선 역시 다른 왕조의 멸망과 크게 다르지 않은 과정을 밟았다.

한나라는 정복한 고조선 땅에 '군(郡)'이라는 관할지를 네 군데 두었다. 보통 이를 한사군(漢四郡)이라고 한다. 한사군은 우리 땅에 설치되어 중국의 변방 군현으로서 조선 땅을 관리하는 역할을 수행했다. 그러나 낙랑, 임둔, 진번, 현도라는 4개 군 중 3개 군은 고조선 백성들의 저항으로 얼마 지나지 않아 폐지되었고, 낙랑군만 우여곡절을 겪으며 존속하다가 서기 313년에 고구려에 완전히 넘어갔다.

이들 한나라의 군, 특히 마지막까지 남았던 낙랑군·대방군은 일제 강점기 시절과 같은 식민 통치를 수행한 것이 아니다. 한은 짧지 않은 기간 동안 우리 땅의 일부에 세력을 뻗쳤기 때문에 고조선 주민 전체를 다스리기 힘들었다. 처음에 랴오둥 지방에서 온 낙랑 관리들은 몇 되지 않았기에 고조선의 토착 지배자들을 관리로 임명해서 고조선 백성을 다스렸다.

낙랑군은 우리 땅에 있는 동안 중국의 '식민지'라기보다는 고조선 땅에서 나오는 특산품을 중국으로 가져가는 중간 거점 구실을 했다. 따라서 낙랑군은 한때 중국 한나라의 힘이 미친 곳이지만 우리 역사의 한 부분으로서 이해할 필요가 있다. 게다가 낙랑군은 중국의 발전된 문물을 우리 땅에 전수해 주어 새로이 성장하기 시작한 삼국, 곧 고구려·백제·신라의 문화에 큰 영향을 미치기도 했다. 따라서 고대 국가인 고구려, 백제, 신라의 초기 성장 과정을 이해하는 데 한 사군에 대한 이해가 매우 중요하다.

고조선의 뒤를 이어 주변지역에서는 고구려, 백제, 신라의 삼국이 성장했다. 이밖에 북쪽에 부여, 남쪽에 가야 역시 새롭게 성장했다. 이들 나라들이 성장하는 과정에서 고조선 인들의 역할이 일정하게 작용했다고 생각한다.

첫 왕조 고조선이 남긴 유산

고대국가가 성장하는 과정은 고조선 역사의 연장으로 봐야 한다. 고조선은 비록 한나라 군대에 멸망했지만 기본적으로 그 우수한 문화와 주민은 낙랑군으로 이어지고, 고조선 땅 주변에서 고구려, 백제, 신라, 가야가 새롭게 일어나게 되는 기본 바탕이 되었다.

삼국 시대 초기에 이들 세 나라의 정치 체제는 기본적으로 고조선의 정치 체제와 비슷했다. 여러 지역에 있던 부족 집단이 자율적으로 생활을 꾸리면서 필요할 때 뭉치는, 연맹 상태의 국가 체제를 유지했다. 이러한 정치 구조를 대부분의 고대사학자들은 '부(部)'가 중심이 되어 운영되었다 해서 '부체제'라고 부른다. 삼국시대 초기의 정치 운영 형태인 부체제의 원형은 바로 위만조선의 정치 과정에서부터 확인할 수 있다.

그러나 삼국시대 초기의 왕은 고조선시대의 왕보다 훨씬 강력한 권한을 가지고 있었다. 비록 각각의 부(部)들이 모여 국가의 중대사

경남 창원 다호리 1호 무덤에서 나온 통나무 널. 거의 완전한 모습의 통나무 널과 함께 수많은 철기 유물이 출토되어 삼한시대에 이미 철기가 많이 쓰였음을 알 수 있다(중박 200807-211).

를 처리하는 체제였지만 왕실이 존재한 부의 권한은 여타의 부에게 강한 영향력을 행사했다.

한편 삼한이 철기문화를 발전시킨 데는 고조선의 유민이 커다란 구실을 했다. 그것은 위만에 의해 왕위에서 쫓겨난 준왕이 일단의 세력을 이끌고 한강 남쪽 지역에 내려와서 새로이 삼한의 역사와 문화를 시작했던 데서 명백히 알 수 있다.

마한의 청동기 문화를 기반으로 백제가 성장했고, 진한과 변한은 신라의 토대가 되었다.《삼국사기》〈신라본기〉에는 신라의 건국에 대해 고조선의 유민들이 산곡지간에 나누어 살면서 사로6촌(斯盧六村. 경주지역을 중심으로 일어난 소국인 사로국을 구성하고 있던 여섯 읍락)을 이루었다고 되어 있다. 이는 바로 신라 건국의 주역이 고조선의 유민들이었음을 말해주는 것이다.

고조선은 한마디로 우리 고대 국가의 시작을 의미한다. 그 왕조의 마지막을 살다간 우거와 주변의 인물들은 우리 역사에서 첫 고대 국가의 모습을 이해하고, 왕조 교체기의 지배층들이 어떠한 선택을 하는 것이 현명한 것인지를 생각게 한다.

우리 역사상 첫 왕조 고조선이 한나라 군대에 의해 멸망했지만 그 정치적 경험은 삼국으로 이어져 한반도와 요동 지역에는 이제 새로운 보다 강력한 정권이 탄생하는 단계로 들어갔다.

고조선을 발전시킨 철기문화의 비밀

고조선이 국가의 형태를 다지게 된 데는 무엇보다도 철기를 사용한 것이 가장 큰 힘이 되었다. 철기는 기원전 4~3세기에 중국을 통해 우리 땅에 전래되었다. 그러나 우리 땅에서 본격적으로 철제 농기구나 무기를 사용하게 된 시기는 기원전 1세기 무렵이다. 그것은 요동이나 한반도에서 출토하는 철기의 대부분이 서한 초에 해당하는 것이 많기 때문이다. 아마도 기원전 108년 한나라에서 우리 땅에 낙랑군을 비롯한 한군현을 설치하면서부터 철기를 본격 생산하게 된 것 같다. 한군현 설치 이전에는 주로 중국에서 수입해 들여와 지배층을 중심으로 사용했다.

과연 철기는 얼마나 대단한 물건이기에 고조선을 비롯해 여타 나라의 국력을 성장시키는 가장 중요한 요인이 되었을까? 일단 철은 돌보다 단단하고, 청동보다 훨씬 날카롭게 벼릴 수 있다. 돌처럼 잘 깨지지도 않고, 청동처럼 무르지도 않다. 나무처럼 잘 부러지지도 않고, 쉬 닳지도 않는다. 쇠로 만든 농기구는 힘을 잘 받고, 쇠로 만든 검은 매우 위력이 있다. 철을 뽑아내는 원료인 철광석은 우리 땅에 매우 풍부하기 때문에, 구리보다 쉽게 얻을 수 있었다. 청동기의 경우 재료를 얻는 것부터 매우 힘들어 지배층들이 일부 청동 장신구나 무기를 위신재(신분이나 권위를 표시하는 물건)로서 사용했다. 그러나 철기는 일반 병사들의 무기나 농민들의 농기구로 사용할 수 있을 정도로 재료를 비교적 쉽게 구할 수 있었고 제작 역시 청동에 비해 비교적 간편했다.

조선시대 후기에 쓰던 논이나 밭을 가는 농기구인 쇠스랑과 말굽쇠형 따비. 고대부터 쓰인 이 농기구의 형태는 거의 유사한 형태를 띠며 오늘까지 왔다. 관동대학교박물관 소장.

철기는 만드는 기술에 따라 거푸집에 부어 만든 주조 철기와 쇳덩이를 두들겨 만든 단조 철기로 나눈다. 우리 땅에서는 거푸집에서 주조한 철기보다 두들겨 만든 단조 철기가 널리 쓰였다. 단조한 철기는 주조한 철기보다 만들기도 어렵지만 탄소 성분을 빼어냄으로써 훨씬 단단해서 농사 도구나 무기로 많이 사용되었다.

기본적으로 철기는 탄소를 어느 정도 지니고 있는 철강을 불에 달구어 무르게 한 다음, 망치로 세게 두들겨 탄소 성분을 제거하고 만들고 싶은 모양새를 만든다. 여러 번 두드린 철기를 찬물에 갑자기 식히면 매우 단단해진다. 철기를 불에 달군 뒤 두들기고 물에 담갔다가 다시 불에 달구고 하는 일을 여러 번 되풀이하는 것은 철기를 질기고 단단하게 만들기 위해서다. 그러한 과정을 거치면 탄소 성분이 줄어든다. 탄소 성분이 많으면 철기가 약해서 잘 부러진다.

자연에서 철광석을 캐내고, 거기서 철 성분을 빼내는 방법, 그리고 이렇게 철기를 제작하는 기술을 터득하게 되자 사람들은 각각의 기능에 맞

영암에서 출토된 청동도끼 거푸집. 거푸집에 부어 만든 철기를 주조 철기라 하는데, 우리 땅에서는 거푸집에서 주조한 철기 보다는 주로 두들겨 만든 단조 철기가 널리 쓰였다.

는 다양한 농기구와 일부 전쟁 무기를 쇠로 만들었다. 기원전 2~1세기 무렵에 만든 철제 따비나 길쭉한 철제 도끼 따위는 한나라의 철기와는 그 형태가 다른, 독특한 철기 만드는 방식으로 생산된 것이다.

철기 가운데 납작 철제 도끼는 납작한 철제 날을 나무 자루에 끼워 사용했다. 납작한 철제 날을 'ㄱ'자 모양 나무 자루에 묶으면 자귀나 괭이가 된다. 그것을 가지고 나무를 자르거나 땅을 팠을 것이다.

철로 만든 농기구 중에서는 전에는 볼 수 없었던 새로운 발명품도 있다. 바로 날이 말굽쇠 모양으로 달린 따비와 쇠스랑이다. 이것들은 요즘

320

농촌에서 사용하는 따비와 쇠스랑과 거의 같은 형태로 만들어졌다. 쇠스랑은 날이 서너 갈래로 갈라져서, 가벼우면서도 흙을 잘 파고 들어간다. 논과 밭에서 흙을 부수고 땅을 고르는 데 아주 쓸모 있었다.

이처럼 농사 도구가 발전하면서 고조선 사회의 농업 생산은 급격히 높아졌고, 이는 점차 고조선 사회가 부강한 국가로 성장하는 동력이 되었다.

후기 단계 고조선, 즉 위만조선이 국가로서 성장하여 중국 세력에 맞설 수 있을 정도로 성장하는 데는 고조선 사회 자체의 생산력 향상에 따른 국력 성장이 기본이 되었다. 일반적으로 고조선 후기 단계의 위만 집단은 고조선의 준왕을 축출하고 위씨 조선국을 건국할 당초부터 상당한 수준의 철기와 철기 제작기술을 보유한 것으로 인식되어 왔다. 그러나 고조선 서북지역에 거주할 당시부터 위만집단이 한의 철제 무기를 다량 소유할 수 있었다고는 볼 수 없다. 당시는 철의 전매제가 실시되기 이전이므로 위만집단이 소유할 수 있었던 철기는 상인을 통해 구입한 농기구 또는 공구류가 그 대부분이었을 것이다. 그러므로 위만집단이 한의 철제 무기를 배경으로 세력기반을 확대하게 되는 것은 위만왕조를 세운 이후 한과의 공식 외교관계가 성립되고 난 이후의 사실로 보아야 한다.

송호정 서울대 국사학과를 졸업하고 동 대학원에서 석사, 박사 학위를 받았다. 한국 고대사와 역사고고학을 전공했고 현재 한국교원대학교 역사교육과 교수로 재직 중이다. 지은 책으로 《한국 고대사 속의 고조선사》, 《단군, 만들어진 신화》, 《한국생활사박물관 2−고조선생활관》, 《아! 그렇구나 우리 역사 1권, 2권》 등이 있다.

조선왕조 500년의 문이 닫히다-순종

《황성신문》, 《대한매일신보》, 《독립신문》, 《신한민보》, 《동아일보》, 《조선일보》,
《시대일보》, 《매일신보》, 《개벽》, 《한민》, 《조선급만주》.

《고종태황제실록》, 《순종황제실록》, 《조선총독부관보》, 《덕수궁 이태왕실기》, 《창
덕궁 이왕실기》, 《순종실기》, 《신민》 1926년 6월-특집호.

《매천야록》 (황현), 《한국통사》 (박은식), 《한국독립운동사》 1 (국사편찬위원회).

《한국병합시말》 (1910.11).

강동진. 1980, 《일제의 한국침략정책사》, 한길사.

고마쓰 미토리. 1920, 《조선병합지이면》, 중외신론사.

기구치 겐조. 1939, 《근대조선사》 하, 계명사.

김상태. 2002, 《윤치호일기(1916~1943): 한 지식인의 내면세계를 통해 본 식민지
        시기》, 역사비평사.

김을한. 1980, 《인간 영친왕》, 탐구당.

김인덕. 1990, 〈6 · 10만세운동의 매개가 된 순종의 죽음〉, 《역사비평》 봄호, 역사
        비평사.

도키오. 1926, 《조선병합사》, 조선급만주사.

야마베 겐타로. 안병무 역. 1982, 《한일합병사》, 범우사.

이민원. 2001,《한국의 황제》, 대원사.

이태진. 1995,〈공포 칙유가 날조된 "일한합병조약"〉,《일본의 대한제국 강점》, 까치.

이태진. 1995,〈통감부의 대한제국 보인(寶印) 탈취와 순종황제 서명 위조〉,《일본의 대한제국 강점》, 까치.

장석흥. 1995,〈융희황제 국상에 대한 국내외 민족언론의 인식〉,《한국독립운동사연구》제9집.

장석흥. 1998,〈6·10만세운동의 격문과 이념〉,《한국독립운동사연구》제12집.

정범준. 2006,《제국의 후예들》, 황소자리.

조선총독부. 1926,《조선의 보호 및 병합》.

홍순민. 1999,《우리 궁궐이야기》, 청년사.

쓰러져가는 고려왕조의 끝을 붙잡고 ─ 공양왕

강지언. 1993,〈위화도 회군과 그 추진 세력에 대한 검토〉《이화사학연구》20·21.

김당택. 1998,〈고려 우왕대 이성계와 정몽주·정도전의 정치적 결합〉《역사학보》158.

김영수. 1997,〈고려말과 조선조 건국기의 정치적 위기와 극복과정에 관한 연구〉서울대 박사학위논문.

김정자. 1991,〈소위 '두문동 72현'의 정치성향〉《부대사학》15·16.

류주희. 2001,〈조선 태종대 정치세력 연구〉중앙대 박사학위논문.

유경아. 1996,〈정몽주의 정치활동 연구〉이화여대 박사학위논문.

이상백. 1949,《이조건국의 연구》을유문화사.

이형우. 1999,〈고려 우왕대의 정치적 추이와 정치세력 연구〉고려대 박사학위논문.

한영우. 1973,《정도전사상의 연구》한국문화연구소.

혼이 되어서도 경주로 돌아가지 못하다 - 경순왕

신형식. 2004, 《신라통사》, 주류성.

신호철. 1993, 《후백제 견훤정권연구》, 일조각.

음선혁. 1997, 〈신라 경순왕의 즉위와 고려 귀부의 정치적 성격〉, 《전남사학》 11호.

이종욱. 2000, 《화랑세기로 본 신라인 이야기》, 김영사.

장동익. 1982, 〈김부의 책상부고에 대한 재검토〉, 《역사교육논집》 3.

전기웅. 1996, 《나말려초의 정치사회와 문인지식층》, 혜안.

조범환. 1994, 〈신라말 경순왕의 고려 귀부〉, 《이기백선생고희기념 한국사학논총》 (상).

조범환. 1991, 〈신라말 박씨왕의 등장과 그 정치적 성격〉, 《역사학보》 129집.

홍승기. 1989, 〈후삼국의 분열과 왕건에 의한 통일〉, 《한국사시민강좌》 5집.

황수영. 1968, 〈숭암산성주사사적〉, 《고고미술》 9-9.

해동성국의 영광을 뒤로하다 - 대인선

고구려연구재단 편. 2005, 《새롭게 본 발해사》, 고구려연구재단.

김은국. 1998, 〈발해 말왕 대인선시기 대외관계 연구〉, 《국사관논총》 82.

김은국. 1999, 〈발해 멸망의 원인〉, 《고구려연구》 6, 학연문화사.

김현희 외 공저. 2005, 《고대문화의 완성 통일신라 · 발해》, 국립중앙박물관.

서울대 박물관. 2003, 《해동성국 발해》, 서울대 박물관 · 동경대 문학부.

송기호. 1999, 《발해를 다시본다》, 주류성.

송기호. 1993, 《발해를 찾아서》, 솔.

송기호. 1995, 《발해정치사연구》, 일조각.

이효형. 2007, 《발해 유민사 연구》, 혜안.

이효형. 2007, 〈발해의 마지막 왕 대인선에 대한 제문제의 검토〉, 《한국민족문화》 29.

이효형. 2002, 〈비운의 발해세자, 대광현〉, 《10세기 인물열전》, 푸른역사.

임상선. 1999, 《발해의 지배세력 연구》, 신서원.

한규철. 1994, 《발해의 대외관계사》, 신서원.

영웅의 시대, 고구려의 부활을 꿈꾸다-보장왕

《삼국사기》, 《삼국유사》, 《자치통감》, 《구당서》

김기흥. 1992, 〈고구려 연개소문정권의 한계성〉, 《서암 조항래교수 화갑기념 한국사학논총》.

김주성. 2003, 〈'보덕전'의 검토와 보덕의 고달산이주〉, 《한국사연구》 121, 한국사연구회.

김현숙. 2005, 《고구려의 영역지배방식 연구》, 모시는사람들.

김현숙. 2003, 〈6~7세기 고구려사에서의 말갈〉, 《강좌한국고대사》 10, 가락국사적개발연구원.

김현숙. 1992, 〈고구려의 말갈지배에 관한 시론적 고찰〉, 《한국고대사연구》 6.

노용필. 1989, 〈보덕의 사상과 활동〉, 《한국상고사학보》 2.

노태돈. 1989, 〈연개소문과 김춘추〉, 《한국사시민강좌》 5, 일조각.

안휘준. 1998, 〈고구려 고분벽화의 흐름〉, 《강좌미술사》 10, 고구려, 발해학술연구위원회, 한국미술사연구소, 한국불교미술사학회.

이내옥. 1983, 〈연개소문의 집권과 도교〉, 《역사학보》 99, 100합, 역사학회.

이태호, 유홍준. 1995, 《고구려고분벽화-별책부록, 고구려고분벽화해설》, 풀빛.

임기환. 2003, 〈보덕국고〉, 《강좌한국고대사》 10, 가락국사적개발연구원.

전미희. 1994, 〈연개소문의 집권과 그 정권의 성격〉, 《이기백선생 고희기념 한국사학논총(상) 고대편, 고려시대편》.

전호태. 2000, 《고구려 고분벽화 연구》, 사계절.

정선여. 2005, 〈7세기대 고구려 불교정책의 변화와 보덕〉, 《백제연구》 42. 충남대
　　학교 백제연구소.

정재서. 2003, 〈고구려 고분벽화에 표현된 도교 도상의 의미〉, 《고구려연구》 16,
　　고구려연구회.

저문 백마강에 오명을 씻고 - 의자왕

김영관. 2005, 《백제 부흥운동연구》, 서경.

노중국. 2003, 《백제 부흥 운동사》, 일조각.

노중국. 2005, 《백제 부흥운동 이야기》, 주류성.

노태돈. 1998, 《한국사를 통해 본 우리와 세계에 대한 인식》, 풀빛.

양종국. 2002, 《백제 멸망의 진실》, 주류성.

이도학. 2003, 《살아 있는 백제사》, 휴머니스트.

이병호. 2006, 〈부여 정림사지 출토 소조상의 제작시기와 계통〉 《미술자료》 74.

황인덕. 2004 , 〈의자왕 관련 전설의 전개 양상〉 《백제문화》 33.

첫 왕조의 마지막 왕 - 우거왕

김정배 외. 1997, 《한국사》 4-고조선 · 부여 · 삼한-, 국사편찬위원회.

김한규. 1980, 〈위만조선관계 중국측사료에 대한 재검토〉, 《부산여대론문집》 8.

노태돈 외. 1996, 《고조선사와 단군》 고려학술문화재단 국제학술회의 자료집.

노태돈. 2000, 《단군과 고조선사》, 사계절.

리지린. 1963, 《고조선연구》, (열사람출판사, 1989 재발행).

박득준 편집. 1999, 《고조선력사개관》, 사회과학출판사.

박진욱. 1987, 《비파형단검문화에 관한 연구》, 사회과학출판사.

사회과학원 력사연구소. 1989,《조선전사》2-고대-, 사회과학원출판사.

송호정. 2003,《고조선 국가형성 과정 연구》, 푸른역사.

송호정. 2003,《아! 그렇구나 우리 역사》2권 고조선편, 고래실.

신채호. 1930,《조선상고문화사》, (《단재신채호전집》권 上).

유. 엠. 부찐, 1986,《고조선》, 국사편찬위원회.

윤내현. 1994,《고조선연구》, 일지사.

윤이흠 외. 1994,《단군》, 서울대학교출판부.

이병도. 1976, 〈위씨조선흥망고〉《한국고대사연구》, 박영사.

이종욱. 1993,《고조선사연구》, 일조각.

이형구 편. 2001,《단군과 고조선》, 살림터.

최택선 · 리란우. 1973,《고조선문제연구》, 사회과학출판사.

한국고대사연구회. 1996,《고조선과 부여의 제문제》, 신서원.